客服圣经

如何成功打造顾客忠诚度

（原书第6版）

CUSTOMER SERVICE

Career Success Through Customer Loyalty, 6th Edition

[美] 保罗 R. 蒂姆（Paul R. Timm） 著　韦福祥 张晓 等译

机械工业出版社
CHINA MACHINE PRESS

图书在版编目（CIP）数据

客服圣经：如何成功打造顾客忠诚度（原书第 6 版）/（美）蒂姆（Timm，P. R.）著；韦福祥等译 . —北京：机械工业出版社，2014.12（2024.1 重印）

书名原文：Customer Service: Career Success Through Customer Loyalty

ISBN 978-7-111-48692-3

I. 客… II. ①蒂… ②韦… III. 企业管理–销售服务 IV. F274

中国版本图书馆 CIP 数据核字（2014）第 274430 号

北京市版权局著作权合同登记　图字：01-2013-5550 号。

Paul R. Timm. Customer Service: Career Success Through Customer Loyalty, 6th Edition.

ISBN 978-0-13-305625-2

Copyright © 2014 by pearson Education, Inc.

Simplified Chinese Edition Copyright © 2014 by China Machine Press.

Published by arrangement with the original publisher, Pearson Education, Inc. This edition is authorized for sale and distribution in the Chinese mainland (excluding Hong Kong SAR, Macao SAR and Taiwan).

All rights reserved.

本书中文简体字版由 Pearson Education（培生教育出版集团）授权机械工业出版社在中国大陆地区（不包括香港、澳门特别行政区及台湾地区）独家出版发行。未经出版者书面许可，不得以任何方式抄袭、复制或节录本书中的任何部分。

本书封底贴有 Pearson Education（培生教育出版集团）激光防伪标签，无标签者不得销售。

客服圣经：如何成功打造顾客忠诚度（原书第 6 版）

出版发行：机械工业出版社（北京市西城区百万庄大街 22 号　邮政编码：100037）

责任编辑：岳小月　　　　　　　　　　　责任校对：殷　虹

印　　刷：北京虎彩文化传播有限公司　　版　　次：2024 年 1 月第 1 版第 14 次印刷

开　　本：170mm×242mm　1/16　　　　印　　张：21.75

书　　号：ISBN 978-7-111-48692-3　　　定　　价：69.00 元

客服电话：（010）88361066　68326294

版权所有 • 侵权必究

封底无防伪标均为盗版

译者序

《客服圣经》是一本专门关注服务细节的书。作者以 LIFE 作为全书的主线，从小角度来研究大问题，即优质服务是如何炼成的。在英文中，LIFE 有生活、生命、生存之意，作者以此为主线来贯穿全书，其寓意不言而喻。尽管 LIFE 中的四个要素——细节（little things）、洞察力（insight）、反馈（feedback）和期望（expectation）中的每一项工作似乎都是服务应有之义，但在现实生活中能真正做到却是难乎其难。这些要素、原则不仅对于服务业，对于我们普通人的生存与发展，同样具有重要的启示。

在服务中，我们真的做到关注细节了吗？中国铁路事业的发展在全世界名列前茅，但是不是还有更多细节值得关注？厕所有异味吗？座位之间的距离令人感到舒适吗？

除了铁路，处于竞争行业的服务业又当如何？我们注重细节了吗？我们知道顾客想要什么吗？未来服务竞争的焦点到底是什么？当顾客向我们抱怨时，我们该持一种怎样的态度，又该怎样处理？不得不说，没有一个服务行业是令人100%满意的。飞机晚点，一句流量控制就把乘客打发了；洗手间里有水却没有擦手纸；

顾客8点上班，银行却要9点开门……

一个月前，我刚刚接受了一家家政公司的家政服务，这家公司网站做得富丽堂皇，口号诱人，但服务却令人瞠目。他们不知道什么是服务细节，走之前不会把垃圾给你捎走；他们不了解什么是关系营销，不知道忠诚顾客对企业的意义，不办卡不提供服务，办了卡就没有人服务；他们来做保洁，工具都没有，更不用说洞察力了，因为他们采取的是交易营销模式，通过坚持不懈地跟踪，追到顾客办完卡后，顾客就从上帝变成了弃儿。令人匪夷所思的是，网上恶评如潮，这家公司竟然在市场上存活了16年！

这家公司不会是个案。在中国产业结构转型升级的今天，可能还有很多类似的公司，但作为一个有远见的企业家，必须有洞察力，必须了解顾客期望，必须关注服务细节，我们最终的工作目标，不只是让顾客满意，因为满意只是一种心理状态；而是让顾客愉悦，因为愉悦决定了顾客行为，愉悦的顾客有更大的可能性成为忠诚顾客，而忠诚顾客会为其传播好口碑，会有极强的推荐意愿，会购买企业的更多产品或服务，会购买相关产品，质量事故承受能力也更强！唯有拥有一大批忠诚顾客，企业才能在未来的竞争中立于不败之地！

本书适合企业中高层管理者阅读，而且我建议是逐字阅读，不能泛读，因为里面有好多观点需要我们仔细斟酌、反复思量，唯有如此，才能得真谛。例如，如何倾听？看似简单的问题却有无数学问，包括倾听时的身姿、回应时的语气、听与说的比例安排等，都需要我们用心去琢磨，用心去体会，边读边与工作产生关联，这样对于你所在组织服务质量的提升会起到事半功倍的作用。

由于正逢高校毕业季和项目评审季的叠加，此书翻译进度一再被拖延，编辑知我处于困境，但并没有把压力传递给我，我只能真诚地说一声谢谢。同时，还要感谢参与翻译的张晓女士、刘萍女士和王树义先生。

研究服务管理理论已经15年，但像《客服圣经》这样真正能应用于指导企业实践的书实在是太少，尽管本书没有艰深的学术观点，看似简单，但内涵深邃，对提升企业顾客服务水平，无疑具有异常重要的意义。希望服务企业的中层管理人员和高管，能静下心来，好好读读本书。

由于时间仓促，加之水平有限，本书一定还有很多不妥之处，恳请读者不吝赐教。

韦福祥

2014 年仲夏于天津碧湖园

前言

CUSTOMER SERVICE

从本书中,你到底可以得到什么

  谢谢你阅读本书。在阅读本书的同时,你已经在投资了,因为你花钱买书,还要花时间来阅读,因此你有权利问这样一个问题:从本书中,我到底可以得到什么?

  答案非常简单:高超的顾客服务技能。这不仅会为你事业的腾飞助力,对你生活的其他方面也会有积极的影响,这绝不是夸大其词。根据我30多年来为各类组织服务的经验,我可以很自信地告诉你:职业生涯成功与否,与服务技能水平高低有直接关系。

  原因在于,服务技能水平决定了企业忠诚顾客的数量,而忠诚顾客是组织最有价值的资产。没有顾客,就没有组织的长期生存和发展,而顾客忠诚正是由具有高超服务技能的人构建起来的。

  每个组织都在谈论要给顾客提供优质服务,没有人会否认顾客服务的重要性,这些买我们产品或服务的人,可能是客户、顾客、病人、股东、乘客、员工以及其他利益相关者。尽管我们的愿望是美好的,但实现优质服务实际上是非常困难的。在日常的服务中,很多顾客遇到的是并非所期望的服务、糟糕的服务过程以及让他们感到失望的员工，这会促使他们转向其他服务企业。

你可以改变这一切！良好服务意愿可以成为具有可操作性，而且能给你的职业生涯和所在组织带来改变的具体行动计划。上述工作所需要的一切理论基础尽在本书中，因为本书所提供的是已被实践所证实的提升顾客满意度和忠诚度的原则和方法。通过这些方法的应用，顾客将成为企业免费推广者，发挥刺激口碑和重复性消费的作用。

如今，竞争的胜者不是那些高谈阔论如何为顾客提供良好服务的企业，而是那些致力于持续为顾客传递优质服务的组织，它们所得到的回报是丰厚的。

以往顾客服务方面的专著会教给你提升服务质量的各种各样的技巧，并告诉你"我们在 X 公司就是这么做的"。我们不否认这些书也是有价值的，但前提是读者能够将这些技巧有效地应用到所在组织之中。但毋庸讳言，这些书也存在着很多弊端，因为它们缺少系统性，读者应用起来会感到困难重重。

我们从一个全新的视角诠释了如何学习顾客服务技能，如何成为超越顾客期望的服务提供者。我们注重技能、注重实战，读完本书后，你马上可以在企业一试身手。而且，我们将应用性和理论性进行了完美的结合，以简单易懂的方式呈现给读者。

通过阅读本书，你将了解并逐步培养自己：

- 高度关注顾客服务所面临的巨大挑战和机遇；
- 收集反馈信息的意愿和能力；
- 调动顾客积极性的具体行为；
- 实现优质服务所必需的电话沟通技巧；
- 最大限度地利用科技优势，创建友好型网站、撰写个性化电子邮件及让顾客愉悦的、清晰的书面信息的能力；
- 从伦理和公平角度提升顾客信任；

- 应对及挽回失望或不开心顾客的方法；
- 理解超越顾客期望就意味着重复购买、好口碑等；
- 利用特殊技巧在感知价值、信息、便利性和及时性方面全面超越顾客期望，营建更高的顾客忠诚度；
- 领导、拓展和授权服务过程的能力；
- 在追求卓越服务过程中管理他人的技能；
- 洞悉顾客服务未来之趋势。

本书主要特点

我尽最大努力使本书具有可读性，具体包括：

- 每章都以故事开篇，这些故事讲的是大中小各类服务企业顾客服务的真实故事。
- "服务快照"，通过真人真事来诠释服务中的创新观点和实践。
- "行动要领"告诉你如何应用书中所给出的技能。
- "自我反省"为你提供了一系列自我评价的方法，从而帮助你更好地了解自己的服务态度与行为。
- "新视野"所阐述的全部是新观点、有思想火花碰撞的观点。这些观点将激励你创造性地应用书中所罗列的理论和方法。
- "事实回顾"与"实战"，在每章后，用以检测你是否真的掌握了这些理论和方法。
- "思考案例"，每章后都有案例，并附有一些问题，以帮助你思考。
- "不断实践以构筑顾客服务战略"为第 6 版新增加的内容，读者可以选择一个进行中的假设案例（要做好此案例，必须回顾以往章节的内容及案例）进行研究，或者是将本章的观点应用于一个真实的组织。你必须考虑一些关键性的应用问题,这样你才能设计出可行的战略规划行动方案。

总而言之,我坚信这些特点不仅确保本书读起来津津有味,而且在超越顾客期望方面,能比别人走得更远,请相信我。

第6版新增加的内容

第6版《客服圣经》修改幅度很大,增加了很多新内容。

首先,全书结构以四个首字母缩写来搭建,即LIFE(我们无疑会联想到生活)。这个缩写词易记、易懂,我在欧美的咨询和培训经历已经证明了这一点。

LIFE是四个单词的首字母,即little things(细节)、insight(洞察力)、feedback(反馈)和expectation(期望)。当你开始阅读本书时你会发现,这几个单词对你是如此重要。最后一章我们将诠释LIFE的内在含义,包括如何应用书中所罗列的基本原则以及如何帮助员工共同追求卓越服务。

第1章讲述了一个极具说服力的案例,说明了在当今竞争中优异顾客服务的重要性。在该章中,我专门阐述了"奥卡姆剃刀定律"(Ockham's razor),即简单的就是最好的。企业成功与否,简单说就是取决于顾客服务水平。

我还增加了一些新的内容,来说明为内部顾客(员工)提供良好服务的重要性。那些一流的公司,在与员工保持良好关系方面,做得都非常出色。为员工提供良好的服务,员工队伍会更加稳定,企业也可以招收到更有能力的员工,进而企业的生产率也可以得到提升,而这正是企业长治久安的基石。同时,同事和领导如何对待员工非常重要,因为员工会以其人之道还治其人之身,他们会以同样的方式来对待外部顾客。

对于很多企业来说,重要的问题是如何将那些良好的愿望和优美的口号转化为具有可操作性的战略，唯有如此，方能赢得顾客和员工的忠诚。同时，在本章中我还将当今顾客多元化特性的变化融入进来。

目的只有一个：吸引并留住长期、忠诚的顾客。

第2章讨论了"细节"的5个焦点问题，这5个问题可以成就也可以毁掉一个企业的服务。研究的主要问题包括：通过为顾客提供良好的个性化服务留住顾客的特定行为与沟通技巧。第3章讨论的主要是，为留住顾客，我们该如何倾听。读者可以从中学会一些具体的行动要领，以提升沟通技能的水平。

第4章将主要研究电话沟通技巧，并为读者提供具体的行动要领。对于培养顾客忠诚来讲，顾客来电的响应性水平是至关重要的第一步。本版增加了一些新的内容，如接听电话如何措辞、呼叫中心的作用等。

第5章几乎全部重写了，因为当今组织服务传递的方式变化太快了，如网络、推特、短信、博客、社交网站及其他电子渠道。在此背景下，顾客的服务要求需要予以立即响应。网络一代（Net generation）的服务需求与以往的顾客迥然不同，他们的服务期望更多地受到科技进步的影响。

第6章和第7章研究的是 LIFE 中的第二个字母 I，代表洞察力（insight）。两种洞察力特别有价值：一是对顾客可能流失的洞察力；二是对我们这个永远处于变革之中的时代变动趋势的洞察力。第7章就探讨了对企业顾客服务将产生重要影响的一些未来变动趋势。这些可能的变革俯拾皆是，尽管有些东西一直没变。

LIFE 的第三个字母是 F，代表反馈（feedback），是第8、9章要讨论的主题。第8章强调了对顾客抱怨采取开放态度的重要性，以及如何将处理顾客抱怨视为一种训练。企业服务水平的高低，实际上取决于获取顾客反馈信息和处理顾客反馈水平的高低，正是通过这种双向沟通，强有力的顾客忠诚得以建立。第9章进一步探讨了怎样利用反馈环节来挽回潜在流失顾客。研究表明，那些遇到服务质量问题，但后来得到了恰当服务补救的顾客，比那些从不抱怨的顾客，对企业的忠诚度会更高！毋庸置疑，服务补救是服务成功至关重要的因素。

LIFE 中第四个字母 E，代表期望（expectation）。第 10～12 章将研究怎样通过超越顾客期望，来营建顾客忠诚度。第 10 章的重点在利用高感知价值给顾客以惊喜。第 11 章则是从信息角度来阐述如何超越顾客期望，而便利性和及时性在超越顾客期望中的作用则是第 12 章要讨论的主题。这些章节阐述了上述工作的机理以及如何做好这些工作。很多观点是作者多年管理咨询实战经验的积累，在教科书中，你是无法寻找到类似答案的。

第 13 章的主线是所谓的"living LIFE"，阐述了管理者应当怎样雇用具有服务导向（如高情商）的员工，有效引导他们的行为，以构建一种良好的组织文化，进而帮助员工为顾客提供优质服务。

总而言之，本版《客服圣经》将过去那些成功的东西原汁原味地保留下来了，同时又融入了很多在当今竞争中所需要的、全面和全新的顾客服务知识及其技能。

特别感谢

本书问世是很多人努力的结果。首先要特别感谢编辑富有创造性的工作。感谢那些阅读本书并给出许多中肯建议的人们。这些人包括：巴顿鲁治社区学院的苏珊 M. 尼丽（Susan M. Nealy）；辛辛那提州立技术和社区学院的玛格丽特·克拉克（Margaret Clark）；瓦西特诺社区学院的谢丽尔·伯恩（Sheryl Byrne）；北弗吉尼亚社区学院的塔露拉·甘特纳（Talula Guntner）；爱达荷州立大学的戴伯·佩恩（Deb Pein）以及罗伯特莫里斯大学的朱云（Yun Chu，音译）。

最后，我要感谢我的妻子沙朗·比安弗尼（Sherron Bienvenu）和我的好朋友杰克·威尔逊（Jack Wilson）。我还要感谢我的学生和研讨会的参与者，特别是那些杨百翰大学和阿尔托大学（其前身为赫尔辛基经济与管理教育学院）的学员，以及其他无数的合作组织。

我真诚地希望读者能够喜欢本书，我也愿意倾听来自你们的意见和建议，我的电子信箱是 DrTimm@gmail.com。

保罗 R. 蒂姆博士

2013 年 2 月

目录

译者序
前言

第1章 服务的价值
认识顾客服务在你职业生涯成功中的角色 / 1

聚焦服务 / 2
顾客关系可以转化成合作伙伴关系 / 6
好口碑有利于争取新顾客和维护老顾客 / 7
顾客流失的成本 / 10
必须承认顾客流失的巨大成本 / 11
让那些口号和良好的服务意愿成为战略 / 13
顾客服务的核心竞争力 / 15
终极目标：培育顾客终身忠诚 / 17
最终思考 / 21

第1篇 LIFE：细节决定成败

第2章 用行为留住顾客
从细节入手 / 30

让顾客愉悦的行为与个性 / 31

　　　　传递企业良好形象的员工个体行为要领 / 33

　　　　与顾客接触的行动要领 / 35

　　　　与顾客建立密切关系的行动要领 / 39

　　　　让顾客安心的行动要领 / 42

　　　　体现我们专业性的行动要领 / 44

　　　　传达以顾客为中心文化的组织行动要领 / 45

　　　　最终思考 / 51

第 3 章　倾听顾客声音：服务成功最重要的"细节"
　　　　好的服务就是时刻倾听顾客的声音 / 58

　　　　人们真的在倾听吗 / 59

　　　　糟糕的倾听：沟通的最大问题 / 61

　　　　听见和倾听的区别 / 62

　　　　哪些因素有助于倾听 / 63

　　　　应避免的倾听习惯 / 71

　　　　提升倾听能力的积极步骤 / 76

　　　　最终思考 / 81

第 4 章　正确使用电话提供高质量服务
　　　　电话响应可以提升顾客忠诚度 / 87

　　　　清楚电话沟通方式的优点和缺点 / 88

　　　　专业使用电话的行动要领 / 90

　　　　该做什么和说什么的行动要领 / 93

　　　　更好地在电话里表达你自己的行动要领 / 98

　　　　更高效使用电话的行动要领 / 103

　　　　呼叫中心：集中式电话处理 / 109

　　　　最终思考 / 111

第 5 章　使用界面友好网站和电子通信
　　　　网络环境下的顾客服务 / 116

　　　　什么是基于网站的顾客服务 / 117

发现基于互联网的电子服务弊端 / 123

运用行动要领以避免电子服务中的问题 / 124

运用行动要领评估并提升电子服务效率 / 126

最终思考 / 128

第 2 篇　LIFE：洞察力

第 6 章　识别和处理顾客流失

顾客保持得分 / 136

特别注意：识别顾客服务最让人难以接受的事 / 138

获得洞察力：什么导致顾客流失 / 140

发展忠实顾客 / 151

最终思考 / 154

第 7 章　对顾客服务新兴趋势的洞察

通向未来的顶峰 / 160

公司需要"一对一"营销来强化顾客服务个性化程度 / 162

企业需要了解人口统计特征巨变所带来的新需求 / 167

公司必须清楚：顾客期望透明度和可信度 / 168

有些东西是永远不变的 / 169

最终思考 / 175

第 3 篇　LIFE：反馈

第 8 章　获取顾客反馈

顾客也可以是我们的教练 / 182

为什么反馈如此重要 / 183

采取行动来促进顾客反馈 / 189

使用有效的方法处理投诉 / 191

主动获取反馈的其他方式 / 193

最终思考 / 202

第 9 章　挽回可能流失的顾客
建立信任和维持关系 / 208

了解顾客挽回 / 208

挽回顾客要保持健康心态 / 210

提高自己的挽回顾客的能力 / 213

对付偶然出现的"魔鬼顾客" / 219

处理抱怨信件和邮件 / 221

运用人际沟通技巧使表达更恰当 / 223

最终思考 / 231

第 4 篇　LIFE：期望

第 10 章　让价值超越顾客期望
通过为顾客提供 A+ 服务价值构建顾客忠诚度 / 236

A+ 服务价值的定义 / 236

深入认识内在价值和关联价值 / 239

增加感知价值的 7 种途径 / 242

最终思考 / 253

第 11 章　通过为顾客提供信息来超越顾客期望
简化命令 / 259

认识 A+ 服务信息的本质 / 261

懂得如何提供 A+ 服务信息 / 263

采用专业技巧使信息更明确 / 268

构建并支持顾客用户小组和分组 / 270

高度重视电子商务中的 A+ 服务信息 / 271

评价企业为 A+ 服务信息付出的努力 / 272

最终思考 / 273

第 12 章 利用便利性和及时性来超越顾客期望
让顾客购买更方便 / 277

了解什么是 A+ 方便快捷 / 278

如何提供 A+ 方便服务 / 279

格外重视顾客的时间和方便 / 280

使用虚拟等候方法 / 283

为顾客省去繁文缛节 / 284

创建一站式服务 / 285

让商务便利些 / 286

简化产品 / 287

评估自己在 A+ 便利方面所做的努力 / 287

最终思考 / 289

第 5 篇 有效领导、追求卓越

第 13 章 影响员工为顾客提供一流服务
导师、监管者、管理者或领导者的角色 / 296

提出愿景：管理者首先应该做什么 / 297

制定顾客忠诚策略 / 299

确定组织程序、人力和资源以实现愿景 / 301

领导并激励员工 / 301

顾客服务工作压力重重 / 303

创造并保持高效的组织文化 / 305

持续收获 A ＋服务理念 / 307

影响他人做出改变 / 310

控制过程 / 314

向员工授权 / 315

将奖励机制与恰当行为紧密联系起来 / 316

最终思考 / 317

附录　如何参与或组织 A+ 创意策划会
运用高效的群体过程来提升顾客满意度和忠诚度 / 323

CUSTOMER SERVICE

第1章

服务的价值
认识顾客服务在你职业生涯成功中的角色

学习目标

1. 明确为什么吸引和留住忠诚顾客对于企业是至关重要的。
2. 能够举例说明如何寻找到你的顾客,包括内部和外部顾客,并建立起长期关系。
3. 明确在漫长而紧密的服务关系维系过程中,顾客是怎样变成合作伙伴的。
4. 充分认识到口碑在争取新顾客和留住老顾客方面的重要性。
5. 计算损失一位顾客对一笔生意或组织的影响到底有多大。
6. 解释服务成功必需的六种核心能力。
7. 了解将良好的服务意愿和优美口号转化为提升顾客服务战略时所面临的挑战。
8. 阐述如何让顾客愉悦并建立起顾客忠诚度。

"服务经济"到底意味着什么

就在不久前,乘坐商务舱还只有那些大佬和成功人士才承担得起。尽管所有的乘客在乘坐飞机时都衣冠楚楚(在最近播放的电视节目泛美航空中我们可以看到类似的镜头),尽管为他们提供服务的机组人员穿着制服,戴着只有为国王和王后服务时才戴的白手套,但提供的服务实在是不怎么样,服务标准缺失。晚点?只能怨你命不好,以至于《今日美国》曾刊登出《唉,飞行中的耻辱》这样题目惊人的文章。[1]我们必须承认,航空业有很多不确定性和不可控因素,但却很少有人认为,乘客乘飞机的服务经历已经越来越糟,超越了乘客可承受的底线。

同样，数十年前，你去加油时，会有专门的服务人员为你加油，同时帮你把玻璃擦干净，并免费帮你看看是否该加机油了。现在，自助加油取代了人工服务，上述的一切都不复存在。在很多商店，那些对你很有帮助的销售员消失了，取而代之的是 DIY 购物（我们不是否认自助购物的好处，但弊端也是显而易见的）。银行曾因其完善的服务而受到好评，但现在想跟银行职员说话，你得付费。

现在有很多上门服务。你经常会看到这样糟糕的情形：两个电器售后服务人员出现在你家门口，如同街头表演者一样，微笑着向你打招呼，然后开始填写表格，还拼错你的名字……

他们在门口的垫子上使劲蹭鞋，小心翼翼地将工具箱放到厨房的角落，挪开冰箱，然后开始工作。在拆卸冰箱的过程中，他们好像很有底气、技术很好，毫无顾忌地谈论着周末的聚会。半个小时后，他们开始嘟囔，老一点的修理工告诉你，由于修理厂没有修理冰箱所需的部件，你必须先用临时零件，等到那零件从遥远的城市寄过来后，才能再进行替换。他信誓旦旦地告诉你，他们已经订了那种零件，而且保证零件一到，会立即过来为你更换。他们把杂乱的东西收拾好，将冰箱移回原位，然后离开。离开时仍不忘承诺他们很快就会回来。

一些人开始质疑："服务经济"中服务在哪儿？

几个星期过去了，音信全无。那零件显然没到，尽管冰箱可以正常工作，但你非常担心，这种毫无标准可言的维修会不会给你带来麻烦。你不停地往那家修理公司打电话，他们不停地承诺零件很快就到。几个月后，你再也联系不上他们了，你所能做的，只是祈祷临时零件好好工作，千万别出问题。你是如何感受顾客服务的？

啊，难道这就是"服务经济"？

□ 聚焦服务

阅读本书的人可能都对顾客服务不满意，也都曾经遇到过不尽如人意的服务，很多糟糕的服务源自于服务人员糟糕的态度，或者是服务组织及服务人员的不当行为。企业在做出服务决策时（如改变服务政策、关闭营业点、减少员工培训、实施复杂的价格系统以及不履行承诺等），很少考虑到这些决策对顾客的影响，员工个人也意识不到他们的行为对顾客的影响。

尽管如此，很多公司依旧在大肆鼓吹自己的服务多么优异，并吹嘘正是凭借优质的服务，才实现了与竞争对手的差异化。但如果你问一下，它们的服务到底优异在哪儿，它们却无法给出答案。事实上，良好的服务是做生意的底线。满意的服务是商品，是原材料，而不是与竞争对手实现差异化的关键。企业只有持续超越顾客期望，才能将自己与其他企业区别开来。

> 满意的顾客服务并不是差异化营销利器，这是任何一个成功的组织都必须做到的事情。

低水平或者是质量不稳定的服务，只能给企业带来伤害。在互联网时代的今天，糟糕的服务经历会很快通过网络弄得人人皆知。社交网络、电子邮件和博客会使糟糕的服务快速发酵。我们当然可以说自己的服务多好多好，但这没有用，网上的一个帖子就可以让你前功尽弃。那些成功的服务企业，不仅要给顾客提供良好的服务，还要与顾客维系良好的关系，而糟糕的企业正好相反。

甲骨文公司发布的一项行业白皮书认为："企业在市场上独一无二、长期和可持续竞争优势的来源只有两个：一是良好的公司文化；二是公司与顾客的良好关系。"[2]

> 无论是好口碑，还是坏口碑，在网络时代的今天，其传播速度都远远超过了以往任何时期。

一个简单的观点

让我们回顾一下一些管理学观点，如"持续竞争优势"和"公司文化"，进而从另一个角度审视一下顾客服务的重要性。特别是看一下，按照14世纪英国逻辑学家、圣方济各会修士奥卡姆的威廉提出的"奥卡姆剃刀定律"，组织中哪些东西是必要的，哪些东西是多余的。这一定律的基本观点是：最简单的解释通常是正确的。把这一观点引入顾客服务领域，可以让我们透过现象看本质，了解到哪些要素对于企业的成功是至关重要的。答案非常简单：给顾客提供价值，公平地与满意的和忠诚的顾客进行交易，你就会成功。

试想一下那些商业巨头，如凯马特和沃尔玛的境遇你就能明白了。早在20世纪60年代，这两家零售巨人就开始捉对厮杀。这两家公司在很多方面都有共同点，基本是同样的商品、同样的价格、同样的地点和同样的商品陈列方式等。从某种程度上说，它们是各自的翻版。如果你问一下顾客，想到哪家超市买东西,绝大多数人的回答是沃尔玛(在过去的20年里,我曾经问过成千上万的人,到沃尔玛和凯马特的购物意愿的比例基本是8∶2)。与此相对应的结果是:凯马特(曾兼并合作伙伴西尔斯百货)的年销售额为500亿美元,而沃尔玛则为4000亿美元!

很多学者将沃尔玛的成功归于良好的供应链管理,以及其他复杂的举措,但我认为符合简单的就是最好的奥卡姆剃刀逻辑,沃尔玛胜出的原因在于顾客在该超市购物时良好的服务体验。公平地讲,很多方面凯马特并不差,但沃尔玛的服务更胜一筹。更重要的是,在沃尔玛顾客可以选择,选择其所提供的差异化服务。

> 底线:满意的和忠诚的顾客造就成功的组织。

再看看其他行业的情况。你为什么选择汉堡王而不是麦当劳,史泰博而不是奥菲斯,威瑞森而不是美国电报电话公司,好事达保险而不是州立农业保险公司?或者是选择信用卡联盟而不是一家特定的银行?很多情况下,我们发现,X公司和Y公司提供的服务基本都很好,但我们却忠诚于其中的某一家公司。为什么?有时可能是因为价格便宜或便利性,但更多情况下,我们对特定企业的选择基于我们以往的服务经历。

尽管很多顾客对服务质量并不满意,但他们依然会为企业创造价值。为顾客服务是永无止境的,通过日常服务工作让顾客满意,企业才可以确保长治久安。

员工在那些能够为顾客和员工提供良好服务的公司工作,会感到非常愉快。我们大致看一下美国《财富》杂志评选的年度"100家最适宜工作的公司"[3]之后可以发现,一些服务行业的领头羊,如谷歌、维格曼斯食品超市、爱德华琼斯、康泰纳零售连锁店、万豪酒店、诺德斯特姆公司、Eaby、联邦快递、美捷步等,这些公司的成功都佐证了优质服务与员工高昂士气之间的关联性。咨询师奇普·贝尔曾指出:上述公司极大地降低了员工流失率(这意味着降低成本),能雇用到最好的员工(这是一种投资),有最高的生产率(对资产负债表产生正向影响),同时能够实现利润最大化。在美国顾客满意度指数排名前20%的公司,在道琼斯工业股票方面比其他公司业绩要高90%,在标准普尔500指数上高于其他公司200%,而在纳斯达克股票市场上的表

> 对那些肯提供优质服务的人来说,为顾客服务是永无止境的。

现则高 350%！[4]

企业的成功源于顾客满意度和忠诚度，反之亦然。如果你满足不了顾客的期望，就别指望在激烈竞争的市场上生存太久。组织的使命就是：服务顾客，然后获取成功。

和顾客唱反调会怎样

大多数人会同意这样一个观点，即没有顾客服务，就没有企业成功。当然也会有人不这么认为。那么，其他类型组织需要为顾客服务吗？例如，政府是否需要顾客才能成功？市民组织、教会、政党、家庭、服务俱乐部、学校乃至大学生联谊会，是否需要让顾客满意才能成功？要回答这些问题，我们必须首先弄清楚顾客的基本含义。通常意义上讲，顾客就是花钱买你某样东西的人。但事实上，这个理解并不全面，我们需要一个更宽泛一些的概念。因此，我们将顾客界定为：与我们交换价值的对象。这个宽泛的概念有助于我们充分施展顾客服务技能，并以此来获取竞争优势。

> "广义的客户"是指我们与之交换价值的任何人。

"顾客"意味着价值交换

作为人类，我们不断地相互交换价值。从本质上讲，我们是社会性动物。当我们付钱购买产品或服务时，我们就成为顾客；当我们通过工作来赚取工资时，我们的老板和我们所在的公司就是我们的顾客；当我们参加市民组织或教会团体时，那些我们向其提供支持、建议、观点或信息的人就是我们的顾客。我们努力建设家庭，我们的配偶、孩子、父母和其他家庭成员就成了我们的顾客；而当我们与朋友建立起密切联系时，我们就是彼此的顾客！

交换价值意味着彼此的给予和接受。从朋友和家庭那里我们给予的同时也得到支持；从工作团队和老师那里给予和获取信息；从信赖的同事那里给予并接受他们的购物建议；我们赠送也回赠别人礼物。总而言之，我们生活的很大一部分是在进行**价值交换**（exchange of value），时时处在与顾客的互动过程之中。因此，本书所阐述的提升顾客服务之观点、理念，可以适用于任何组织，而不仅仅是营利性组织。

> 良好顾客服务准则可以应用于各种关系、各类组织。

外部与内部顾客

> 不同的"顾客"称谓意味着不同的交易。

在商业活动中,关于"顾客"一词有许多不同的表述方法。例如,客户、病人、乘客、委托人、合作伙伴、保户、使用者、采购商、订户、读者、浏览者、采购商、终端用户、客人以及案件当事人等,不一而足。上述这些人都是**外部顾客**(external customers),与我们交易的非公司人员。

> 员工是内部顾客,与外部顾客同等重要!

内部顾客(internal customers)一般指企业员工。从某种程度上讲,企业与员工的关系如何决定了企业的成败。如果一个企业员工流失很严重,不停地需要补充新人,这将是一个严峻的挑战。补充新人意味着成本大幅度的增加,因为企业去吸引、招聘和培训新来的员工需要耗费金钱和精力。

事实上,本书所讨论的顾客服务的所有理论和观点都适用于公司员工,即我们的内部顾客。

本书的理论和观点应用非常之广泛。顾客服务对商业成功非常重要,但对我们生活中方方面面良好关系的构架,则更为重要。把本书所罗列的理论和观点应用到生活中,你将取得巨大的成功,也将拥有心满意足的生活。

☐ 顾客关系可以转化成合作伙伴关系

随着时间的流逝,顾客关系可以转化成良好的合作伙伴关系。真正的合作伙伴之间会非常宽容,充满信任,他们会享受这种关系,而不仅仅是满足各自的需要。一般情况下,合作伙伴之间需要有共同的目标,并且以相互信任、坦诚、直言不讳为特征,彼此间相互关爱。拥有这种情感是很有价值的,只有你认为值得付出的人,你才会与之建立合作伙伴关系。正如一首歌唱的那样:努力关爱别人的人,是世界上最快乐的人。

是否存在某种生意是不需要建立关系的?可能吧!如果你是推销旅游嘉年华的销售人员,或者是将棉花糖卖给那些你见过一面就可能再也见不到的人,关系也许就不那么重要了。我们将这称为"一次性买卖",你可能认为,这些人我只做一次买卖,良好的顾客服务没有什么意义。但是,你千万要注意:第一,一次性的买卖很少，回头客的潜力始终存在；第二，即使你所做的真的是一次性买卖，但顾客之间的**口碑传播**（word of mouth）对你的生意仍然可能会所有帮助，或者是造成伤害。如果你每天耷拉着脸卖棉花糖，买过你糖的人就会告诉其他人你多么糟糕，然后就再也没有人买你的棉花糖了，反之亦然。所以，一次性买卖也有可能转换成关系性业务。

> 做生意的最高境界是与顾客建立合作伙伴关系。

不是所有的关系都能升华为合作伙伴关系，但合作伙伴关系无疑代表了顾客和服务提供者之间最大程度的情感依赖。图 1-1 从**服务亲密度**（service intimacy）和关系持久度两个维度界定了顾客关系发展的不同阶段。当关系进入到某种个人之间的"亲密"，也就是说，知道对方的名字，知道对方需要什么，持续一段时间后，双方都会有所收获，也会更加满意。

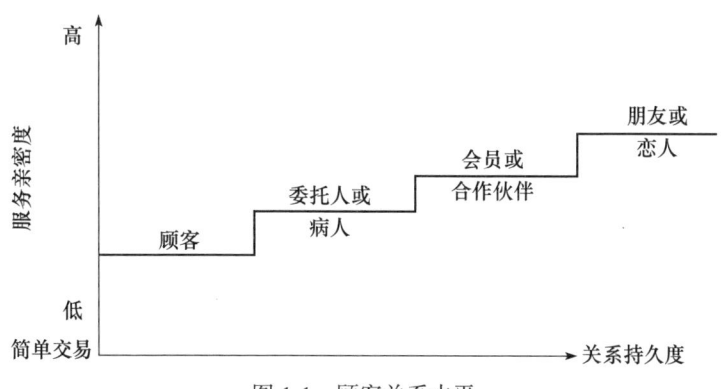

图 1-1 顾客关系水平

尽管从语义学角度，人们对顾客有不同的理解，但我们必须承认，我们时刻都在与一些有价值的人在互动，这种价值可能是信息、指导、服务、产品或者是某种社会支持，得到我们想要的，给予对方他们需要的。简单地说，我们都是彼此的顾客。随着时间的推移，服务亲密度在不断提高，这种相互给予超越了简单的交换，上升到了关系的高度上，我们享受到的，将是个人满意度和事业的发展。

□ 好口碑有利于争取新顾客和维护老顾客

争取新顾客很难。一个经常被引用的统计调查数据表明：争取一个新顾客的成本是维护一个老顾客成本的五六倍！将精力集中在已经拥有的老顾客身上，这是顺理成章的事。如果没有留住顾客，你将不得不花费大量的时间和金钱来解决顾客流失问题，就像面对一个漏木桶，你要不停地往里加水，才能保持木桶中水的容量不下降。这是一个恶性循环，产品或服务不好，顾客只来一次，你必须争取新顾客，又是仅买一次，然后再争取新顾客，循环往复，疲惫不堪。

> 争取新顾客以弥补老顾客的空缺是企业一笔不菲的开支。

有些人认为，**广告**（advertising）可以给企业带来收入。我们不否认，精妙的广告确实可以做到这一点，但如果你仔细审视一下，广告与销售收入之间的关系实际上是非常复杂的。"购买漏斗"模型所揭示的只是有可能发生的事情。电视和其他大众媒介对我们购买决策起到的影响是非常小的，最终买还是不买，实际上取决于那个"购买漏斗"最狭窄处，即其他人推荐和好口碑，这些远比广告要有效得多。[5] 一篇刊登在电视行业杂志上的文章这样总结到：

> 在顾客认知、判断、选择和购买过程中，电视被认为是最有效的媒介，互联网紧随其后。该项研究调查了15个行业，包括汽车配件、金融服务、餐饮、保险、电信、家政和医疗服务。
>
> 在所有的行业，电视在消费者产品认知方面是最有效的，但在不同行业，有效程度不同。例如，在娱乐业，电视对"购买漏斗"模型中的顾客认知（awareness）影响度为48%，顾客兴趣（interest）的影响度为51%，而对于购买过程的最后一步，即购买（purchase）的影响度为39%；对于汽车行业，这三个数据分别是44%、40%和22%。由此可见，差距非常之大。

咨询公司麦肯锡曾在其商务通讯上发表文章，专门讨论口碑对销售的影响。[6] 研究结论包括：消费者永远都只对专门针对自己的价值诉求感兴趣。营销人员每年花费上百万美元，推出许多复杂、精美的广告，但能进入消费者大脑的却是那些非常简单、来源可靠的口碑和推荐！今天的顾客已被困在海量的产品迷宫里，能够迅速带领顾客走出迷宫的最有效的方法就是传统的营销手段：口碑！

有20%～50%的销售购买决策的做出源于口碑，在第一次购买或者是购买贵重物品（服务）时更是如此。在这两种情况下，顾客会花费更多的时间，征求更多人的意见，以做出科学合理的决策。

这篇文章还阐述到，在数字化时代，科技快速发展使得一对一沟通成为可能，口碑的功能被极大地放大。一个消费者对产品评价的帖子，通过社交网络可以迅速被无数人阅读，这种沟通效率是前所未有的。

良好的服务会导致积极的口碑"广告"效应和顾客的重复购买。顾客会对那些让他们难忘的优质服务津津乐道。即使你的产品是一流的，但如果没有辅以积极的服务体验，你就无法将你的产品与竞争对手的产品区分开来。你的卓越来自于你能够提供超越顾客期待的优质服务，而不是其他。

电子商务对口碑的影响

在当今的商业界，利用网页、电子邮件、社交网站和博客等电子媒介来从事商业活动已司空见惯。在电子商务情境下，口碑（好口碑或坏口碑）的传播效应被急剧放大了，其影响是前所未有的。

传播某个商家的口碑现在是太容易了，我们可以通过给邮件通讯录中数十人抄送的方式即可。在很多社交网站上，如脸谱网（Facebook）、我的空间（MySpace）、领英（LinkedIn），你都可以轻松地上传你的体验，这些网站会以难以想象的速度快速传播。在网站和博客上，企业更是很容易地被人捧上天或贬得一文不值。20世纪90年代中期的电影《雨人》（*Rainman*）中的达斯汀·霍夫曼是一个孤独症患者，他反复唠叨的一句话是"凯马特真烂"（Kmart sucks），这句话后来很流行，这让凯马特的高管懊恼不已。而今天，网络用户有更多的机会来"恶心"任何一家公司。无数的网站（如 www.WebGripeSites.com）⊖，为消费者提供了对企业、政治家、产品、娱乐服务等不满情绪宣泄的途径。更可怕的是，网站如同扩音器，将网民个人的观点，包括对企业的看法，好的或坏的，不加区别地一律予以放大。

服务平庸的企业将难以生存。在科技飞速发展的今天，在通信手段无处不在的时代，企业与顾客之间的信息对称度极高，没有任何秘密可言。顾客可以随意获取到企业服务水平到底怎样的各类信息，企业所面临的最大挑战就是尽你最大努力，让顾客为你说好话！

⊖ 一家专门挑企业、产品毛病，供消费者吐槽的网站。——译者注

☐ 顾客流失的成本

像老笑话说的那样，我有一个好消息和一个坏消息，你想先听哪个？坏消息是，那些服务糟糕的公司，每年会流失10%～30%的顾客。那些不满意的顾客，一旦有新的选择，会毫不犹豫地投向竞争对手的怀抱。争取顾客满意度对于企业来说就像竞选，每天都在进行，不过顾客是用脚投票而已。满意，留下；不满意，走人。当顾客没有选择时，例如，与公用事业和政府机构打交道时，顾客也会用脚反击，把球踢回来。员工会强烈感受到来自顾客的不满，每天面对不满意顾客，对员工来讲，也是一件非常难受的事情。结果可能是，终于有一天，员工再也受不了这种折磨而另谋高就。企业不得不承受代价，接受重新招募员工（它们内部客户）所带来的成本和干扰。

好消息是，一家服务并不太好的公司，如果能开始认真地实施顾客保留策略，其利润会上升25%～100%！即使非营利组织，也会降低员工流失率，绩效提升，员工更幸福。

顾客流失成本的计算

如果由于企业糟糕的服务导致顾客不再是你的顾客时，那么将会发生什么？让我们看看我们非常熟悉的杂货超市的情形。这是威廉姆斯太太的亲身经历：

> 哈里特·威廉姆斯是一位60岁左右的单身女士，在快乐杰克（Happy Jack's）超市购物已经有好多年了。超市离她家很近，产品价格很合理。上个星期，威廉姆斯找到产品经理问道："桑尼，我能买半个莴苣吗？"桑尼直愣愣地看着她，好像她疯了似的，然后傲慢地说道："抱歉，女士。我们只卖整个的，不切开卖。"她感到一丝尴尬，但只能按桑尼说的去做。
>
> 后来，她又遭遇了几次小小的失望（例如，她想要半夸脱⊖脱脂牛奶，而超市却只有半加仑⊜的），结账时，收银员光顾着与同事聊天，她好像被遗忘了。更糟糕的是，收银员很粗鲁地问她：一张支票怎么两个ID呀（是不是把人当罪犯呀）？离开收银台，收银员连声谢谢都没有。

⊖ 1夸脱（美）= 0.946升。

⊜ 1加仑（美）= 3.785升。

从那天开始，威廉姆斯夫人决定不再去快乐杰克超市购物。多年来，尽管她无数次路过那家店，但她绝不会再进去买东西，因为那些店员对她来不来根本无所谓。她每周在这家店花掉 50 美元，那是她辛苦挣来的钱，但对那些店员来说，她只是一个送钱来的人，连声真诚的谢谢都不会说，没人管你满意不满意。但今天威廉姆斯夫人很快乐，因为今天是一个新的开始，她将到其他店去买东西，也许那家超市会把她的生意当回事。

快乐杰克超市的店员会怎么看待威廉姆斯夫人的行为？他们没有什么可担心的。因为生活就是这样，得到一些东西的同时，你也会失去一些东西。快乐杰克超市是一家大型连锁店，威廉姆斯夫人对超市的贡献只是九牛一毛，她来不来都无所谓。而且她脾气古怪，总是有些莫名其妙的特殊要求（谁会买半个莴苣呀），没有威廉姆斯夫人每周那 50 美元，超市日子照样可以过得很好。尽管让威廉姆斯夫人不高兴了，但这么大一家公司不可能为了一个老太太放下身段，做出改变，进而与街道另一头的店去竞争。这家公司看似很有底线，那么失去像威廉姆斯夫人这样一个小顾客，后果会是重大的财务灾难吗？超市到底应当怎样看待这个问题？

□ 必须承认顾客流失的巨大成本

快乐杰克超市需要弄懂一个原理，表述这个原理的是服务中所谓的"**涟漪效应**"（ripple effects）。"涟漪效应"讲述的是，一个顾客停止购买，并不会对企业当下的利润产生影响，但这种影响是慢慢放大的，就像一粒石子投入静静的湖水时涟漪荡漾开去一样，一个不快乐顾客的影响远远不止这一个人。

那些缺乏眼光的员工将企业与威廉姆斯夫人之间的关系界定为一个小顾客和一家大公司的关系，这完全错了。让我们改变一下视角，换一个更宽泛的视角来看问题。

> 当愤怒的顾客告诉其他顾客他的遭遇时，涟漪效应就产生了。

威廉姆斯夫人走了，超市看似只损失了 50 美元，但真正的损失要远远大于这些。我们来算一笔账：她每周消费 50 美元，那么一年就是 2600 美元，10 年就是 26 000 美元。她可能一生都在该超市购物，我们现在做最保守的计算，假设她在这儿购物 10 年，这样损失已不小了。

"涟漪效应"会放大我们刚才所提到的数字。研究表明，一个不满意的顾客会将其糟糕的服务经历告诉 10~20 人。有些人可能告诉得更多（特别在沟通媒介高度发达的今天），我们还是取一个保守的数据，假设威廉姆斯夫人只告诉了 11 个人，这 11 个人平均再告诉其他 5 个人，事态会变得企业都无法控制！

一共有多少人听到了关于快乐杰克超市的坏话呢？我们可以算一下：

威廉姆斯夫人	1 人
告诉其他 11 人	+11 人
这 11 人再告诉其他 5 人	+55 人
听到这件事的总人数	67 人

这 67 人也许并不会都去抵制快乐杰克超市，我们假设这 67 人为潜在顾客，其中 1/4，即 17 人决定不在快乐杰克超市购物。

再假设这 17 人也是每人每周在超市消费 50 美元，那么超市一年的损失就是 44 200 美元，10 年就是 442 000 美元，这就是威廉姆斯夫人感到不快，这家超市要付出的代价。为半个莴苣，你说这家超市是精明还是愚蠢？

尽管这些数字已经够触目惊心了，但实际的"涟漪效应"远远不止如此。通常情况下，一个顾客在超市每周要花费 100 美元，这样我们上面所计算的数据就会翻番。

老顾客的替代成本是多少

顾客服务研究表明，吸引一个新顾客的成本（包括广告和促销成本等）是维护一个老顾客的五六倍（成本可能包括退换货、赠送样品，或者是半个莴苣也卖）。一项研究报告的计算结果是：让一个老顾客购物愉悦需要 19 美元，而争取一个新顾客则需要 118 美元。

由此，流失威廉姆斯夫人这位顾客的真正成本包括：

让威廉姆斯夫人购物愉悦的成本	19 美元
争取 17 个新顾客的成本	2006 美元

现在让我们从与每位员工更加密切相关的角度，来考察客户流失在经济上的"残酷现实"。

失去顾客就意味着员工失去工作

假设一家公司负税率为 50%，税后利润为 5%，表 1-1 表明了一个员工销售额必须达到多少（按 4 个不同工资层级）才能保持现有的利润水平。

表 1-1　维持一份工作需要的销售收入　　　　（单位：美元）

工资	利润	税后成本	需要的销售收入
60 000	27 600	43 800	876 000
40 000	18 400	29 200	584 000
25 000	11 500	18 250	365 000
15 000	6900	10 950	219 000

这些数据也许在不同的行业会有所不同，有些企业管理人员也可能对顾客流失会影响员工工作的观点持有异议。但我们必须承认，如果一个年薪为 15 000 美元的兼职员工，每年只要他得罪三四位顾客，我们前面所说的涟漪效应给企业带来的损失肯定会超过该员工为保住岗位所创造的销售收入。很不幸的是，在很多组织中，那些员工每天得罪的顾客都不止三四个！

> **自我反省**
>
> **将威廉姆斯夫人的案例应用到你所在的公司中去**
>
> 我们花几分钟时间再想想威廉姆斯夫人的案例，但这回要将其与你所在的公司关联起来。假设你刚刚失去一位顾客，书中所假设的那些数据也都是真实的，计算一下公司的损失。如果你在非营利组织工作，没法用钱来衡量绩效，那就先计算一下对你所在组织不满意的人数，然后再计算一下你日复一日应对这些沮丧、愤怒、懊恼的顾客所必须付出的心理代价。

□ 让那些口号和良好的服务意愿成为战略

很多公司不管做得到还是做不到，最起码有些非常好听的口号，如"顾客就是老板"，还有什么顾客就是"王"或"王后"（或至少是"王子"和"公主"）！他们认为顾客永远是对的，一些肉麻的广告里甚至宣称：顾客就是我们这个组织生存的理由！但事实怎样？抛开这些动听的口号，我们所接受到的服务通常是糟糕的。

企业所面临的最大挑战在于如何将这些口号转化为行动，并有效地将真情实意传递给顾客。即使那些企业管理者知道顾客服务的重要性，但在面对顾客一些看似不太"正常"的服务要求时，他们通常是束手无策的，员工也不知道该如何应对。当你意识到公司里那些工资很低、又没有经过培训的员工通常就是每天直接接待顾客的人时，这个问题会变得异常棘手。例如：

- 一家营业额数十亿美元的连锁快餐企业将命运托付给一群低薪酬的年轻员工，让他们为顾客点餐、送餐。结果可想而知，员工流失率很高，企业不得不花费巨资不停地培训新员工。
- 一家大型金融机构给顾客的感觉是，这家企业受理日常交易的都是一些刚上岗的新员工。
- 很多顾客认为，一个预算金额达数十亿美元的政府机构，其接待人员在接电话或回答顾客问题时，总像是在做生意（民众指责政府机构"官僚主义"，多是因接待人员用"不对路"的方式来对待顾客）。

> 公司的形象常常是由那些收入最低、每天与顾客打交道的员工造就的。

当你真诚地为快乐而忠诚的顾客创造价值，并有效地与他们进行沟通时，你就已经接近成功了。必须记住：要将心比心，当你监督别人时，你需要同样积极的态度或技巧"感染"他们。

"作为一个普通员工"该怎样做

企业利润来自于良好的服务，现在假设你不是老板，而只是一个普通员工，那么良好的服务技能会给你带来什么？答案非常简单：这些技能会给你带来事业的成功和生活的幸福。通过良好的服务技能，你获取了顾客忠诚，这会使你有成就感，也会觉得生活很有意义。收入方面的好处我们无需赘述，你个人收入肯定会增加。

你是组织的 CEO 还是收发室员工都无所谓，问题的关键是我们为组织做了多少贡献。毫无疑问，付出更多的努力、精力，承担更多的义务，从与这个组织的关联中得到的回报也将更多。从长期来看，这是一个颠扑不破的真理。反过来，得过且过，结果是与公司关系僵硬，工作也令人心烦意乱。

> 为追求卓越服务我们付出的越多，从与这个组织的关联中得到的回报就越大。

☐ 顾客服务的核心竞争力

所谓核心竞争力，是指一家公司所拥有的独特的顾客服务技能，这种技能其他公司很难模仿。核心竞争力可以给顾客带来直接的利益。为顾客提供持续的优质服务是一种艺术，但其逻辑起点是招聘到合适的员工，他们应该有强烈的服务意愿、良好的沟通技能和视企业为家的归属感，他们应该有基本的服务知识，同时愿意为企业奉献。

优质服务的基础是企业所拥有的 6 种核心能力。

1. 有效的沟通能力

每次与顾客的互动都是从沟通开始的。在整个过程中，以良好的态度向顾客传递正确的信息，这是服务成功的保证。沟通是"双向道"，要有来回。因此，倾听并了解顾客的需求就格外重要。

随着科技的不断进步，我们沟通的方式也在不断变化。利用电子邮件、短信和社交网络等新媒介与顾客进行沟通时，必须要融入感情，要让顾客感受到你对他们的关爱。这些媒介缺少面对面沟通时的温情，因此需要格外注意，不但要有效，还要注意措辞，要有真诚的语气以及顾客可以感知到的友善。我们将在第 5 章深入讨论这些问题。

通过电话沟通需要特别的技巧，以确保双方都知道对方在说什么，知道顾客所处的情境，并进而为顾客提供良好的解决方案。实现上述目标，需要知识、情感投入、人性化、热情和专注性，同时还需要对顾客表现出自信的态度，这在沟通过程中非常重要。一个特别重要的警示：在沟通过程中，只承诺你能做到的，不要承诺你无法做到的。我们将在第 4 章对这一问题进行更深入的讨论。

2. 让员工与企业共同承担责任

当员工认为服务结果与他们相关时，通常会更有积极性。在顾客服务中，所有的内涵是指企业殚精竭虑，想顾客之所想，急顾客之所急。在很多案例中，顾客来到企业是要解决问题，他们不需要员工背诵公司的规定，或者是简单地把皮球踢到另外一个部门。抓住机会，以最快的速度解决顾客所面临的问题的能力，就是**核心竞争力**（core competency）。要创造一种氛围，让所有的员工都感觉到自己的存在，感觉到自己所肩负的责任，从而促使员工以积极的方式，恰当回应顾客服务要求，在这种氛围中，员工会为自己所做的一切感到骄傲。

3. 授权能力

单纯地让员工感受到自己是企业一份子（责任感）远远不够，还应当授权，让员工有能力行使权力，以实现优质服务。也就是说，要赋予不同层级的员工以不同的权力，使他们在满足顾客需要时，做出正确的决策。在服务企业中，如果员工任何权力都没有，事事都要请示，企业实现优质服务是一种奢望。更严重的是，这会消磨员工的士气。当顾客有合理要求，员工有权力做出决策，在这种情况下，员工才会喜欢他们所从事的服务工作。当然，我们所说的授权，不是员工想怎么干就怎么干，而是要有一个合理的权力划分界限。但毋庸置疑的是，恰当的授权会促使那些与顾客接触的员工做出更有利于组织的决策（尽管有些决策看起来与组织规定相抵触），从而更好地满足顾客需要。

4. 知识管理能力

知识管理（knowledge management）是指组织中员工总是能寻找到解决问题新的方法和途径，而且能够在组织内部进行共享。清醒的人时刻会学到新的服务技能，从而为满足不同顾客的不同需求，提供不同的解决方案。管理者要致力于提高员工的创造力，让员工表达出他们的新想法。这项工作不能拖，因为今天员工提出的一些合理化建议可能还有效，明天竞争对手如果采用了同样的策略，这些建议就一文不值了。

组织中的人决定了组织中知识创新和分类，包括观点的分享、指导、头脑风暴以及将新知识融入服务战略之中。在第 10 ~ 12 章，我们将研究怎样分享观点创新以超越顾客期望，并以此奠定企业服务战略的基础。

5. 变革管理能力

提供最基本的服务行为（包括招呼顾客、对顾客说"请"和"谢谢"等）并不难，但服务环境是多变的。成功的服务人员应当做好应对变革的准备，对于那些已经习惯了舒适和一成不变日子的服务人员来说，可能会是一种挑战。

为顾客提供持续性的优质服务需要适应性，需要服务人员积极参与到服务流程变革之中，需要他们对文化变革的认同感，唯有如此，才能构建起对外部环境变化具有良好适应性的服务团队。但认同感是建立在公司战略清晰的愿景基础之上。公司战略是动态的，员工要有能力做出调整，来适应公司不断变动的战略目标。组织需要与员工不断地就变革的愿景进行沟通，并不断地强化他们的认同感。我们将在第12章中探讨**变革管理**（change management）问题。

6. 持续改进能力

没有什么东西是永恒的。核心竞争力要素的重要性，随着外部环境的变化也会变化。理性变革的先决条件是获取到来自顾客、员工和市场的反馈信息。如果我们不知道他们到底在想什么、做什么，我们怎可能做出改变？

正如我们在第8章中讨论的那样，顾客反馈对于了解顾客的需求和期望是至关重要的。找到"果"（顾客需要什么）是远远不够的，我们还要找到形成"果"的"因"（为什么），唯有如此我们才能最大限度地简化我们的服务工作，将与优质服务无关的要素从我们的服务流程中剔除。

持续改进（continuous improvement）是核心竞争力的最大动力来源，也是一种理念，需要我们不断适应，不断实验，不断做出改变。这种理念植根于我们对自己并不完美和总想把事情做完美的认知之中。我们所做的任何改变，都是为了一个目的，即提升顾客忠诚度，进而让顾客愿意再次接受你的服务，而且会热心地向其他人推荐你的服务。

本书的其他部分会向大家阐述培育上述6种能力的基本理论和方法。

☐ 终极目标：培育顾客终身忠诚

顾客服务的终极目标是创造顾客忠诚。了解什么是忠诚，企业顾客为什么忠诚及如何衡量顾客忠诚，无疑会促使企业或个人有效地改进顾客驱动的服务质量。

为更好地了解顾客忠诚，我们先来界定一下顾客忠诚的内涵，在这个问题上，人们经常把顾客忠诚与其他问题混淆，例如：

- 单纯的顾客满意不是顾客忠诚。满意是忠诚的构成要素，但一个满意的顾客在未来不一定是一个忠诚的客户。

- 顾客在尝试试用品或促销中的很多反映不能归入忠诚之列。我们可以赢得顾客忠诚，但却买不到顾客忠诚。
- 高市场占有率。你可能有些产品或服务的市场占有率很高，但这不并不意味着顾客忠诚。原因可能是你的竞争对手比你还差，或者是你的价格更有吸引力。
- 单纯重复性购买。重复购买的原因很多，可能是因为习惯，可能是源于便利，或者仅仅因为你的产品或服务比竞争对手的更便宜。

> **服务快照**
>
> ### 汉堡至尊
>
> 史蒂夫和德比有一家名为"汉堡至尊"的小快餐店。在6年多的时间里，他们培养了不少忠诚的顾客，其中有很多人几乎每天都光顾。这些顾客不仅自己在店里吃午餐，还把朋友和同事们也带过来品尝美食。还有些顾客开玩笑，要参股这家快餐店。
>
> 菜单上的菜品和食物非常丰富，包括数10种三明治、沙拉、汤、甜点、洋葱圈、冰酸奶以及一些与史蒂夫身世有关特殊的食品，如希腊肉卷和果仁蜜饼。所有的东西都非常新鲜，但所有这一切，美味的食物、合理的价格等，都不是顾客忠诚的真正原因。
>
> 几乎每个经常光顾的顾客都收到过来自史蒂夫、德比或其他员工的惊喜：今天我请客！餐馆的所有者、管理者乃至员工，都有权力给忠诚顾客免单。很显然，不是每次顾客来都能享受免单待遇，但这却反映了快餐店老板对顾客忠诚重要性深刻的认识。也反映了他们愿意授权给员工，以使他们能做出一些有利于培养顾客忠诚的事情。
>
> 前台服务人员从德比那儿学到了如何为顾客服务。在最繁忙的时刻，她总是在他们身边，她以身作则，不断地表扬和鼓励员工，并给出正确的建议。她教给员工，称呼客人时要叫名字，要微笑，高高兴兴地对待任何服务问题，积极地向顾客展示，让顾客相信餐馆是多么洁净，即使是在最忙碌的午餐时候，也不能忘记这些。
>
> 面对美国国内众多的竞争品牌，如温迪快餐、麦当劳等，它们所提供的快餐与汉堡至尊并无二致，也制定了服务标准，要求服务语言友好、服务个性化。但是，它们只是说说而已，而汉堡至尊确实说到做到。

把这些假设和忠诚识别出来是很重要的。它们会让你产生一种虚假的安全感，而此时竞争对手可能正在建立真正的客户忠诚。

顾客忠诚

那么，到底什么是顾客忠诚？我们有一个比较可靠的定义，这个定义是建立在大量的实证研究基础之上的。该定义认为，顾客忠诚有三个重要特征：

- 顾客总体满意。如果顾客满意度低下或不稳定，那么就别指望顾客忠诚。顾客满意是顾客忠诚的必要条件，但不是充分必要条件。
- 在与企业关系维护过程中，顾客对企业有情感认同，并进行持续投入。
- 顾客行为方面的特征包括：
    - 重复购买（或由于需要，有重复购买意愿）；
    - 愿意将公司或产品推荐给其他人；
    - 对竞争对手的诱惑加以抵制，忠诚于本企业。

盖洛普（Gallup）所做的一项最新研究证明了上述因素，但更深入一些，他们认为，客户"**参与度**"（engagement）才是获取顾客

> 有些顾客并不是真正忠诚的顾客，只是他们尚未离开而已。

忠诚最重要的变量。2003年发表在《盖洛普管理》杂志上的一篇文章对顾客忠诚与企业利润之间的关系提出了置疑。研究人员指出，有些顾客忠诚对于企业来说，并不是有利可图的。他们特别说道："顾客的重复购买行为可能源于公司的礼物、打折或其他购买激励或贿赂，类似于这一类的重复购买并不能给企业带来利润。"顾客可能只是简单地利用公司，或者是从促销中得到点蝇头小利。这些顾客尽管有重复购买行为，但并不是真正意义上的忠诚，他们只是一群早晚要离开但还未离去的顾客。同样，与企业不存在心理契约的顾客也是如此，尽管他们尚未离开，但原因不是忠诚，而可能是因为习惯、方便性或者仅仅是因为转换服务提供者实在是太麻烦了。对与这些顾客来说，竞争对手的一些小伎俩，如打折等，就会使这些顾客迅速成为它们的顾客。

如果企业和顾客自己没有感情纽带，所谓的满意也是没有任何意义的。盖洛普在调查报告的最后总结到：顾客与组织之间的情感纽带是企业最重要的资产。另外

的一些研究也表明，情感高度投入的顾客，即不仅满意而且还对商店有感情，他们会比其他顾客更多地来商店购物，也会花更多的钱。

> 情感关联是构建忠诚关系之关键所在。

与顾客建立有价值各项的典范是美国鼎鼎有名的鞋类网站美捷步（Zappos）。网站 CEO 谢家华（Tony Hsieh）在其《传递幸福》一书中曾诠释了怎样与顾客建立长期关系。他说："在美捷步呼叫中心，我们不会限制顾客通话时间。记得有个顾客的电话，整整打了 6 个小时！我们并不完全以销售量论英雄，还要看这些销售代表是否超越了顾客的期望。在为顾客提供服务之前，我们没有现成的'脚本'，因为我们相信员工会做出最好的判断，从而接待好每一位顾客。我们想让那些销售代表在服务过程中，能展露出人生最美的一面，用心、用情感去接听顾客每一个电话。"[7]

良好服务有助于建立长期的顾客关系，而正是通过长期关系的建立，才有了顾客忠诚。再次引用谢家华的话："我们不想在一次买卖中把顾客的腰包掏空；相反，我们致力于与每个顾客建立终身关系。"[8]

新视野

为什么说让顾客满意是远远不够的

世界一流的企业通过优化它们与顾客之间的关系来保证企业的未来发展。那些在情感契约方面超越竞争对手的企业，利润会比竞争对手高 26%，增长率则有可能高 85%。这些企业的顾客购买量大、消费额高、对企业的贡献率高，同时也会与企业维持更久的关系。

盖洛普所做的几项调查，反复研究了顾客满意和顾客忠诚之间的关系。从一项全球领先的连锁超市获取的数据表明了顾客与企业之间的情感契约的重要性，那些对企业有深厚感情的顾客，会更多地光临超市，费用支出也高于其他顾客。那些没有极其满意的顾客，每月平均会光临超市 4.3 次，支出 166 美元；而那些极其满意，但与企业没有什么感情的顾客，这两个数字分别下降到 4.1 次和 144 美元。这个案例说明，即使极其满意的顾客也并不能给超市带来附加价值。

但是盖洛普研究同时发现，那些极其满意，同时又与超市有情感的顾客，这两个数字则分别上升到 5.4 次和 210 美元！

> 很显然，企业有不同类型的极其满意顾客、极其满意且有情感的顾客，在食品店中会比只是满意但缺少情感的顾客光顾率高32%，支出高46%。结论：没有情感的所谓满意是没有价值的，而有情感的满意，对于企业来说是无价之宝。
>
> **问题**
> 1. 企业单纯调查顾客满意度会有问题吗？
> 2. 建立顾客忠诚，企业所面临的最严峻的挑战是什么？
> 3. 最新研究是怎样界定顾客满意和顾客忠诚之间关系的？请在网络上就同样问题进行调查并得出相应的数据。
>
> 资料来源：Excerpted from William Jasper McEwen and Jakub Henry K Flemming, "Customer Satisfaction Doesn't Count", Gallup Management Journal, March 13, 2003; Customer Engagement Unleashing the Potential for Growth, February 3, 2012, http://www.gallup.com/consulting/49/customer-engagement.Aspx.

□ 最终思考

顾客服务技能是促使你职业生涯成功最好的舞台。不管你是为大企业工作，还是只是一个卖柠檬水的小摊主，你的生死存亡取决于顾客对你的看法。内部顾客（员工）和外部顾客具有同等重要的意义，本书中所有关于外部顾客的理论、方法都可以应用于构建内部顾客关系。

在很多服务领域，顾客服务能力都决定了个体的职业生涯和个人生活的成功。掌握这些核心能力在很多方面对你都将有所帮助。

在职业生涯方面，你首先要做的是忘掉你的头衔、职位、经验和资历，你要永远努力去吸引顾客、让顾客满意并培育忠诚顾客。

重要观点总结

1. 商务和个人生活方面的成功取决于我们与他人构建健康关系的能力。更宽泛地说，只有当我们有能力吸引到那些有价值的顾客，并将他们转换成忠诚顾客时，我们才能取得成功。
2. "顾客"一词可能有多种称谓，但不管怎么叫，都必须是有价值交换关系才能成为顾客。外部顾客是那些企业外部购买企业产品的人，而内部顾客则是指员工或组织成员。

3. 由于服务中的情感关联和持续性关系，顾客会成为组织的合作伙伴。前提条件是我们要足够慷慨、可信，与顾客有相同的目标，能够真诚地与顾客对话，更重要的是，需要我们付出情感和关爱，优雅且平等地追求卓越。
4. 良好的口碑在任何行业，对争取和保留顾客都有积极意义。特别在电子商务情境下，口碑传播的速度无与伦比的迅速，企业需予以特别注意。
5. 计算顾客流失的影响有很多种方法，但最简单的方法是直接计算损失的收入；顾客坏口碑导致其他顾客流失损失的收入及争取新顾客必须付出的成本。
6. 所有公司都认为顾客满意是极其重要的，但很多公司却并没有将它们良好的服务意愿转化成具有可操作性的服务战略或行为。管理者在这方面还有很多工作要做。
7. 尽管顾客满意非常重要，但并不意味着它必然导致顾客忠诚。
8. 顾客忠诚的关键构成要素包括：顾客总体满意、继续与企业保持关系及向其他顾客推荐的意愿。
9. 核心服务能力是组织特有的技能，正是这些技能将你所在的企业与其他企业区分开来。其构成包括有效沟通能力、员工责任感、**授权**（empowerment）、**知识管理**（knowedge management）、变革管理和持续改进的能力。

| 关键概念 |

核心竞争力	情感依赖	外部顾客	服务亲密度
顾客流失成本	授权	知识管理	社会资本
变革管理	客户参与度	内部顾客	口碑传播
持续改进	价值交换	涟漪效应	广告

| 事实回顾 |

1. 从广义角度怎样来定义顾客？
2. 从态度和导向角度，怎样定义顾客关系？强化顾客关系的因素包括哪些？
3. 在什么情况下，顾客服务在非营利组织（或没有竞争的行业）中也是有价值的？
4. 为什么口碑的"广告效应"如此之大？
5. "涟漪效应"是怎样放大顾客流失所带来问题的？

6. 根据盖洛普所做的调查，真正顾客忠诚三个最重要的特征是什么？
7. 简述契约顾客的含义，并说明它与顾客忠诚之间的关系。
8. 顾客的哪些行为特性常常被误认为是顾客忠诚？
9. 组织6个核心服务能力是什么？请简单结合你所在企业或工作的情况加以说明。

实战：对服务提供者的访谈

1. 就顾客服务态度问题访谈5个人，特别要问清楚他们是如何界定内部顾客和外部顾客的，以及他们认为怎样才能为顾客提供最好的服务。
2. 调查两位业界人士，估算一下顾客在他们企业的平均支出。然后根据本章给出的方法，计算一个顾客流失给企业带来的损失。询问两位人士对计算结果做出评价，是合理、过高还是过低。
3. 对你所忠诚的三个企业做出描述，即你喜欢与这些企业做生意，而且愿意成为公司的长期顾客。请列个单子，说明是什么原因导致了你对这些企业的忠诚（注意：别忘了描述细节）。
4. 根据你自己的经历，你认为哪家公司在培育顾客忠诚方面是最成功的？它们是怎样与顾客建立长期关系的？

思考案例

好市多和高质量关系的力量

零售连锁超市好市多（Costco）在建立顾客忠诚方面一直享有盛誉。这家仓储式连锁店在传统广告媒体上几乎不花分文，但由于口碑良好，其发展速度令人瞠目。换句话说，好市多忠诚顾客热情地免费宣传超市，效果非常惊人。

好市多是良好顾客关系给企业带来经济收益活生生的案例。该企业全体顾客中，80%有推荐意愿！尽管企业几乎不做广告，但却拥有6000万会员，年销售额超过760亿美元！普通零售超市一般拥有3万~15万的单品，而好市多却只有4000种，他们只销售物有所值的东西。[9]它的单店销量几乎是它最强劲的竞争对手沃尔玛山姆会员店（Sam Club）超市的两倍。好市多的员工也从企业成功中得到丰厚的收益。员工的福利远远高于行业平均水平，所以员工流失率很低，这反过来又降低了员工招聘和培训成本,并提高了生产率。同时,也极大地降低了企业库存,[10] 企业的库存水平只相当于行业平均水平的13%。公司有非常慷慨的退货政策,只有一年对计算机技术产品实行过限制,其他时候退货不受时间限制。在过去的几十年里,即使经济最糟糕的年份,好市多年收益增长率也始终维持在12%~17%。

问题

1. 简单描述一下你在好市多的经历。在那儿接受服务,你满意吗?为什么?
2. 在什么情况下你会成为好市多的免费推销员,即愿意向朋友推荐好市多?
3. 好市多对内部顾客重要性是如何认知的(如果必要,请利用网络来搜寻更多相关资料)?
4. 在顾客忠诚培育方面,好市多未来面临的挑战是什么?它应当怎样充分利用自己的核心竞争力,确保在市场上的成功?

思考案例

逐渐消失的航空旅行形象

曾几何时,人们认为乘飞机商务旅行是很上档次、刺激且很有意思的,但今天已经没有多少人会这么想了。在"过去的日子里",乘客通常会身着自己平时舍不得穿的衣服,尽情享受彬彬有礼、身着制服漂亮空姐的夸张服务。所有的乘客都可享受免费的餐饮和其他附加服务,如扑克牌、毛毯、枕头、毛毯,以及供孩子们玩乐的蜡笔、玩具飞行员徽章等。

不知不觉中,行业的格局发生了变化,消费者的兴奋慢慢消失。随着成本的不断上涨和竞争的加剧,加上昂贵的安保成本,空中旅行不再令人愉快惬意,现在飞机的经济舱可与轮船的下等舱相比。头等舱和经济舱把人分成了三六九等,有一家航空公司最近竟构想出一个所谓的新创意,即在飞机上出售站票!乘客可以像地铁上的乘客一样站在那儿旅行。最近,一个专栏作家抱怨道:航空公司对乘客的集体蒙羞上升到一种艺术形式。

问问那些坐过飞机的人,你的耳朵里可能全是抱怨。这可能不全是航空公司的错,但它们承受了所有的指责。曾经"友好的天空"到底怎么了?

> **问题**
> 1. 作为一名乘客,你看到了哪些变化?哪些变化是最令你厌倦的?从哪些方面可以改进服务?
> 2. 商务航空业面临的最大挑战是什么(可以利用网络采集相关资料)?
> 3. 航空公司应当怎样做才能赢得顾客忠诚?在多大程度上,这些努力会奏效?
> 4. 航空公司的管理者应当怎样做才能挽回很多人对该行业的负面印象?请给出三个最有可能奏效的建议。
> 5. 根据你的观察,航空业的良好服务质量形象是怎样一点点消失的?

不断实践以构筑顾客服务战略

若想最大限度地从本书获益,那么在实践中对每个章节的理论不断加以应用,这是唯一的捷径。如果你刚刚被一家公司录用,或者是想为一家公司工作,请将本章最后的案例应用到这家公司。如果你愿意,可由从以下假设的组织中选择一个作为你的研究对象,将刚刚学到的理论加以应用。但请注意,要始终用相同的组织不要转变研究对象。

如果你找不到真实的公司,下面就是两家供你选择的虚拟公司。为使你的服务战略制定的科学合理,如果有必要的话,你可以往这些虚拟的公司中任意添加数据。

1. 独立汽车销售与服务公司

优先目标:拓展销售和服务业务,特别是通过重构顾客的口碑和推荐来实现。

独立汽车销售与服务公司(Independent Auto Sales and Services,IAS)是一家中型汽车销售公司,专门销售新款二手车,其中很多车是车主从美国西南一座城市的大型汽车销售商那儿退租的汽车。IAS 的主人是一对夫妇,即史蒂芬妮和李·贝尔根。他们做这一行已经 15 年了,因诚实守信而声誉良好。他们的收入很大一部分来自老顾客的介绍和推荐。汽车销售,无论是新车还是二手车,竞争都是非常激烈的。为了刺激销售,汽车经销商有时会以零利率给顾客贷款。但不管怎样,IAS 的价格总是最有竞争力的,特别是那些使用两三年的二手车,更是销售火爆。

面对萧条的经济和汽车销量的持续下降,史蒂芬妮和李·贝尔根决定将业务重点转移到汽车维修,他们有三个全职的技师,这些技师的经理名字叫雷,尽管脾气不太好,但修车技术一流。经过努力,维修收入现在已经占到公司总收入的15%。

另外,公司也开始做B2B生意,他们刚刚搞到一个订单,为当地政府和一家大建筑商的汽车提供维修服务。但由于维修人员相对较少,该项业务还是出了一些问题。雷有时会过度承诺,无法按时为顾客提供服务。为解决这一问题,公司又聘请了一些技师,同时也在寻找更好的销售人员。

2. 网络营养品分销商

优先目标: 构建有满意顾客和分销商构成的广泛网络。

网络营养品分销商(Network Nutrition Distributors,NND)的构成包括两部分:一部分是使用营养产品或其他医疗保健品的顾客;另一部分是出售这些营养品的分销商。作为一个网络营销组织,NND的主人汤姆·费尔蒙特的成功源于他抓住了网络销售这一新型渠道,当别的经销商还努力在实体店销售营养品的时候,他已经开始涉足电子商务,他现在不仅卖产品,还向其他分销商推销他的网络销售理念。

丽莎和汤姆所面临顾客服务问题是他们几乎无法和自己的顾客面对面。一些新的分销商在不断加入,在很多展销会上他们也会展出自己的产品,但大多数的销售收入来自网络销售、电子邮件和短信销售及电话销售。

NND需要将自己的产品与实体店中销售的产品区分开。为顾客提供个性化产品尤为重要。因此,他们公司产品的分销成本比在那些大型零售店和超市中销售的产品还要高。

最后,NND还要有效地说服那些对网络销售半信半疑的潜在顾客和分销商。绝大多数消费者都承认NND的产品质量很好,但对产品价格有顾虑,因为他们比实体店中那些竞争品牌的产品价格要贵很多。

战略规划问题

1. 如果你拥有一家类似的企业或者是该企业的领导者,你将怎样让你的员工了解优异顾客服务的重要性?
2. 谁是你的外部顾客,他们个性化的需求是什么(请至少列举三项)?
3. 你的内部顾客是谁?他们特殊的需求包括哪些(请至少列举三项)?

4. 在你选定的行业中，在我们所讨论过的核心竞争力要素中，哪些是最基本的？请详细阐述。
5. 你所在的行业应当怎样应用本章所描述的顾客培育理论？

☐ 注释

1. Gary Stoller, "Oh, the Humiliation of Flying Today," *USA Today*, January 27, 2012, pp. B1–2.
2. Oracle, "Measuring and Managing Customer Lifetime Value," White paper, August 2006, p. 2.
3. "The 100 Best Companies to Work for," *Fortune*, February 6, 2012, pp. 117–27.
4. Chip R. Bell and John R. Patterson, "When More Is Less: Why Value-added Service Won't Give You an Edge in Tough Times," www.chipbell.com/articles © 2009.
5. From a TV blog by Jon Lafayette "Study Shows TV's Impact on Consumer Purchasing Behavior." To conduct the survey, [polling company] Yankelovich asked consumers about television ads that had made an impression on them. Between January 29 and February 10, 2009, 3,002 consumers who had seen a TV ad in the past two months were questioned. The survey measured what action was taken after seeing the ad and whether ads for the same product or service were seen in other media. They also were asked which media most increased awareness and interest or prompted action.
6. Jacques Bughin, Jonathan Doogan, and Ole Jørgen Vetvik, "Measuring Word-of-Mouth Marketing," *McKinsey Quarterly*, April 2, 2010.
7. Tony Hsieh, *Delivering Happiness* (New York: Hachette Book Group, 2010, p. 145).
8. Ibid.
9. Berry Berman, *Competing in Tough Times* (Pearson Education, 2011, p. 72).
10. Shrinkage refers to how much merchandise is stolen or damaged. It often relates to employee morale. Unhappy workers tend to have higher shrinkage rates.

CUSTOMER SERVICE

第 1 篇

LIFE：细节决定成败

　　LIFE 这个缩写词的第一个字母 L 代表"细节"（little things）。在与顾客打交道时，细节可以成就你也可以毁掉你。当我们与顾客产生互动时，如果你将关注点放到细节上，即使是最微小的细节，也会使顾客有一个难忘的服务经历。本篇的四章将集中讨论能给顾客带来价值的一些细节问题。我们先研究那些能够让顾客与企业产生情感关联的行为：我们与顾客打交道时应该怎样说，怎样做。有些行为是我们的第二天性，另外一些则需要学习，必须后天培养，以使我们有一个让人感到舒适的个性。第 3 章讨论最容易被人忽略的沟通行为，即倾听；第 4 章的主题是如何利用电话与顾客实现有效沟通；第 5 章则讨论了在电子商务环境下，怎样充分考虑电子信箱、网页和各种社交媒体与顾客沟通时的细节问题。

　　让我们看看，在追求卓越服务过程中，细节是怎样发挥作用的。

第 2 章

用行为留住顾客
从细节入手

学习目标

1. 区别特定行为与理想服务结果、目标或期望的结果之间的关系。
2. 能够识别出取悦顾客的那些行为和个性。
3. 通过特定行为的强化来逐步培育这些个性。
4. 认知并推进以顾客为中心文化的组织行为建设。

个性的力量

"早晨好！霍恩"，"你好，那边请"，一旦有顾客进入华夫屋，此起彼伏的问候声如小合唱一般响起。这家位于美国南部的餐馆以其独特的问候方式而闻名，特别是在早餐时间。在这儿，你永远会感到熟悉和亲近。

20多年前，菲利斯·拜耳在他办公室附近银行开立了一个账户。作为这座城市中新的一员，他需要一个活期账户，而那家分行却关门了。开户一个星期后，他到银行存款。他说："我刚一进大门，从大堂中传来的竟然是'欢迎拜耳先生光临'的快乐声音，我真的被吓到了。只来了一次，他们竟然能记住我的名字。我在这家银行存钱存了几十年，从来不去其他银行，很重要的原因就是这家银行员工的个性太好了。"

迪士尼主题公园致力于为游客提供"全球最快乐的地方"这样一种氛围，进而培育了大批忠实的游客。游客在迪士尼感到快乐，很大程度上是因为员工（公司称这些员工为演员）本身就很快乐，他们微笑着与你轻松地打招呼，不经意间将组织个性润物无声地传递给你。

如同个体一样，每个组织也都有自己的个性。组织个性是通过无数"细节"传递给顾客的，有些可能是通过语言，另一些则是通过非语言沟通线索。有些人不了解这些线索是怎样作用的，微小的行为或活动如何将有效的信息传递给他人。在本章，我们将讨论顾客服务中的个性投射沟通行为的重要意义。

□ 让顾客愉悦的行为与个性

行为就是人们做什么，行为传递方式可以是语言，也可以是非语言。即使没有语言交流，个性也可以使沟通过程变得"清晰、无误"。例如，销售人员可以对顾客置之不理；员工可以习惯性迟到；店员拉着脸、冷若冰霜；维修人员把一切弄得乱七八糟。这些行为尽管没有一句话，但难道不是"此处无声胜有声"吗？这和语言交流一样。同样，商店或餐馆里友善的问候、呼叫中心令人愉悦的声音，以及同事的微笑和充满激励的话语，总是能让你感到愉快。这也传达了某种信息。

在服务业中，良好的态度非常重要，而良好的态度是通过行为传递的，因为行为是可视的。一个同事曾提醒我："如果什么东西不可以被录像，那一定不是行为。"行为就是我们与他人沟通的方式，在这个过程中，有两个重要的原则：（1）任何东西都可以成为沟通的媒介；（2）信息的接收者决定所接收信息的含义。你的个性会被投射，你的个性可能很吸引人，但经过投射后，可能就不那么迷人甚至是遭人厌恶了。因此，我们必须保证我们的行为能有良好的反应。

本书将讨论组织或个体对顾客有意义的**行为**（behaviors）的分类，包括个人的和组织的。这并不是要排除某些行为，而是筛选出与顾客服务更密切的个性。

每个顾客都可能遇到两类相互关联的特性，即为顾客提供服务的员工的个性和组织的整体个性。组织整体个性反映的是组织"文化"。本书将文化定义为：工作场所为团队所有成员所共享的价值观，它包括很多要素。公司文化会强化个体行为，反之亦然。例如，如果一家公司工作氛围让人愉悦，那么员工就会把这种情绪传递给顾客。有些公司的文化更为正式一些（如律师事务所或医疗机构），那么这种共享的价值观也会通过员工的能力和专业性而得以强化（当然，律师和医疗机构人员也可以幽默和风度翩翩，但通常情况下不是这样）。

———— 一个公司的"个性"来自它的**组织文化**（organization culture）。

百胜集团（旗下拥有塔可钟、肯德基和必胜客等众多餐饮企业）CEO 曾讲过，要创建"**共识文化**"（recognition culture）。集团领导"经常、公开地表彰那些工作出色的员工，这些奖励非同寻常，影响广泛，而且可以利用它描绘出组织所期望的员工行为"。近日，集团总裁在肯德基发放软炸鸡，并在必胜客给大家发芝士蛋糕，通过这种方式与员工进行轻松的沟通。集团有一个所谓的"共识频道"，播放大家所认可的歌曲等。[1] 很明显，有共识的员工对企业才是有价值的。大家有好事一起庆祝就是这种文化的自我表达方式。

我们在第 1 章曾提到，位于拉斯维加斯的电子商务公司美捷步，该公司的文化被人形容为"古怪的零售商"。为什么？这主要是因为公司的个性。在其核心文化中，"好玩"分量很重。美捷步的 CEO 谢家华曾讲述过他的"十戒"，包括"创造快乐并带有一点搞怪"以及"传递惊喜"。[2] "快乐和搞怪"包括游行、穿睡衣聚会、快乐时光及剃光头等。给顾客惊喜的内容包括免费退货、快速发货、赠送鲜花。一系列感恩，甚至包括替顾客在竞争对手店里寻找美捷步所没有的品类。公司尽最大努力雇用积极向上的员工，他们能够为公司、为顾客创造快乐，这反过来又强化了公司的文化。

美国西南航空公司的文化也很有趣，他们强调，工作要好玩，这种个性将公司与其他竞争对手有效地区分开来。事实上，良好的公司个性不仅有助于吸引顾客，也有助于雇用到那些喜欢在这种文化氛围中工作的员工。在美国的民航业，西南航空公司经营的一直比其他公司要好，即使在经济不景气的时候依然如此。很多研究都表明，最好的公司几乎都是"好玩"的公司。

新视野

不同文化非语言沟通的差异

我们与他人进行行为沟通的其中一种形式就是非语言沟通。别人会看我们所做之事，然后从中提取出他们所认知的含义。但是，在不同的信息接收者眼中，由于文化差异，在不同的国家，同一个行为可能会有不同的含义。所以，在使用非语言沟通要素（线索）时必须非常小心，有些词汇，一种文化背景的人认为很清楚，但到了另外一种文化，可能就变得模糊了，甚至会有完全不同的含义。非语言行为来自于我们文化常识，我们认为什么是合适的、什么是正常的以及怎样沟通才有效。但不同文化背景下，非语言沟通要素会有不同含义，这些因素包括：

- 姿态（如手势和面部表情）及姿势。
- 沉默（如在谈话过程中停顿时间的长短和人们对这些停顿的感觉）。
- 人际距离（空间关联性）。在交谈过程中，北美人一般会保持一定的距离，而法国人、意大利人和阿拉伯人特别是拉美人会靠的比较近。美国人对此会感到不舒服，除非有亲密关系，否则会认为靠得过近是对私人空间的侵犯。
- 私人空间。在有些文化中，如果人们在谈话时离得很近，不管是站着还是坐着，都是一种信号，即消除冷淡，表现出谦虚，或者是对对方的谈话饶有兴趣。但在另外一种文化中，私人空间感很强，如果你靠得过近，会被认为鲁莽、缺乏尊重甚至具有攻击性。这两者都没错，无非是不同。
- 家具和其他物体。在有些文化中，参观别人办公室时，对客人来说移动椅子是非常粗鲁的事情。在另一些文化中，人们有很高的"权力距离"，巨大的家具是一种分界线，将你和主人的等级区分开来。如果这些人被邀请坐在长沙发或者是小桌子前，会觉得很不舒服。
- 情绪表达（如大声地说"哇"或者是"这快把我弄疯了"）。人们对情绪表达的容忍度是不同的。例如，对一些俚语和粗话，不同文化的接受度是不一样的。
- 肢体接触（如握手、拥抱）。在有些文化中，男人之间握手是再正常不过的事情，但现在愿意和别人握手的美国人却越来越少。
- 排队。英国人和美国人对排队问题很认真，因为他们根深蒂固的观念就是"先到先服务"。而法国人排队时却不太规矩，美国人和英国人对此会很反感。在一项调查中，亚美尼亚移民觉得自己的排队习惯与美国人格格不入，因为按照亚美尼亚文化，一个人是可以替几个家人排队的。
- 外表（如服装、打扮）。

□ 传递企业良好形象的员工个体行为要领

本章其他部分将集中讨论员工特定的行为，通常是一些细节性的行为，但却可以向顾客传递强有力的信息，进而有助于构建或者是损害与顾客的关系。仅仅意识到这一点，就足以提升服务水平，但遗憾的是，依然有一些员工对此一无所知。我们中的绝大多数人也是如此，对一些可能会给别人传递错误信息的行为视而不见。

在我们讨论具体的"行为要领"之前,先讲一下性格塑造问题,明确别人会怎么感知我们的行为是非常重要的。改变我们自己或别人的行为需要弄清楚行为与态度、结果、目标和良好意愿之间的关系。人们通常会混淆这几个概念。

> "为顾客提供良好的服务"是目标而不是行为,行为是显性活动。

行为是一个活动,即明确地做某件事情,因此,行为可以观察或测量。在多数情况下,行为是可以被录像或复制的。但有些时候,我们并不将一些事情视为行为。例如,"提供良好的服务"本身并不是行为,它是结果、目标或期望,而不是行为。好服务是什么样子?我们能有一个大家都认可的精确定义吗?可能没有。当我们看到好的服务时,我们知道那就是好服务,但却没法测量,也没法用这些事例来教育和培训员工。我们最好还是先了解一下能够导致好服务的行为或技能。

变革管理专家常讲要瞄准"**关键行为**"(vital behaviours),这些外显行为对于变革成功与否的影响至关重要。[3] 例如,我们可以肯定,构建顾客关系一个很重要的行为是"让顾客感到自己很受欢迎",是这样吗?回答错误!因为这是目标,不是行为。怎样做才能让顾客感到自己受欢迎?关键行为是"顾客进店,立即与顾客打招呼"。这种对行为的描述就确切了很多。我们还可以更精确一些,例如,与顾客打招呼要用特定的服务用语,如"您好,欢迎光临购物者世界"。

在本书中,我们会看到其他特定行为的例子。但我们首先必须明确,有些活动无法转化成显性行为,我们所能做的就是尽可能接近它,并将我们所学的技能应用其中,教会别人该怎么做。

新视野

美国电话电报公司零售店员工的 5 种关键行为

为让顾客拥有"无与伦比的优雅、友好和便捷的服务体验",员工必须掌握 5 种"关键行为"。这 5 种关键行为分别是:

1. 要用热情、友好的态度和真诚的问候,欢迎顾客光临本店。
2. 有可能的情况下,要能叫出顾客的名字。
3. 一心一意对待顾客。

4. 以积极的态度对待每一位顾客。
5. 顾客离开时,要陪顾客到门口,向他们说谢谢,然后热情地与顾客道别。

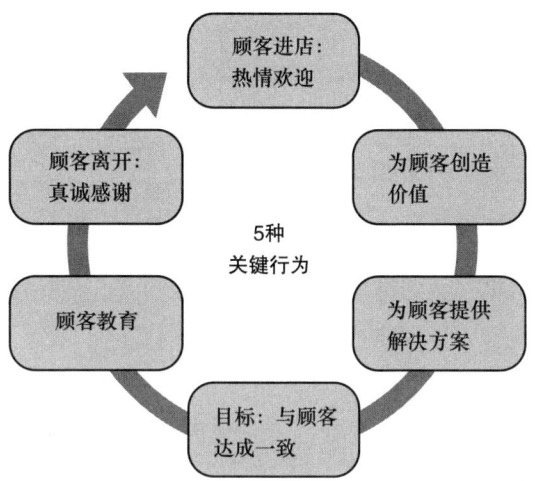

在这些活动中,有些行为是很清晰和确定的,另外一些有些含混,还有一些则模糊不清。例如,我们怎么来确定员工是不是都有"积极的态度"?还有,什么叫"一心一意"?在培训时,必须对这些活动或行为给出明确的说法,这5个行动要领的重要性在于:第一,好记;第二,用它们来衡量员工是否为顾客提供了优质服务,有一定的科学性。管理者还可以用5种关键行为来对员工的效率进行评价并给出反馈。

资料来源:Ronen Halevy,"AT&T Store Employees 5 Key Behaviors——Good Customer Service?" June 28,2011.Posted in *Featured News*.

与顾客接触的行动要领

要想与顾客建立良好的长期关系,见到顾客的头几秒钟是最重要的。下面我们给出了一些提升与顾客互动成功率的行动要领。

行动要领1:宾至如归

伍迪·艾伦曾说过:"80%的成功取决于自我展示。"而对于顾客服务而言,80%的成功取决于顾客一到,就让他感到宾至如归。当客人到你家做客时,你一定要打招呼,对吧?来的都是客,你不会忽略其中的任何一个人。但在有些行业中，我们中的不少人都有过被服务人员视而不见的糟糕经历。像华夫饼店每天做的那样，一句亲切的问候，看起来简单，但却无比重要。即使在一些并不重要的服务中，问候语依然是良好服务的基本构成要素。

立即与顾客交谈。一些研究曾测算过顾客在接受不同服务时具体等待秒数。当研究人员问他们等候了多长时间时，顾客感知等候的时间比实际等候时间要长很多。一个顾客可能只等待了三四十秒，但他们的感知可能是三四分钟。被忽略的等待，对于顾客来说显得更为漫长。

> 顾客即使被忽略一小会儿，他们也会感到很漫长。

顾客一进到店里，立即有人与他亲切打招呼，这会使他感觉非常舒服，也能降低顾客可能的压力。可能有人会提出这样的疑问，顾客为什么要有压力？道理很简单，因为这块地盘他们不熟悉。员工天天在那儿工作，而顾客却刚刚到来。因此，亲切地与这些顾客打招呼，让他们感到舒适，这是员工与顾客互动的良好开端。

口头问候顾客。顾客进到店里或其他服务场所时，员工应在几秒内**口头问候顾客**（verbally greet customers），不管有多忙，也不管是否在打电话。反正要立即停下来，让顾客知道，员工马上就会停下一切来接待他们。不与顾客打招呼，会让顾客感到尴尬。当顾客来时，最好的问候就是"你好，请稍候，我马上为您服务"，这是让顾客感到舒适所必须做的事情。

与顾客进行眼神交流。即使你真的抽不出时间来，或不方便与顾客打招呼，

> 一定不要让顾客感到无所事事。

或无法立即为他提供服务，都没有关系，你所要做的应当是与顾客进行眼神的交流。这种眼神交流传递的是你为他服务的强烈意愿，从而在你和顾客之间产生共鸣。眼神交流与口头问候同等重要。你不必终止现有顾客的服务，只需停顿一下，微笑着看看新进来的顾客，这完全可以减少他们认为被忽略进而离开的概率。

与顾客建立起互信关系。在快餐店，如果队伍排得过长，通常会有服务人员来你身边为你点餐。你告诉他你想吃什么，他记下来，然后你排到收银台时，你只需把条子递过去，食品已经为你点好了。他们为什么要这样做？这是服务业的一种营销策略，目的是让顾客感到愉悦，进而与企业建立起信任关系。如果没有人理你，也没有人帮你点餐，你可能会立即离开，特别是当队伍

排得过长的时候，你可能在不等排到银台前就离开了。如果采取上述策略，尽管你依然要排队，但你可能感觉已经"下单"了，所以你会选择留下来，在那儿吃完午餐。

> 试着努力让顾客做点什么——身体上的。

多年前，当个人电脑刚刚开始普及的时候，成功销售人员和失败销售人员之间的区别是显而易见的。那些不太成功的销售人员，会飞快地说出一大堆计算机术语，想让顾客感到他们很专业；而那些成功的销售人员却不是这样，他们迅速地邀请那些对计算机一窍不通的顾客坐到计算机前，教会他们怎么操作。这个原则到今天即使对那些"科技通"顾客都适用。有人通过研究汽车销售人员的活动已经证明了这一点。最好的汽车销售代表总是那些话最少，努力教给顾客怎么做，让顾客有美好体验的人。

行动要领2：致力于客户关系培育

应当让沟通成为构建客户关系的有效平台，而这最有效的逻辑起点就是通过交谈，让客户感到与企业做生意非常好，让人愉悦。努力降低客户购买决策时那种紧张的心绪下产生的疑虑，这种疑虑是客户流失很重要的原因。客户一般希望能提前逛逛感受一下他们即将接受的服务。为消除他们的担心，商家可以采用温和**破冰方式**（icebreaker）。降低顾客压力的最好方式是先说一些题外话，对顾客所说的一切做出友好的评论。比较好的方式包括：

- 对他们来到公司与你联系表示欣赏（人们喜欢被欣赏）。
- 与天气或当地活动有关的话题（如"今天天气真好""下雪了吧"，以及"昨晚的比赛结果怎样"，等等）。
- 一些小话题（试着寻找顾客在体育、工作、相互熟悉、过去经历等一些小线索，以此为切入点，进入正式话题）。

新视野

愚蠢的销售员

《财富》杂志专栏作家贝基·奎克罗列出了她所遭遇的汽车销售员不当行为。她曾对一个汽车销售员大叫："我快疯了。"她将此事与年轻时自己做服务生时的经历联系起来：请公平地对待每一位客人，因为你不知道谁会买单，也不晓得谁

> 会给你小费。然后她才开始讲那些汽车销售员的故事,将他如何对她丈夫毕恭毕敬,却蔑视她的存在。还有一次,一位销售员静默不做声地站到她后面,把她吓了一大跳。她还讲述了那些对类似于施乐公司 CEO 安妮·玛尔卡希这样成功女性缺乏思考的评价。她举了一个玛尔卡希去买新保时捷的经历。经过试驾,她告诉销售员,这部车她要了。"经过好长一段时间,那销售员竟问她:'你不需要与其他人先商量一下吗?'她答道:"如果在 10 秒内你不做单子,我就去下一家店。"
>
> 在买车时,很多女性都有过类似不爽的经历。尽管事实是:女性汽车购买在汽车总销售中的比重为 44%,而且根据 CNW 的研究,在汽车购买决策中,女性的影响力超过 80%。
>
> 根据年龄、性别、种族等,"看人下菜碟",企业将难以建立起有效的顾客关系。还是那句话:公平地对待每一位顾客,因为你永远都不知道谁会买单!
>
> 资料来源:Becky Quick, "It Drives Me Crazy! A Short Screed on the Stupidity of Car Salesmen," *Fortune*, February 27, 2012, p.56.

如果一个正在寻找信息的顾客注意力集中在了某个特定产品上(如告诉你,他已经有了几件 T 恤,或者是他正在寻找某个特定的款式等),我们就可以将这个顾客归入"关注型顾客",对这些顾客而言,下列问题对顾客做出购买决策异常重要:

- 预判一下顾客面临的问题(如"先生,你要多大号码的?"或"我能帮你选一个……",等等)。
- 为顾客提供额外信息(如"这些小工具今天减价 25%",或"我们库房里还有其他颜色的同款产品",也可以说"我们刚进的货,这是最新款式",等等)。
- 为顾客提供建议或进行推荐(如"这种条纹西服本季非常流行",或"如果你需要尺码方面的帮助,我们会有专人为你服务")。

请认真关注顾客的需要。给他们时间仔细看,那些东西是不是他们所需要的。但请注意,如果他们一旦做出购买决策,要对他们的服务要求做出快速反应。零售业的调查显示,顾客购买决策的 80% 是在店里销售现场做出的,也就是说,在与销售人员面对面进行沟通时做出的。请一定让顾客相信,你可以帮助到他们，努力了解他们的需要和担心的问题，然后注意他们的反应（详细内容参见第 3 章）。

> 在销售现场，一定要吸引住顾客。

□ 与顾客建立密切关系的行动要领

行动要领 3：微笑

正如古老谚语所言：微笑是工作时最好的"工装"。当然也有人认为，微笑会让人不知所措。但关键的问题是，微笑是一个信号，它告诉顾客，他们来对了地方，在这儿他们是受欢迎的。如果没有微笑，顾客就无法知道你是不是真心想为他们服务。

请记住：微笑是两个部位的同步运动，即眼睛和嘴巴。只咧嘴的微笑是僵硬的，也是不真诚的，就像照相时说"茄子"那么假。不是发自内心的微笑骗不了任何人，只能把顾客吓跑！

眼睛是心灵的窗口，真情是从眼睛流露出来的。所以，在微笑时让眼睛和嘴巴同时运动，这样你会有一张生动的脸，它告诉顾客：真诚欢迎您的到来！

坦率地说，现在很多人的微笑太职业化了，有些服务场景是不能微笑的（如殡仪馆）。在大多数服务行业，真诚的微笑总会让人感到舒服，不管在何种文化背景下，人们相互见面时，基本都是如此。当然我们不需要像笑脸猫一样咧嘴大笑（这样会让顾客感到困惑），我们需要的只是一个发自内心的、愉悦的、自然的微笑。

一个员工如果不苟言笑，可以通过照镜子等方式加以练习。听起来可能有些乏味，但这的确奏效。

行动要领 4：真诚和慷慨的称赞

说一个人有多棒只需一秒钟的时间，但这却可以给顾客留下美好的记忆和经历。员工应当寻找机会来称赞顾客和同事。确保称赞有效的要素包括：

- 称赞他们的衣着或配饰（如"我很喜欢您的运动服""这双鞋可真漂亮，我一直想买一双这样的鞋"，以及"好漂亮的项链"，等等）。

- 称赞他们的家庭（如"好漂亮的全家福""您的女儿多大了？她可真漂亮"，以及"您儿子看上去好像个运动健将"，等等）。
- 称赞顾客的行为（如"谢谢您的耐心等候""我看到您在核实货品数量，您好细心"，或者"每天和您这么好心情的顾客打交道，真的非常高兴"，等等）。
- 称赞顾客的物品（如"我喜欢您的汽车，哪年的车型呀"，或者"我看到您的冠军戒指了，您曾在那个队效力吗"，等等）。

重要忠告：避免任何种类的涉嫌性骚扰称赞，否则会给你带来麻烦。

行动要领 5：称呼客人的名字

一个人的名字是他最喜欢听到的声音。当别人在某些特定场合能叫出我们的名字，我们无疑会感到非常高兴。正如本章开篇故事中，银行柜员能叫出你的名字，这无疑提升了企业的形象，并由此提升顾客的忠诚度。

作为员工，请先介绍自己，然后再询问顾客的名字。如果这样做条件不允许（如顾客排队排得很长），请注意从支票、信用卡、订单等上获知顾客的名字，努力记住，然后用他们的名字与他们进行沟通和交流。

> 有人能叫出自己的名字，顾客会非常高兴。

但也请记住：不要与顾客"自来熟"，这会让顾客感到不礼貌。与顾客刚见面，称呼男士或女士的姓通常是安全的，而直呼其名就有些无礼了（特别在年轻员工为年老顾客提供服务时更是如此）。稍微正式一点没有问题，如果客人愿意让你直呼其名，他们会直接告诉你。

行动要领 6：经常问"我做得怎样"

传奇政治家、纽约前市长郭德华（Ed Koch）经常问选民："我做得怎样？"这句话已经成了他的标签。他会不断地倾听选民反馈，我们从他蝉联多届纽约市长的经历中，应当可以学到很多东西。

员工要利用任何可以利用的渠道来搜集顾客的意见，而不要单纯依赖正式的反馈渠道。时刻准备接收顾客的意见和建议并不容易，有时可能会很富有挑战性，有时可能也会给员工带来挫折感，但必须有勇气，不仅要听，还要主动去征求顾客的意见。就像标题所说的那样，要经常问"我做得怎样"。在第8章我们将对此问题进行更多的讨论。

你要记住的虽然只是一件小事,但它却可以让你更有魅力。

自我反省

你经常表扬别人吗

你经常表扬别人吗?为了得到一个准确的答案,请试验一下:拿一张卡片或一个小笔记本,把你每次表扬别人的情况记录下来。每次谈话过后,记下你表扬别人的次数。坚持一段时间,如一个小时、半天或一天。

然后将这种表扬别人的习惯固化下来,树立这样一个目标:每天真诚地表扬别人 10 次,坚持下来,看看你会有什么样的收获。你最可能看到的结果是你更受别人欢迎,特别是对内部顾客的表扬(工作伙伴、员工),可以在企业构建起愉快和相互扶持的工作氛围。

人是需要真诚赞美的,但通常情况是得到的赞美太少了。

服务快照

手表修理工

斯特恩先生开了一家面积不超过 10 平方米的很小的修表店。他修表技术高超,收费也合理。一天,两位顾客站在柜台那儿看他给其中一位顾客修表。第二位顾客站在离斯特恩不到 1.5 米远的地方,斯特恩好久都没有察觉他进来了。当他看到第二位顾客时,这位先生已经由于久候感觉不爽,正往门外走,决定去下一家修表店。

斯特恩先生可能会失去一位极有价值的顾客,而这原本是可以避免的,但很可惜,他既没有看顾客,也没有与那位顾客打招呼,一切已不可挽回。

问题

1. 当第二位顾客进到店里时,他应当怎样做?假如你是第一位顾客,如果斯特恩抽点时间,与第二位顾客打个招呼,你会不高兴吗?

2. 这个小例子是如何说明细节决定一切的?

行动要领 7:请说"请""谢谢"和"不客气"

我们在幼儿园时学到的诸如"请""谢谢"和"不客气"等客套话,可能是构建顾客信任和忠诚最有力的"工具"。坚持说这些看似平常的礼貌用语,在与顾客打交道时,避免说"这边走"之类的话语。真的没有能替代传统用语更好的词汇。

如果顾客说"谢谢",你必须说"不客气",或者像丽思卡尔顿酒店员工那样说"很荣幸为您服务"。有些流行语尽量不要用,如"没有问题",这可能意味着你原来将顾客当做潜在的问题制造者,不过处理起来没有想象得那么糟。这肯定不是你想表达的意思,所以坚持说那些最简单和基本的答语"不客气"等。

> 基本的礼貌用语永远都不会过时。

☐ 让顾客安心的行动要领

行动要领8:在顾客决策过程中,增强顾客购买的决心

营销人员经常会谈到一个问题,即**买者后悔**(buyer's remorse)。所谓"买者后悔",是指顾客感到自己的购买决策是一个错误。顾客这种情绪有时会来得很快,特别是当他们刚刚做完一个重要决策的时候。在销售过程中,销售人员可以通过心理暗示等方式,减轻或消除顾客的"后悔"情绪,让他们感觉到自己做了一个正确的决策。

像"我相信做出这项决策你会高兴很长时间""你家人肯定会喜欢它"等,会让顾客感到安心,并强化他们的购买决心,更重要的是,对购买行为感到高兴。一家政府机构工作人员可以说"你会高兴一整年的"或者是"我来负责更换,你已经做了所有该做的事"。这些让顾客安心的话反映的是你友善的个性,对达成交易的成功非常必要。

行动要领9:保持适当的身体接触

肢体接触是非常有力的沟通工具,它可以影响顾客对你个性的认知。那些成功的员工通常会利用一切机会,握住顾客的手,在不失礼的情况下,轻轻拍一下他们的后背。

一项对银行柜员的研究表明了肢体接触的重要意义。在该项研究中,柜员需要将钱或收据递到顾客手中,而不是放到柜台上,在此情况下,顾客对银行的

印象会瞬间改变。还有一项类似的研究，餐馆服务员在为食客服务时，如果有机会与顾客握手等肢体接触的机会，他们得到的小费会大幅地增加。

另一项对餐饮业的研究则表明，在上菜时，轻轻碰触顾客的肩头，尽管是一个很小的动作，也会给顾客带来好的服务体验。

对于内部顾客和同事来说也是如此。大家在一起，说句话，轻轻拍一下肩膀，都有助于拉近彼此的距离。但请记住：千万别"过火"。有些人可能会讨厌过度的"亲热"行为。不同的人有不同的偏好，如果觉得对方有可能会感到不舒服，那就不要这样做，否则会适得其反。此处，关键词是"适度"。如果你的行为让对方感觉到有性暗示或过度亲热之嫌，那就赶紧打住。

> 适当的肢体接触能帮助建立积极的关系。

行动要领 10：别自说自话，要学会欣赏顾客和他们的不同个性

塞林格（J. D. SaLinger）曾说："我是患逆向妄想狂的人，总是怀疑人们做假来让我高兴。"如果顾客真的都像他那样，员工会非常疲惫，必须让每个顾客都确信你是真心对待他们的。但总体来说，大多数顾客是非常友善的，尽管有一些会有点小问题，还有一些则可能比较难以应对。

尽管"欣赏"听起来并不像是一种行为，但它却是我们做好服务工作的基础。当我们能够认识到每个顾客都是与众不同的，每个人都有自己独特的个性，我们就会发现个人发展的巨大空间：与和自己不同的人打交道，该有多么美妙。如果每个人都是一模一样的，那这个世界就索然无味了。要接受顾客和同事是形形色色的这一事实，并学会欣赏。但每个人的需求都是差不多的，学会去满足他们，并通过**口头戒律**（verbal discipline）来表达我们的善意。

为了更好地包容别人，请注意你的"自言自语"——那些在头脑里进行的内部对话，一定要有正能量，避免进行片面的主观评判。一个女士着装不好，不要说"她怎么穿那么难看的衣服呀"，而要说"她的穿着很有趣"；不要说"那家伙抠门的要死"，而要说"那位顾客非常节俭"。即使与自己对话，也要尽量选用中性词，不要用那些负面的词汇。

> 注意口头戒律，尽可能保持正能量。

有些时候，你必须强迫自己这样做。请接受这种挑战，将其视为一种考验。

一天一天地去努力，慢慢就会成为习惯，并会得到相应的回报。你将发现，你比以前更加懂得怎样欣赏别人。

我们有时会读到、看到或亲自经历过，一些人受到不公正待遇时，那些心碎的神情和行为。最近，一个在战争中被毁容的退伍老兵的故事促使我深入地思考，由于身体残疾，他接受服务可能会比较困难，但我们要为他着想，为他提供良好的服务，因为他是无辜的。

顾客是形形色色的，年龄不同，身高、体重不同，外貌和行为也不同。这种差异性会使我们的工作变得更有趣，只要我们不去评判，待他们像宾客一样就好了。

别人只是与我们不同，没有好与坏之分。别戴有色眼镜看别人，接受多样化的事实，让他们成为我们生活中的一部分。

□ 体现我们专业性的行动要领

行动要领 11：注意着装、容貌，保持职场魅力

决策专家曾讨论过所谓的"诊断偏见"问题，我们通常会根据自己的主观意志，给别人贴上各类标签，或者是把自己的观点强加给别人。这意味着，顾客在接受服务时，会对服务组织或服务人员形成快速的感知。这种感知的形成是相互的，从见面开始，到相互做出判断，再到做出结论。我们对顾客特性、可信度和能力等各方面的判断在很大程度上是建立在第一印象基础之上。正如古谚所说：你只有一次机会来构建第一印象。着装方式是形成第一印象的最重要"象征物"。

> 得体的着装和佩饰会向顾客传递重要的信息。

着装和佩饰的关键是"得体"。在一家冲浪用品商店，穿得衣冠楚楚会让人觉得可笑。有些组织会规定员工的标准着装，包括在什么情况下穿正装，什么情况下着半正装，如马甲、工牌甚至带有标志的工作T恤。有些人可能对工作服之类的并不反感，但有些人可能会有抵触情绪。

首先应该决定你们希望向客户传达什么样的专业化，然后设计一种能反映你们能力和企业个性的外部形象。顾客会注意到这些。

> **服务快照**
>
> ### 修理工也要注意仪表
>
> Furrin 汽车修理厂老板罗杰说:"先生,有些家伙看起来太邋遢了。"他一边喝着咖啡,一边看着那些正在为顾客修车的修理工。"我想知道,顾客看到他们这个样子会怎么想?"
>
> 他想到一个主意,决定做个实验。在修理厂,工资制度是计件工资(顾客有时会指定要某个修理工为他修车),他想做的实验是,如果修理工穿得整洁一点,对他们的工作量和工资会不会有影响。
>
> 早晨,他把所有的工人召集到一起,邀请一些愿意参加实验的员工,换身衣服装饰一番。有几个工人想试试,于是他们理发、每天剃须,不再穿那些邋遢衣服,而是穿由罗杰专门为他们提供的工装。
>
> 结果是:那些参加实验的修理工回头客更多,收入更高。而那些"老样子"的修理工生意则日渐寂寥,找他们修车的顾客越来越少了。

传达以顾客为中心文化的组织行动要领

除了我们前面所说的个人行为外,顾客也会通过观察群体行为,进而对整个组织的个性进行评估。我们前面讲的所有原则都适用于此。但群体行为对组织文化传递的信号更强烈一些。如果顾客喜欢一个企业的文化,比较容易满意并与企业建立起忠诚的关系。我们建议企业认真考虑下列行动要领:

行动要领 12:注意企业的"脸面"

顾客到企业后,他们看到的是什么?设施状况良好而且吸引人吗?商品展示方式耐看吗?员工的桌子上井井有条吗?顾客或员工等候区整洁吗?工作场所井然有序吗?休息区干净且时刻有人打扫吗?

凌乱的工作现场会给顾客以无序和专业水平低下的感觉。你可以环顾一下四周,看看顾客到底看到了什么。如果顾客接受服务的环境很糟糕,那么你最好花点时间和金钱,让这些地方更有吸引力一些。需要注意的是,你真的不必把这些地方弄得跟五星级似的,也没必要使你的零售店成为独一无二的购物场所。我有一位叫宝利的芬兰朋友，他在地下室开了一家出售医疗产品的小店，顾客并不会期待这小店如泰姬陵一般壮观，但所有到过这家店的顾客都会感到很吃惊，因为他的精心布置，让顾客感到非常舒服。那儿有明亮的光线，货品摆放井井有条，而且在店里还有好多博成人一笑的幽默读物和让孩子快乐的玩具。是不是太复杂了？一点都不，你只需稍微用一点心，注意一下细节，就可以让顾客感到非常舒适，这些都向顾客清晰地传达了企业的个性。

自我反省

怎样做才算合格

下面列出了本章所讨论的一系列个人行为。试利用下列尺度来评估你在每个行为上做得怎样：

N= 从不；O= 偶尔；S= 有时；M= 经常；A= 总是

请实事求是地填写。承认错误并不是什么坏事，相反，有问题却避讳，只会使问题更加糟糕。计算完分值后，重新审视一下列表，然后在（＋）或（－）画圈来说明你的反应。如果你对答案感到坦然，就选（＋），否则选（－）。不要遗漏任何问项，然后在另外一张纸上写上改进措施，可能的话，请尽量具体。

行 为	得 分	目 标
1. 我会立即与所有的顾客打招呼	N O S M A ＋－	
2. 我做事时尽量让顾客信任	N O S M A ＋－	
3. 我经常慷慨地称赞别人	N O S M A ＋－	
4. 我能叫出顾客的名字	N O S M A ＋－	
5. 我通常会与顾客有眼神交流	N O S M A ＋－	
6. 我经常寻求反馈，看自己是否有做的不好之处	N O S M A ＋－	
7. 我不会以貌取人	N O S M A ＋－	
8. 我总是说"请""谢谢"和"不客气"	N O S M A ＋－	
9. 我会让顾客树立与我们做生意的信心	N O S M A ＋－	
10. 我会经常发自内心的微笑	N O S M A ＋－	
11. 我的穿着职业且得体	N O S M A ＋－	
12. 我会与顾客适当的亲密接触	N O S M A ＋－	
13. 我尽量不说带有偏见之语，努力欣赏他人和他们的多样性	N O S M A ＋－	

现在想想你所在组织的"仪表"，检查一下，有没有让顾客感到不舒服的地方。在提供服务时，企业通常的做法是桌子的一边坐着顾客，另一边坐着员工。尽管有时企业不得不这样做，但这无疑在顾客和企业之间横亘了一道有形和无形

的"墙"。为树立更好的公司个性,要做好下列几点:
- 邀请顾客一起坐在桌旁而不是坐在对面。
- 提供一个温馨的、有家一样氛围的地方作为会客的地方或等候区(一家美体店的顾客等候区布置得如家一般,有摇椅、电视,咖啡桌上放着刚出版的杂志,还有鲜花,这一切都会给第一次来访的顾客以惊喜)。
- 像其他大多数汽车4S店那样,用一些小圆桌取代办公桌。这样,销售人员和顾客就可以围坐在圆桌旁一起讨论,一起做出购买决策。之所以选择圆桌,因为这样不会使顾客感到好像处在对立面,要与对方"开战"一样。

最后,请注意要让顾客感到舒适。顾客坐的椅子舒服吗?你的办公室或店铺会让他们感到放松吗?顾客等候区有杂志、其他读物或者是有电视机吗?有自动售货机以及一些小糖果或小点心吗?顾客休息区是不是干净整洁?

最近,汽车经销商开始关注汽车展厅等问题,尽量使这些地方方便顾客,进而能够吸引顾客驻足。有些店把场地布置得像园林一般,里边有长椅和小路,不同汽车的品牌放到不同的区域进行展出,而且还有互动屏,通过触摸屏,顾客可以知道工厂是怎样喷漆的,汽车内饰的颜色、材质是怎样搭配在一起的,等等。一定要从顾客的角度来审视你的工作区域是否令人满意。

行动要领13:鼓励顾客与组织进行互动

让顾客能轻松地感受到企业的文化,即组织个性。我们前面已经讨论过,顾客光临,应该怎样让他们能尽快点餐,怎样尝试使用新型计算机,怎样试驾新车,等等。一些高端公司,如布鲁克斯东(Brookstone,其广告为"独一无二的礼物和最佳解决方案"),鼓励顾客试玩最新推出的游戏、按摩椅或其他电动工具。其他鼓励顾客参与的方法包括:
- 把购物车或购物篮亲手递给顾客。
- 请他们填写相关的文件。
- 邀请他们触摸、品尝或者试用产品。
- 在他们等待时奉上一杯咖啡、一块糖或者是一些水果。
- 向顾客提供产品介绍、资讯包、视频展示或样品。

如果组织真的这样做了,顾客对企业个性会形成积极的印象。不管做多少,只要开始做这些事情就好。

> **服务快照**
>
> ### 盖普的随意触摸政策
>
> 零售商通常会按照顾客便利性来摆放商品,但这样做,员工需要不停地重新整理以便于产品的展示,尽管这可能给员工带来麻烦,但企业却乐此不疲。对此问题,营销专家帕科·昂德希尔(Paco Underhill)曾评论道:
>
> 对于一家盖普(GAP)服装店来说,盖普这一品牌意味着顾客可以任意触摸、轻抚和展开衣物,而且在销售楼层摆放的任何货品都可以近距离仔细查看。很多毛衣和T恤之所以卖得好,很大程度上是因为顾客与品牌之间密切的接触。这种商品销售策略比那些单纯地追求展示效果要好得多,因为这儿的商品展示区域很宽,有平坦的台式展架,而不是传统意义上的挂架和货架。这种展示策略也决定了员工工作时间配置:可以由顾客任意摆弄、查看,意味着员工要不停地对这些商品进行重新整理,这也意味着员工必须不停地走动,而不是站在柜台后面等着顾客来结账。这种模式可能需要企业多花一些钱,但对盖普和其他零售商来说,这些投资的回报率是很高的,绝对是值得的。
>
> 资料来源:Paco Underhill, "What Shoppers Wants," *inc.*, July 1999, p.76.

行动要领14:古老的准则——时刻与顾客保持联系

一家运动鞋店和另一家汽车租赁店对"与顾客保持联系"这一问题做了很好的诠释。顾客从运动鞋店买完鞋后的一周内,会收到商店老板亲手写的卡片,感谢他到店里购物。尽管简单,但这只有一两行字的小小卡片向顾客传递的信息非常清晰:感谢他们,希望他们再次光顾。与这家店的做法类似,还有一家很小的城市汽车租赁店,老板会要求员工在业务不太忙的时候,给顾客书写感谢卡。卡片必须是手写的,而且卡片上有公司的抬头,背面会写上公司的业务范围。他们会向顾客表示感谢,并希望他们再来这座城市时,能再到店里租车。这些小小的卡片几乎没有什么成本,他们总是在淡季时做这些事情,人工成本很低。为什么让员工做这些看似微不足道的事?答案是,正是这些微不足道的事情,构建起顾客忠诚。

在电子商务日益普及的今天,手写的东西也日渐稀少。在联系顾客时,我们通常会选择更简单的方式,即发电子邮件或者是短信。这些方式确实有效,也很简洁,

"过时"的手写信息弥足珍贵。

但手写的东西可能更弥足珍贵,因为顾客可以从中感受到企业的真情实意。

一个最简单的例子是:如果一个员工在为顾客服务时,能够在他们签字后面手写:"谢谢你,沙朗"或者是"欢迎你再来"之类的字样,顾客会感觉非常好,与企业之间的联系会因此得以强化。

一家印刷厂每个月会定期给所有顾客邮寄一叠优惠券、宣传单、样品,还有一些印在羊皮纸上、可以装裱的名人警句,顾客可以免费多要几份。这不仅仅起到促销作用,它所展示的还有企业优异的服务质量。

别让顾客忘了你。另外一种让顾客记住企业的方法是向他们发送企业即将上市的货品、新的促销活动、企业政策调整等各方面的信息。通过这些活动,让顾客感觉他们是公司一分子,而不是外人。

行动要领 15:烘托气氛,让顾客感到购物乐趣

人们喜欢在充满乐趣的组织内工作。我们曾经说过,美捷步早期发展得非常迅速,并被认为是最佳工作场所。成功的企业总有一些定期的仪式,比如周五下午一起吃爆米花、生日聚会、每月之星庆祝会,还有其他更多有创意的庆祝活动。卓越的组织一定是快乐的工作场所,而且一定有自己独特的仪式。

吉姆是一家电话公司的经理,他们会经常开展销售竞赛,活动之余还安排了表演和抽奖。每次某个产品售出时,服务代表可以戳破一个气球,里面会有一张 20 美元的代金券,员工可以用它从公司食堂购买馅饼。员工很喜欢这项活动,都积极参与。在这类活动中,奖品的价值不需过高,通过活动会提升员工对组织的认知,进而受到激励,努力为组织工作。

其他让组织"好玩"的方法还包括:

- 推举每月/每周之星(优秀员工、企业英雄);
- 奖励午餐(包括其他玩笑类的奖励);
- 获得一天带薪休假日;
- 便装日;
- 万圣节化装日;
- 家庭野餐、工作后的体育活动及大家一起共进晚餐。

千万别觉得这些活动是虚情假意。不管员工处在组织哪个层级,他们都需要快乐地工作,这种快乐情绪是可以传染给顾客的。当然,不要光顾着快乐进而

忽略了顾客，或者是让顾客认为企业很不严谨，那就糟糕了。如果顾客看到员工在办公室里玩 Nerf 枪游戏，对公司的专业水平认知无疑会大幅度下降。请认真考虑公司顾客的特性，想想他们会怎样看待公司的专业性？

> 工作场所要有趣、好玩，但一定要适度，不要影响顾客对公司专业性的认知。

行动要领 16：奖励正确行为

在有些情况下，组织想要达到某种目标，但对员工行为的奖励可能会适得其反。例如，某些员工或部门会因为没有顾客投诉而得到奖励，因为按照公司的逻辑，没有投诉是因为这些人或部门工作做得好。但事实却可能是，没有投诉不是因为他们工作做得好，而是因为这些投诉被屏蔽了，或者是被忽略了。对于公司来说，投诉是工作做得好坏的一个重要指标，投诉的顾客就像教练，告诉我们怎样提高服务质量。对没有投诉的行为进行奖励可能会适得其反。

下面是一些奖励与行为冲突的例子，即奖励错误行为，正确的行为却被忽略了。

- 对员工快速处理交易活动的行为进行奖励，这可能会有问题，因为顾客也许带着一堆疑问离开了，或者是被匆匆打发走了。例如，在餐饮业，如果催促顾客快吃，赶紧结账，会让那些想悠闲用餐的顾客感到非常不舒服。再如，顾客如果匆匆忙忙地购买了电子产品，回到家后却发现自己根本不知道怎么用，也不了解产品的基本功能。
- 鼓励销售人员合作以最大限度地满足顾客需要，但却只奖励其中的某位员工。例如，销售人员实际上需要相互配合，才使得另一个员工争取到了一个新顾客。这其中需要很多合作。
- 鼓励员工给顾客邮寄感谢信，但不允许他们在工作时间做这些事情。这会让员工觉得这件事并不是那么重要，捎带手做就行了。
- 片面强调减少退货，对那些退货较多的员工进行惩罚。结果是：不管顾客对产品多么不满意，退货要求都会遭到员工抵制。
- 进行计时付酬，而不是按工作量大小。计时工资制管理起来确实简单，但却会鼓励员工磨洋工。

组织的奖励体系应当有利于激励员工为顾客提供优质服务。任何奖励都应当直接与企业服务愿景和使命相一致的顾客服务水平挂钩，这是基本原则。

行动要领 17：售后也要与顾客保持密切联系

顾客非常厌恶那些"用人朝前，不用人朝后"的行为，很多公司努力去争取新顾客，一旦顾客买了公司产品，就成了陌路人。如果公司这样做，顾客可能就没有重复购买和保持忠诚的动力了。

公司的营销资源应当主要用在售后"跟踪"和联系顾客上面。售后联络顾客的方法有：

- 邮寄感谢信。
- 给顾客打电话，确保产品或服务满足他们的需要。
- 向顾客发送新产品信息或促销信息。
- 向顾客派送顾客可能感兴趣或认为有价值的信息简报。
- 给顾客邮寄生日和节日贺卡。
- 邀请顾客参加焦点小组访谈或通过市场调查了解他们感兴趣的问题。
- 通过打电话、写信或发送电子邮件等不同方式，感谢顾客推荐公司产品，为公司传播好口碑。
- 给员工发送信息，告诉他们公司认可他们工作，表达公司对他们努力工作的欣赏，进而构建起良好的"认知文化"。

最终思考

员工正是通过那些细微的举动、细微的事给顾客留下好或者不好印象的。我们所面临的问题是，很多员工却认识不到这一点。他们的行为有时会让顾客感到厌烦，至少是没有给顾客留下美好的印象。增加一些人们是如何对我们的语言和非语言信息进行解读的认知是非常重要的，这是改进顾客服务的第一步。

同样的，组织也会将自己的行为投射到顾客身上。组织集体性行为勾勒出了组织文化，顾客和员工据此对组织形成良好或糟糕的感知。经理和领导者怎样与下属和助手沟通，怎样对待下属，下属就会怎样对待顾客。不管喜欢与否，领导者应当成为整个组织行为的标杆。

本章所讨论的很多行为非常细微，有时可能都难以察觉。强化对这些细小行为的认识水平，将有助于构建与顾客之间的关系。

:: 重要观点总结 ::

- 行为就是人们做什么。这是一些看得见的活动，而不是态度、结果或者是目标（尽管目标会影响人的行为）。很多行为是通过语言或非语言沟通方式进行的。
- 组织和个体行为会向顾客传递信息，这些信息可能有助于强化，但也可能会弱化顾客对企业服务的感知。
- 所有行为（有时可能并不需要行为）都具有沟通作用，行为信息接受者（顾客）决定了信息的含义。从这个意义上说，顾客感觉就是现实。
- 积极个性的投射取决于两个要素：一是员工个体行为；二是组织行为模式。组织行为模式反映了组织的文化。
- 个体行为可以帮助员工提升顾客服务技能，包括恰当地运用下面的要领：（1）与顾客接触；（2）与顾客建立密切关系；（3）让顾客放心；（4）展现良好的专业性。
- 组织行为模式会向顾客传递很多信息，有助于建立良好的企业形象。这些模式包括企业建筑外观、员工着装、工作区域情况、与顾客沟通的频率和质量，帮助顾客做出决策，公司在业务成功时大家举杯同庆，促使员工做出正确行为的奖励系统和售后与顾客保持紧密联系等。

:: 关键概念 ::

买者后悔	破冰方式	获取顾客忠诚	奖励正确行为
口头问候顾客	共识文化	组织文化	口头戒律
关键行为			

:: 事实回顾 ::

1. 行为构成要素是什么？行为是怎样传递的？怎样有效区别行为与态度、结果和期望的条件？
2. 组织文化通过哪些途径对顾客忠诚产生影响？
3. 能够反映个性的特定行为有哪些？它们怎样反映我们所说的"细节"重要性？
4. 如何利用身体上的接触来传递员工积极的个性？
5. 哪些要素（行为模式）会折射组织文化？试举一些你所在组织的例子来说明这一问题。
6. 有哪些例子可以说明奖励系统有时会激励员工错误的行为？领导者对这些问题如何修正以促使员工有更多正确的行为？

实战：行为怎样影响顾客忠诚

1. 本章揭示了行为（个体与组织）和顾客忠诚之间的关系。我们将对这一问题进行检验。下面是两个简单的数据采集表。第一张表揭示了本章讨论的行为，需要顾客对其进行评分。第二张表是有关顾客忠诚的三个问题，我们将其称为顾客忠诚度指数（CLI）。

请在特定行业随机选择 5~10 位顾客，他们可能是附近一家餐馆的常客、商店的顾客或者是同一所学校的学生。

请把组织的名称填到问卷上的空格里。每个被访者一张问卷，告诉顾客怎样填写。分值所说明的结果在问卷的最后。

将你的发现用一张纸总结出来。不同样本之间相同性如何？他们第一张问卷的答案与顾客忠诚度问卷之间有什么关联性？

访谈指南

第一部分　行为问卷

你上一次在_____消费是什么时候？那儿的员工：

	是	否	不肯定
1. 立即与你打招呼？			
2. 开场白让你感到放松？			
3. 称赞你？			
4. 直接称呼你的名字？			
5. 与你始终保持目光接触？			
6. 询问你购买后的感受？			
7. 说"请"和"谢谢"？			
8. 帮助你做出决策？			
9. 时刻会心地微笑？			
10. 与你有得体的身体接触？（包括握手或轻拍你的后背）			
11. 工作场所干净、吸引人？			
12. 员工着装和佩饰得体？			
13. 员工为组织工作显得很快乐？			

第二部分　顾客忠诚度指数（CLI）

1. 你对这家_____总体满意度如何？

非常不满意 / 不满意 / 一般 / 满意 / 非常满意

2. 你向朋友或同事推荐_____的可能性有多大？

不可能 / 几乎不可能 / 可能 / 非常可能 / 肯定会推荐

3. 你会再来_____消费吗？

不可能 / 几乎不可能 / 可能 / 非常可能 / 肯定会

得分说明

- 第一张问卷每个问题回答"是"得 1 分，共 14 分。
- 顾客忠诚度问卷，每个问项得分从左到右依次为 1～5 分（例如，非常不满意为 1 分，非常满意为 5 分，中间分别为 2、3、4 分）。
- 把所有的分值统计完毕后，撰写一个简单的分析报告。对有可能影响顾客忠诚的顾客服务行为做出说明。

实战：华夫屋万岁

下面是一个快乐的员工发的博客：[4]

> 欢迎光临华夫屋！我的名字叫安伯，在这儿已经工作 2 年了，现在是一名烧烤工。没有人像我这样热爱自己的工作。我所有的家人都在这儿工作，包括 6 个兄弟姐妹，我是老大，最小的只有 7 岁。我妈是这儿的经理。
>
> 我负责烧烤，还有一个 16 岁的妹妹和我做一样的工作，而我最大的妹妹，她 22 岁，负责销售，16 岁的弟弟负责做薯饼。另外兄弟姐妹，如 20 岁的大弟弟也做烧烤，12 岁和 7 岁的妹妹只是半个劳力，放学后，他们会帮忙擦洗地板和做其他杂活。我儿子 4 岁，侄女 3 岁，他们到店里只是吃，或者是不停地打破鸡蛋，他们非常喜欢这样玩。我们华夫屋的老板人很好，非常友善，我们每天都通电话。顾客都认识我们，他们喜欢一大家子都聚到华夫屋，喜欢看到我们轮番出场。
>
> 正如我们前面所说的那样，我喜欢我的这份工作，是不是我被洗脑了，还是真的充满爱，这只是玩笑。事实是，这是我们一大家子可以一起吃饭、聊天、听音乐和享受美妙氛围的唯一地方，这看起来不错。谢谢你耐心听我喋喋不休。煎蛋卷是有技巧的，不能粘锅，煎好后放到烤架上停放几分钟把油沥掉，然后再放到盘子里。这些都是手腕功夫，但锅的质量好坏同样非常重要。
>
> 希望你们度过美妙的一天，更希望你们能经常光顾！
>
> 安伯，2001 年开始做烧烤

1. 员工对组织个性有很重要的影响作用。安伯在博客中是怎样表述她对企业忠诚度的？这条博客怎样体现了她良好的人格？
2. 本章所讨论的个性问题的哪个构成要素在博客中体现的最明显？
3. 如果你是类似组织的经理，你将怎样鼓励员工通过这种方式来表达自己的工作热情？

思考案例

对别人好有多困难

玛西亚和拉马尔刚刚搬进一所大房子，他们不想多花钱，但又想尽快把房子好好装修一下。周六，他们一起出去购买家具。

他们第一站是一家折扣幅度很大的"家具仓库"。那地方名实相符，看起来真的就像一个大仓库，家具高高地堆放着。有些家具被塑料布包裹着，另外一些则没有任何包装，还有一些布满了灰尘。这家店的品种很全，但商品摆放实在有些惨不忍睹。商品上连价签都没有，尽管这家店平时声誉很好，但这依然有些过分。

进到店里，一个蓄着胡子、趿拉着鞋、穿着短裤和无袖T恤的店员，一边码货，一边与他们打招呼，"如果你们需要帮助，告诉我"，他呆在屋子里，并没有停下手头的活。更奇怪的是，说完这话那家伙就消失了。在店里逛了10分钟后，夫妻俩不得不匆匆离去。

第二家店是几英里之外的"乌利家具"，这家店的商品摆放非常吸引人，价签齐全。一个名叫安的40岁左右的女士主动与他们打招呼，并向他们介绍了自己。他们热情握手、交谈，夫妻俩告诉安他们的诉求后，安邀请他们到家具厅，并告诉他们，她愿意回答他们所提的任何问题。她还介绍说，店里正促销某品牌休闲椅，并带他们看了实物。安穿着宽松的长裤和黄色的长衣，戴着一条漂亮的项链，尽管并不是十分漂亮，但她真的非常迷人。她脸上挂着轻松的微笑，陪着他们在店里慢慢逛。

玛西亚和拉马尔的预算很紧，"家具仓库"商品的价格也许更适合他们，但一个小时后，他们还是决定在安的店里花2000美元买一套家具。朋友问他们为什么在那儿买，拉马尔总结道："我们感觉他们有诚意和我们做生意，安更像是我们的朋友。"

> **问题**
>
> 1. 如果你是"家仓具库"的老板，从本案例中你得到的教训是什么？你将采取怎样的措施改变现状？请从案例中寻找一些决定良好顾客服务构成的细节，但不能改变该店物美价廉的销售原则。
>
> 2. 按照你的观点，在家具行业，员工个性对销售将起到怎样的作用？安的经验可以推广到所有行业吗？为什么？

> **思考案例**
>
> ### 大城市的待客之道
>
> 说起家乡的"好客"，人们通常不会想起大城市的酒店。但在过去的周末，来自美国中西部的丹尼斯和西尔维娅对纽约这个大城市人们的热情惊喜不已。
>
> 飘着细雨的周五下午，他们来到了纽约。从机场到酒店要花两个小时，但出租车司机知道一条穿过皇后区的近道，并向他们详细解释了其他路段很堵，而且红灯很多，所以要走这条较为畅快的路线。他还告诉他们，他不会绕道，费用也不会变化，因为他和他们一样急于赶到酒店。
>
> 尽管司机很热情、友善，但他们到达曼哈顿的酒店时已疲惫不堪，因为时间实在是太长了。很快，笑声又再次响起，前台员工与他们热情的打招呼，还打趣说这"湿漉漉的阳光之日"适合旅行。入住手续办得非常迅速，好几个房间供他们选择。门童是一个始终带着微笑的大个子，欢迎他们来到"大苹果"酒店，并帮助他们将行李提到房间。一路上，他不停地和他们愉快交谈，门童向他们介绍了酒店的特点及附近有哪些餐馆可以光顾。
>
> 一个小时后，他们决定外出就餐，雨一直在下，来到大堂他们突然想起没带雨伞。看到他们的窘境，前台员工微笑着主动把自己的伞借他们用。他只叮嘱了一句：他半夜下班前最好还给他，并开玩笑说，要不他会收利息的。
>
> **问题**
>
> 1. 这个案例如何说明了细节和员工个性的重要性？
> 2. 如何化解那些不愉快，即使这些不愉快不是你造成的？
> 3. 你是否有类似的经历，意外的愉快给你带来了格外的惊喜。你如何形容那种感觉？

不断实践以构筑顾客服务战略

让我们再回到那个你选择的案例。你可以选择你现在的公司,具体某个你想去的组织,或者是在第1章提到的两个假设组织中的一个:独立汽车销售与服务公司(IAS)或是网络营养品经销公司(NND)。当你构建一个顾客服务战略时考虑以下问题。

战略规划问题

1. 如果由你来负责组织的顾客服务工作,那么你认为员工最关键的行为包括哪5种?请具体阐述,并要清楚,你不一定第一次就把事情做对(请确信你非常清楚行为和态度/目标之间的区别),你所制定的战略应当尽可能地简洁、可以测量与观察。

   关键行为:

   (1)

   (2)

   (3)

   (4)

   (5)

2. 你将采取哪些方法,让组织中的员工来做这些事情?说明:请确保你的答案基于两个方面,即作为老板或经理你将怎样做;如果你不是老板,你认为应该怎样激励员工去做这些事情。

3. 作为顾客,在不同的行业,你所经历过的难忘的,看起来特别有效的行为有哪些?这些行为中又有哪些可以直接移植到你的企业?

□ 注释

1. David Novak, *Taking People with You: The Only Way to Make Big Things Happen* (New York: Portfolio/Penguin, 2012, p. 149).
2. Jeffrey M. O'Brien, "Zappos Knows How to Kick It," *Fortune*, February 2, 2009, pp. 55–6.
3. See, for example, Kerry Patterson et.al., *Influencer* (New York: McGraw-Hill, 2008).
4. This was posted on a pro-Waffle House blog by a truly enthusiastic "internal customer"- an employee!

第3章

倾听顾客声音：服务成功最重要的"细节"
好的服务就是时刻倾听顾客的声音

学习目标

1. 了解听见与倾听之间的区别。
2. 使倾听复杂化的内部因素、环境因素和互动因素。
3. 了解你的倾听水平如何及怎样改进。
4. 避免妨碍有效倾听的五种不良行为。
5. 利用轻松和积极的方法，强化你主动倾听的能力。

怎样帮我？试试倾听

营业员："你好，我是杰瑞。欢迎你光临'手机王国'。先生，我能给你提供哪方面帮助？"（杰瑞微笑着与顾客握手，但同时眼睛却看着他的手机）

顾客："杰瑞，很高兴见到你。我是乔治·帕特森。我想买一款最简单的手机，不需要好听的铃声，有吗？这款手机是给我75岁老母亲买的，她不喜欢照相，不喜欢短信、好听的铃声，也不喜欢音乐。她需要的就是一个最简单而耐用的手机。如果按键能大一些就更好了。还有，屏幕也要稍大些，这样她才能看清楚。有这样的手机吗？"

营业员："当然有，我们肯定会给她提供一款这样的好手机。那手机很酷，比如内置 MP3 播放器，还有其他更酷的选择。在音乐下载方面，这款手机真的很划算，每月交一定的固定费用，就可以无限地下载歌曲，简直难以置信。所有的配置我都可以给她提高，但不收额外费用，只要她需要。只要有短信功能，我们会立即为她提供 IM（即时通信）方面的软件，人们一旦用过，通常都会喜欢

IM。你看看孩子们，每天都在发短信，每个人都喜欢发短信，这都成了时尚了。"

顾客： "你没有听明白我的意思。我想要给她买一款简单的手机，老人已经75岁了，不喜欢高科技的东西，越简单的手机越好。"

营业员： "没有问题，彼得森先生。这太简单了，你只需在电脑上的下拉菜单中寻找符合你要求的就可以了……"

顾客： "我是帕特森，不是彼得森。我不需要那些复杂的东西，我只需要一个最简单的没有任何复杂功能（vanilla）①的手机。"

营业员： "我看看都有什么颜色，紫色（vanilla）的可能还真没有。但我们有一款很漂亮的棕褐色的手机，颜色和你要求的很接近。我再看看还有没有其他颜色和款式。再告诉你一个好消息，本周是特惠周，你将免费得到三款游戏。她玩不玩'愤怒的小鸟'或者是'空当接龙'？我每天都玩好几个小时。有一个周末，我玩了整整20个小时。等等，我来了一条短信。你稍等一下好吗？我得回复一下，然后我再帮你找紫色手机。要不要蓝牙，彼得森先生？"

顾客： （走出商店）"'拉里'，不用了，我不想要蓝牙，什么'牙'都不想要，我只想要一部简单、好用、按键大一点的手机，上帝呀。"

①在原文中，作者使用了"vanilla"一词，有香草之意，香草中的薰衣草为紫色；但同时，又有普通之意。此处顾客的意思是买一部简单、普通的手机，但营业员误解为手机的颜色是紫色，由此而产生了上述对话。

人们真的在倾听吗

像杰瑞这样的营业员在顾客倾听方面存在很大的问题。乔治·帕特森的服务要求非常清晰：给他母亲买一部简单、容易操作的手机，但杰瑞就是听不懂。是帕特森没说清，还是他说的语言是外语，杰瑞根本听不懂？显然不是这样，是杰瑞不会倾听。你也许觉得倾听很简单，但事实真的是这样吗？每个人都会倾听吗？答案是"是"也是"否"。事实是，很多人倾听的效率非常低下，而且不知道怎样改进。有些情况下，人们会把听见和倾听混淆。

> 很多人并不知道如何高效率倾听。

想象一下你对那些不感兴趣的产品广告，是不是很容易将它们屏蔽掉？你听到了，但没有听进去。倾听需要大脑对信息进行加工、吸收。如果你没有倾听，那些广告就只是一些噪声而已。作为服务人员，听顾客说什么并不难，但优质服务需要的不是简单地听，而是倾听，高技巧性的倾听，这是一种能力，一种吸收和消化顾客所说内容的能力。

也许你感到有些不解，我们怎么会用一章的篇幅来专门研究倾听问题，但我希望，当你读完本章后，你就会知道，这真的不是小题大做，你会了解到倾听技能在顾客沟通中的重要意义。

新视野

四种倾听活动

美国沟通理论研究学者莱曼·斯泰尔、基蒂·沃特森和拉里·巴克构建了一个模型，帮助人们更好地了解倾听过程，他们将这一模型称为 **SIER 主动倾听层次模型**（SIRE hierarchy of active listening）。长期使用，这一方法会帮助我们了解不同倾听类型之间的关系。让我们看看这一理论在刚才我们所讲的例子中如何应用。

SIER 模型是一个分层的、四步骤的系列倾听活动：

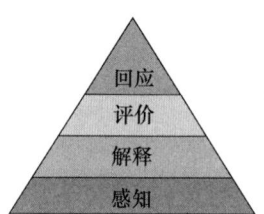

1. **感知**。主动倾听始于"听"和对语言或非语言信息的接收。语言很好理解，就是顾客实际说出来的话，而非语言信息则包括诸如语调、口音和说话特殊习惯。如果是面对面的，还包括外貌及手势。在这一阶段，必须聚精会神。不应当打断说话者，以便于他能完整和正确地表达自己。倾听的人肢体语言要恰当，以让对方把话说完（杰瑞感觉他已经完全知道帕特森想要给妈妈买什么样的手机，但事实是这样吗？显然不是。他与帕特森一边打招呼，一边看手机，心思分散。他没有等帕特森说完，就开始盲目下结论）。

2. **解释**。倾听者，即信息接收者必须正确地解读讲话者要表达的意思。顾客的经历、知识和态度在他的语言或非语言行为中都能够体现出来。解释能够帮助倾听者确信顾客诉求（杰瑞似乎没有能真正了解帕特森的需求，他自己很喜欢音乐、游戏和视频，但他忘记了，并不是所有的顾客都有这些需求，他所做的与顾客所要的相距甚远）。

第 3 章　倾听顾客声音：服务成功最重要的"细节"

> 3.**评价**。积极的倾听者能够从顾客所陈述的观点提炼出事实，并由此而判断出顾客的好恶而不是自己的好恶。评价阶段由逻辑和情绪两个要素构成（杰瑞没有能够对顾客的需要做出正确的评价，杰瑞喜欢功能齐全的手机，他无法想象顾客怎么会要一个什么功能都没有的手机。对于杰瑞来说，帕特森的需要看起来不符合逻辑）。
>
> 4.**回应**。积极倾听要求倾听者对信息发出者予以积极回应。这种回应表明了倾听者对信息发出者所发出信息的解读是否准确，如果不准确，双方还要进一步沟通，以确保相互了解了对方。将对方所陈述之事重复一遍，并努力记住顾客的诉求，有助于表明倾听者对对方所陈述问题的兴趣，也有助于增进相互的了解（杰瑞的回应是无效的，他叫帕特森"杰夫"，而且两次叫错了他的姓。对于帕特森来讲，这是一个再明白不过的事实，杰瑞根本就没有听他说话。他自说自话，对顾客的话则是"左耳进，右耳出"。顾客说的他全听见了，但却擅自打了折扣。他正是因为不善于倾听而最终失去了顾客。
>
> 资料来源：Based on descriptions of Larry L. Baker, Lyman K. Steil, and Kittie W. Watson, *Effective Listening: Key to Your Success*（Addison-Wesley, 1983）.

本章将重点研究倾听的性质和服务人员做好服务工作必须具备的倾听技能。在第 8 章，我们将研究企业怎样从顾客那里获取反馈，换句话说，那是一种组织倾听。

☐ 糟糕的倾听：沟通的最大问题

缺乏有效的倾听也许是人际沟通所面临的最大问题，也是影响顾客满意度的重要因素。我们所能给别人的最大礼物就是我们的专心。积极的倾听者在沟通效果和效率方面是无与伦比的。每个人都渴望别人听自己说话，渴望别人理解和尊重，更渴望被爱。我们很多人通常是说的比听的

> 应用积极倾听原则会使你成为有效的沟通者。

多，所以只要你努力，你就有机会通过改善自己的倾听能力使自己与众不同。一旦你成为一个富有技巧、积极的倾听者，你将拥有更顺畅的沟通，进而提升你的

顾客服务技能。

从事顾客服务，我们需要时刻聆听。在与顾客打交道是，需要应用有效倾听的技巧。本章会深入讨论这一问题，使你意识到自己在倾听方面存在哪些问题，如何修正，最终使自己成为更好的倾听者。

> 积极倾听不是简单地坐在那儿，然后让讲话者尽情地说。

真的有这么难？具有讽刺意味的是，人与人沟通需要四种技能，即听、说、读、写，有人会教我们如何演讲、怎样读书和怎样写作，但却没有人正式地教我们如何倾听！在小学，所有的关注点都在说、读和写上面，老师会假设孩子们天生就会倾听。真的是这样吗？倾听就是简单地坐在那儿，让他们说就是了，是这样吗？

下面的内容将解释，问题没这么简单，也将说明倾听是如此得重要。同时，我们将给出有效倾听的一些障碍，并告诉读者，通过怎样的努力，你会成为一个有效和积极的倾听者。高水平的倾听技能对于任何类型关系的维系都十分重要，包括与顾客的关系。善于倾听的人太少了，在顾客服务的世界里，那些寥若晨星的少数善于倾听者无疑具有很强的竞争优势。

服务快照

宝洁善于倾听得到了回报

让我们简单地回顾一下宝洁（P&G）的发展脉络：它是第一家将积极倾听方法应用于顾客服务的企业。在20世纪60年代，宝洁公布了"800"免费电话，以更好地倾听顾客所关注的问题。这些接线员全部经过专业培训，善于倾听。从顾客那儿他们得知，每个家庭每周洗衣量从6.4缸增加到7.6缸。同时，由于新的纤维织物进入市场，平均洗涤水温下降15度。由于他们积极倾听，公司开发了一种新产品以应对这种市场变化。这就是今天市场上最盈利的产品——全温洗好（Cheer）洗涤剂，也就是现在大家所熟知的Cheer Colorguard。

□ 听见和倾听的区别

很多人并不清楚听见和倾听之间的区别。事实上，它们是不同的两件事情。我们所说的听见只是一种简单的生理活动，即人们将声波的声能转化成大脑可以理解的机械能和电化能的过程。这些都与倾听没有什么关系。倾听是一种心理活动过程，倾听的过程中，我们得以从声音对某些事物做出正确的判断。在沟通过程中，很多潜在问题都存在于倾听这个心理过程，不同人的感知、偏见甚至缺乏耐心，都会影响倾听过程。

> 听见仅仅是一个生理活动过程，而倾听则包括心理活动，它会解读我们所听到的内容。

也许你现在正在一边听音乐，一遍读这本书，或者是你正在一个人声嘈杂的环境中。你是在倾听这些声音，还是只是听见？"**鸡尾酒会效应**"（cocktail party effect）很好地诠释了什么是倾听，什么是听见。在鸡尾酒会上，同一个房间内通常有几个对话在同时进行，声音异常嘈杂。你与交谈对象倾心聊天，旁若无人，尽管你应该能听到别人的声音，但由于你的选择性注意，其他人的声音被你屏蔽掉了。除非我们刻意去做，否则我们没有办法对所有的声音都予以关注，弄清楚他们到底在讲什么。

☐ 哪些因素有助于倾听

在提升我们倾听技能之前，我们需要先了解一下影响倾听能力的因素。这些因素包括三类：**内部因素**（internal elements）、**环境因素**（environmental elements）和**互动因素**（interactional elements）。

影响倾听的内部因素

倾听是一种心理活动，通过这种心理活动，它会解读我们所听到的内容。构成倾听的两个基本前提是：

1. 倾听者能够听到、听清信息源使用的词语或其他声音。
2. 倾听者必须理解这些声音的意义或者词语指示的对象。

试想一下，在一个嘈杂的环境中，如果手机音量很小，或者是与你交谈之人声音微弱，你就会遇到第一个问题：听不清。这会导致信息接收能力出现"故障"。一个人说的外语不但口音重而且很怪，你将会面临第二个问题。如果声音无章可循，对我们没有任何意义，我们肯定不会懂。倾听就是将声音和含义整合在一起，然后理解的过程。

> **自我反省**
>
> ### 你的倾听习惯是怎样的
>
> 你是否发现自己有以下 10 种不好的倾听习惯？请仔细检查每个问题，诚实地给自己做出评价。
>
> | 习惯 | 频率 | | | | |
> |---|---|---|---|---|---|
> | | 几乎总是 | 通常 | 有时 | 很少 | 几乎从不 |
> | 1. 由于分神经常会"跑题" | | | | | |
> | 2. 我会由于顾客的说话方式、语调、口音或周围噪声而分神 | | | | | |
> | 3. 我会尽力记住顾客所说的一切，但我从不做笔记 | | | | | |
> | 4. 在没有听顾客说之前，我就会拒绝一些话题，因为我不感兴趣 | | | | | |
> | 5. 我会装做在认真听 | | | | | |
> | 6. 在顾客没有说完之前，我会对顾客的想法做出判断 | | | | | |
> | 7. 在顾客说话之前，我便会得出顾客错了的结论 | | | | | |
> | 8. 我会根据顾客的外貌、举止做出判断 | | | | | |
> | 9. 当顾客所给的证据看起来是错误的时候，我会忽略或打折扣 | | | | | |
> | 10. 与顾客谈话的地点是否舒适对我来讲无所谓 | | | | | |
>
> 总分 _____
>
> 如何打分：对应不同情况，给出不同分数
> 几乎总是：2；通常：4；有时：6；很少：8
> 几乎从不：10
>
> 总分含义：
> 低于 70：你需要大量倾听培训
> 71～90：你的倾听习惯良好
> 90 以上：你的倾听习惯无与伦比

影响倾听的环境因素

沟通的环境因素也会影响倾听过程，它决定了我们能够倾听到的内容。同时，这些因素会影响我们个人和组织的倾听能力。这些因素包括：

- 个人倾听能力；
- 噪声的存在；
- 把关者的使用或滥用。

个人倾听能力。我们的**倾听能力**（listening capacity）可能会无法容纳如此多的信息量，主要原因在于：第一，信息泛滥；第二，有价值的信息寥寥。在这两种情况下，倾听过程可能会中断。

> 倾听能力受过多或过少信息的困扰。

想想你每天会有多少让你分心的信息。闹钟把你叫醒；广告发布者想让你听他们无聊的广告；看一会儿电视吧，主持人、政客和商业广告都想拼命把你拉到他们听众的行列；去上班或学校的路上，收音机广告更多；工作中或者是课间，我们要开会，要通过报告和讨论来与大家进行分享。为什么有些信息挥之不去，而另一些信息则转瞬即逝？

当信息量已经超过我们的倾听能力时，倾听就会终止。在特定的一天中，我们所能听到和响应的信息量是一个常量，不管有多少电话，我们在同一时刻，能接听的电话是有数的。只有一定量的会议、谈话信息能够被我们的大脑加以有效处理，也只有有限的广告能引起我们的注意。一旦我们倾听容量满了，我们就会构建起自我防御机制，防止额外的信息进入我们的大脑。所以，在日常生活和工作中，我们一般会进行选择性倾听，选择倾听那些我们关心的和我们认为会有结果的内容。

我们可能并没有意识到这种选择倾听机制的存在，但它确实存在，而且是建立在我们的需求基础之上，当然，它也会随着时间的变化而变化。例如，当我们想买车时，对卖车的广告会加以关注。如果我们倾听容量已满，但需要我们想要的信息时，我们会从大脑中剔除一些其他信息，以确保我们能够听到我们想听的内容。

在为顾客提供服务时，我们需要了解顾客的需求和欲望。这是我们必须具备的第一职业能力。

当我们的倾听能力超负荷时，可能会走神，可能因此而无法听到重要的信息。大多

> 良好的顾客服务必须要了解顾客需求和欲望。

数人语速是每分钟 120 字（拍卖师和电台音乐节目主持人除外），而正常的倾听能力一般是每分钟 500 字。在宽敞的野外，如果没有任何噪声，我们听的比说的快。在此情况下，倾听成为一个让人烦恼的问题，当我们听别人讲话时，必须让我们听的能力和别人说的能力同步，尽管两者不同步，正因为如此，我们有时会想一些无关的事情来填补这中间的空当。

噪声的存在。噪声是另一个影响我们倾听的因素。噪声是指与我们谈话无关的声音。噪声可能来自于外部（如机器轰鸣、其他人交谈的声音、嗡嗡声及电话铃声等），也可能来自于内部（如头痛，不喜欢交谈的对象或者是交谈时脑子里装着别的事情）。不管来自于哪儿，噪声都会使我们分神，进而影响倾听的效果。

把关者的使用和滥用。忙碌的人提高倾听能力的一个方法是采用信息"**把关者**"（gatekeeper），以阻止过度、无用或自己不需要的信息。所谓"把关者"，是指对即将到来的信息价值进行预判，如果信息预判结论是不符合自己需要，那么"把关者"会阻止信息传到接收者那里。从这个意义上说，"把关者"机制是在帮助我们更加有效地倾听。我们所说的"把关者"可以是秘书、行政助理，也可以是组织中其他负责信息管理的人员。在很多情况下，这些人决定了管理者应当关注什么，忽略什么。

> "把关者"可能会过滤掉我们需要倾听的信息。

很不幸，有些"把关者"将管理者与顾客和一些重要信息人为地隔离了。一位名为菲尔的公司CEO特别不愿意和顾客交谈。他曾经接受过严格的专业训练，是一个非常好的财务管理人员，在对公司数据处理方面做得相当好，可一旦销售人员需要他与顾客沟通，或者是解决与顾客的争执时，他总是千方百计推脱。他的公司是一个小公司，由于人手较少，每个人都必须相互协作，扮演不同的角色，包括从事顾客服务工作。他总是将倾听这么重要的工作让别人来做，他利用"把关者"隔断了自己与顾客的联系，这对公司的倾听能力来讲，会产生致命的影响。

"把关者"并不是一无是处，特别是在信息量过度的时候，具有积极的作用。但在另外一些情况下，则可能带来一系列问题。我们所获取到的信息有两种解读，一个是"把关者"对信息的解读，另一个则是我们自己的解读。我们听到的有些信息可能是被错误解读的，因为"把关者"有时会有意无意地将我们所需要的信息过滤掉，从而使得信息失真。这种效应有些像所谓的"传话游戏"（意为口耳相传、以讹传讹），到最后一个人时，信息内容与最初的内容已面目全非，相距甚远了。

新视野

更有效的支持性倾听和保留性倾听技能

有效的倾听并不是简单地坐好，然后让别人开讲。你应当清楚地知道倾听的意图，全神贯注，主动而不是被动地倾听。倾听的意图包括两类：一是支持性倾听；二是保留性倾听。两者倾听的意图通常一致，但在与顾客沟通时，两者有时会存在较大的差异。

支持性倾听指给述说者以足够的反馈，先肯定顾客，然后让他们彻底地表达出自己真实的想法；而保留性倾听非常强调倾听技巧，一般是让顾客先说，然后从中提取对自己有价值的信息。

支持性倾听的意图是尽可能详尽地了解顾客的想法和感受。在实施此类倾听时，最好保持沉默，让顾客说，除非需要鼓励顾客时，倾听者再开口。这可能会很难，但我们可以用下列非评价性回应词语得到来自顾客更多的信息：

- **鼓励顾客"继续"的词汇**。"嗯，嗯"或者是"嗯"会鼓励顾客详细述说。同样，开放性问题（非评价性、中性观点）也有利于顾客充分表达自己。
- **内容反省**。以提问的方式重复、附和顾客提出的问题，有助于提高倾听效率。但记住，不能用判断性的语气，而是简单地重复顾客的问题，然后等待顾客继续陈述。
- **非语言鼓励**。请保持与顾客的目光接触，点头表示自己在认真倾听，避免在倾听时分神。

保留性倾听需要特殊技巧，帮助你记住和使用你刚刚从顾客那儿得到的信息。下面就是一些提升保留性倾听必备的技巧：

- **最大限度地避免分神**。全神贯注于顾客正在说的话，记住顾客都说了些什么，避免倾听的同时做其他事情。
- **识别机遇**。尽最大努力寻找到你和顾客共同的兴趣点，问一下自己：顾客的信息对于我来讲有什么意义？在未来，这些信息会有什么价值？
- **了解顾客目的**。对方是要告知你，还是想说服你？是想与你建立密切关系，还是想让你高兴？弄清楚这些，然后尽你最大努力去帮助顾客实现目标。耐心倾听对方的说服之词，彼此建立信任，努力欣赏他说的笑话，不管这些笑话是不是可笑。
- **保持"清醒"**。千万别做"白日梦"。如果顾客说得过慢或者是枯燥无味，强制自己听下去。如果顾客口齿不清或者是有说话跑题的毛病，宽容一些，只需将他们带回到原来的话题即可。

- **时刻关注主题**。要聚焦于主题，而不是孤立的事实。很多情况下，我们只是关心了细枝末节，而忽略了顾客的主要观点。要对与主题相关的信息进行总结。例如，顾客所关注的问题是价值、系统还是人等。
- **高效率地记笔记**。有时可能不太现实，或者是不方便，但尽量去记笔记，因为这给顾客传递的信息是你很认真，或者是他们所讲述的问题很重要。
- **做好信息分享**。有些情况下，你需要将信息传递给其他相关者。如果你有机会，尽量与你的老板、同事或者是其他人共同讨论这些信息，这样做会迫使你记住顾客说的每一句话。对于任何类型的沟通而言，这都是非常重要的实战技能。

服务快照

永远充满活力的斯蒂芬

斯蒂芬·博格拥有一家汽车销售店，主要经营很新的高品质二手车。斯蒂芬是一个充满活力的人，她永远不知疲倦地工作，以与老顾客建立起牢固的关系。这儿的上百位顾客，如果需要买好车，只需到她店里，尽管放心，她一定会把一切都尽快搞定，并且保证物美价廉。

她成功的秘诀之一是她极其善于倾听。她不仅能记住顾客的名字，而且能记住这些顾客的家人甚至朋友的名字，以及他们的偏爱和喜好。通过大量交谈来熟悉顾客并不是一件难事，斯蒂芬和她丈夫的过人之处在于，他们将每个顾客都视为家人。他们能清晰地记住上一次谈话的内容，尽管这些谈话可能发生在几个月甚至几年以前！

关注"细节"帮助她搞定了一笔生意。那天，她注意到一位顾客经过店里，驻足仔细查看停车场的一部漂亮的红色跑车。几年后，那位顾客买了一部马自达吉普车，他给这部车起名叫"活力"。后来，他们见面交谈起来，斯蒂芬说："你不想换掉'活力'吗？我知道你喜欢那部红色跑车！"她竟然知道那位顾客车的名字！她高超的倾听技巧和对顾客的高度关注终于得到了回报，那位男士把那部红色跑车开走了……

影响倾听的互动因素

与影响倾听的噪声和其他环境因素不同，互动因素是顾客与我们自己的大脑有关。这些因素是难以识别的心理过程。为培养良好的倾听技能，我们必须研究两个心理因素："**自我中心**"(self-centeredness)和"**自我保护**"(self-protection)。

"**自我中心**"**对倾听的影响**。"自我中心"是指我们所既有的心理定势。当一大群人对某件事情存在分歧时，我们观念中的心理定势会形成倾听障碍。不管什么原因，如果一位销售人员一心想卖某款产品，那么她就有可能忽略顾客提出的购买其他不同产品的诉求。她会强力推荐产品A，尽管顾客想买产品B，而且B可能更适合顾客（想想本章的开篇案例）。

很难搞清楚心理定势到底是怎样形成的。我们会花时间形成某个观点，然后在他人面前用语言表达出来，像开篇案例中所提到的那个营业员一样（手机就应当有很酷的功能）。然后，我们会坚持自己的观点（我有个周末玩手机玩了20个小时），尴尬地坚持着，不想改变。但问题是，顾客也有自己的观点（我只为母亲买一个简单的手机）。在这种情境下，双方都不会真正倾听对方在讲什么，倾听过程中断了。

倾听过程是一个建立在个体需求基础之上的心理过程，我们会以自我为中心来倾听。正因为如此，我们并非倾听其他人在说什么，而是听他们的观点对我们固有的心理定势有什么影响。换句话说，我们带着偏见来倾听，寻找说话者语言的"漏洞"，而不是寻求共识。我们的大脑像捕鼠夹一样，在交流过程中咔哒关闭了。

在很多情况下，我们可能也会注意到，在我们听别人说话时，只是想找他们言谈中的"软肋"，进而利用这"软肋"来捍卫自己观点的正确性。一旦找到"软肋"，我们就会停止倾听，开始计划如何回应他们的观点。我们依然煞有其事地在听，而那个可怜的人也在喋喋不休地说，事实上，我们早已停止了倾听！

"自我中心"式倾听对我们所接受的信息量有直接的影响。在很多情况下，我们没有听到的那些信息，也许更有助于我们做出科学的决策，这种对信息的"屏蔽"无疑会降低决策的质量以及我们帮助顾客的能力。

"**自我保护**"**对倾听的影响**。另外一个影响倾听过程效率的是自我保护。在倾听别人说话之前，为了"保护"自己，我们大脑中会预设一套交谈内容，以确保我们不说出别人认为自己愚蠢的话。我们会自以

> 想当然地去揣测别人会说什么，无疑会导致信息内容失真。

为是地勾勒谈话的进程，然后设定我们应当倾听什么，如何反驳，而不是倾听对

方所说的实际内容。

一个古老的故事较好地诠释了"自我保护"这一概念。如果你以前听过,那就再听一遍,以便于我们以后对这一问题的讨论。

一个人在乡村路上驱车狂奔,突然砰的一声,轮胎爆了。他从车上下来看了看,却束手无策,因为他没有千斤顶。

他自言自语道:"嗯,我得步行去最近的农场借个千斤顶。"他看到远处的灯光,又对自己说:"嘿嘿,我太幸运了,农户的房子就在那儿,我只要敲敲门,然后告诉他我遇到麻烦了,求他借我一个千斤顶。"他一定会说:"没有问题,自己去拿吧,别忘了还回来。"

他往前走了没多远,突然那屋子里的灯熄了。他对自己说:"他一定是睡觉了,如果我打扰他,可能需要给他一些钱,否则他可能不会把他的千斤顶借给我。"我会对他说:"好吧,咱们是乡邻,我给你1美元。"但他也许会说:"就一个美元想把我从温暖的被窝中弄出来?要么给我5美元,要么到别处去借千斤顶。"

当他终于到了农户家时,他很兴奋,进了院门便开始嚷嚷:"5美元,没有问题。我给你5美元,但你不能再多要一分钱。一个可怜的家伙车坏了,他只是需要一个千斤顶,别再想从我这儿要别的东西了,你这个家伙。"

到了门口,他使劲愤怒地敲门。农夫的脑袋从窗户里伸出来,大声地叫道:"你是谁?你想要什么?"那家伙停止了敲门,也大声地喊道:"你还有你那愚蠢的千斤顶!你应该知道你怎样做!"

这个故事是不是非常好地说明了什么叫自我保护?上面那个家伙先在自己大脑中自编自导了一个"剧情",由于害怕被伤害或遭遇尴尬,还不断地调整"剧情",这是典型的自我保护。

在大脑做出回应之前先积极倾听。

当我们还没有开始倾听之前,就猜想别人要怎么样,也不听人家说什么,这无疑会导致严重的倾听问题。在你开始倾听之前,先别假设人家要说什么,听顾客把话说完再下结论。

"自我中心"和"自我保护"这两个相互作用的因素都会影响倾听效果,因为由于它们的存在,在倾听过程中,我们会形成思维定势,然后带有偏见地去解读对方所传递的信息。

解决这三个因素,即内部因素、环境因素和互动因素有可能给倾听带来的问题,需要我们付出艰辛的努力。我们必须认识到,倾听绝对不是简单地坐在那儿,以此打发时间那么简单。倾听……不仅仅是听见,而是接受,是在沟通过程中理解听到的内容,这样通过沟通,你和顾客才能成为合作伙伴,而不仅仅是买者和卖者。在沟通过程中,顾客和你合作的怎样,天衣无缝吗?

能够通过训练提升倾听技能吗?答案是肯定的。良好倾听技能养成的一个好的起点是按照一些行动要领来改变我们不好的倾听习惯,并逐步形成良好的倾听方式。

☐ 应避免的倾听习惯

冰冻三尺,非一日之寒,糟糕的倾听习惯也不是一天形成的。经过一段时间努力,我们是可以改掉这些不好习惯的。

自我反省

你的倾听/说的时间比例是多少

在某一次特定的谈话中,用秒表记录一下在整个沟通过程中,你说话时间和倾听时间各自所占的比例。但注意,不要在沟通的过程中分心,尽量做到精确。将这一实验在不同的场合进行,如会议、打电话或者是在聚餐时等,然后计算出我们上面所说的比例。如果计算的结果显示,在沟通过程中,你说的比例远远高于倾听的比例,那么你需要设定目标,逐步完善自己的倾听方式。

行动要领1:停止"说"

你的倾听和说的时间比例是多少?如果说得多,倾听得少,这可能是一个问题。如果你不能在别人还没有表达完时让自己"住嘴",那么你可能永远都不会成为一个良好的倾听者。

> 在沟通过程中,倾听的时间应当是说的两三倍。

制定一个目标，来提升你倾听的比例。在一个沟通过程中，倾听和说的合理比例应当是2∶1或3∶1。

行动要领2：选好沟通的地点

有时，要想实现有效倾听，一个不受打扰的沟通地点非常重要，它应当安静而且舒适。地点的选择对于我们倾听效果有重要的影响。组织中，如果在顾客和组织之间存在着沟通"障碍"，如宽大的前台或办公桌，那么最好将顾客邀请到有利于谈话的地方交流。高层管理者有时会选择躲在高高的办公桌后面，这实际上是一种风险，应该纠正，应当和顾客面对面坐下来，在一个舒适的环境中让顾客畅所欲言。

> 请顾客到一个舒适的地方谈话，能够释放你想了解他们的强烈信号

选择一个不被打扰和不嘈杂的地方进行交流。通过邀请顾客到良好的环境中进行沟通，顾客是可以感知到你良好的沟通意愿和相互了解的诚意。

行到要领3：避免假装关注

所谓"假装关注"（faking attention）是指在沟通过程中，为了表示礼貌，不想听而装做在听，成为**"沉睡的倾听者"**（wide asleep listener）。表现形式是：看着对方在讲话，心却已跑到别的地方，只是机械地点头应和，甚至还不停地说"是呀，是呀"以及"嗯，嗯"等毫无意义的语气词。当你觉得应当倾听别人的时候，那就全神贯注地去倾听并给予那次交谈以积极的关注。

新视野

好的倾听者用他们的脸去听

如果你想成为一个有效的倾听者，首先在姿态上要端正。在现代社会中，我们要花很多时间来遴选对我们有价值的信息。千万不能左耳进右耳出，而是要做一个真正的倾听者，就像那卫星天线一样，有效地接受有价值的信息。面部是整个身体最能表达信息接受情况的，在倾听时，我们的面部应当放松，最起码做好倾听的姿态。

我们应当培训的第二项倾听技能是在倾听的时候，不仅仅要用耳朵，还要学会用身体的其他部位倾听。在别人讲话时，你能直视别人，说明你是一个有效的倾听者。你的眼睛会向那些讲话者传递非常丰富的信息，听还是没听，是否听懂了等。通过注视讲话者，也可以和他保持目光的交流。当讲话者注意到听众很用心在听时，他自然会更加卖力。目光交流会使你和讲话者之间形成一个"沟通环"，这是一个良性的循环。

与讲话者建立起良好的目光和面部表情交流还远远不够，还要对讲话者所阐述的问题以非语言的形式做出呼应，如面部应当有相应的表情，说明你听懂了，或者在认真听。根据倾听的信息内容不同，请变换你的面部表情，这样你就能更好地聚焦于讲话者所阐述的内容。你的面部应当成为主动快速的信息捕捉器。

一边讲一边倾听的效果通常是不好的。一个有效的倾听者在听的时候一定是不说话的，而只是用一些诸如"明白""嗯"等之类的语气词向讲话者表明你在听，鼓励他继续说下去。这种方法会使你将倾听聚焦在讲话内容而不是讲话者本身上面。听完后，你可以问问题，而不是一上来就表达自己的观点。将你的嘴巴变成信息接收器而不是广播喇叭。

最后一项技能是在倾听时，一定要聚精会神。你绝对不可以在讲话者还没有说完话的时候，就片面地评价或者是下结论。一个虚心的人，能够用心倾听并善于接受别人的观点。

如果你真想倾听，你就应当成为一个有效的倾听者。有效的倾听者会给讲话者以导引，知道应当说什么，所以他们总是能够有效地捕捉到想要的信息。如果他们对讲话者的内容没有听懂，他们会发出信号，告诉讲话者他们想听什么，这样讲话者就可以改变信息传递的速度或内容，进而满足倾听者的要求。总言之，有效的倾听者一定是一个能够充分利用肢体各类语言的主动的倾听者。

资料来源：These ideas are adapted from the *Canadian Association of Student Activity Advisors* (*CASAA*) *Student Activity Sourcebook*.

行动要领 4：耐心并搁置分歧

如果和顾客之间的谈话异常无聊、难以理解、冗长或者是顾客重复以前讲过的问题，在此情况下，我们可能会停止倾听。在倾听问题上，讲话者在讲不同主题时，中间可能会有很多思考的时间，于是通常会认为，我们可以自由的转换主题，信息不会流失。但事实证明，这是一个错误的假设。

同样，如果我们认为顾客的某个观点是错误的，我们可能也会做出选择性倾听。请不要这样，在做出判断之前，让他们说完，不要根据你自己的判断去纠正别人。也许他们有非常充分的理由，你把人家打住了，他们就没有机会陈述自己的观点了。

不要指望顾客永远会与你进行有效的沟通。有时候，他们不知道怎么表述，也不知道怎么说清楚自己面临的问题。请你一定要耐心，给他们充分的机会和时间来表达自己，先不要急于为他们提供额外的信息或不礼貌地打断人家。

有时顾客不晓得专业术语，要耐心，给他们时间，让他们把问题说出来。

行动要领 5：倾听事实背后的"事实"

很多人在沟通时，感觉、印象和情绪都是包裹在具体的实施之中，我们如果只听事实，难以寻找到事实背后的东西。例如，一个员工到经理办公室，在沟通过程中，突然显得非常激动。她向经理抱怨说，她丈夫刚刚从公司辞职，经理对她表示了关怀，并巧妙地转换了话题。不久，这个员工突然离开办公室，显然对经理很不满。这位经理确实倾听了员工事实，但却完全忽视了她的感受。

从这位经理的角度，事实如下：

1. 她的丈夫是一个非常能干的年轻高级主管，他对老板不满意，一直在想着跳槽。

2. 这对夫妇很年轻，没有孩子，几乎没有经济负担。

3. 她的丈夫最近获得了另外一家企业的录用通知，给他相同的职务，但他拒绝了，因为那家公司给的薪酬和现在的公司一样。

4. 她丈夫刚刚丢了工作。

在这位经理的倾听过程中，他将已知"事实"1、2 和 3 与新的"事实"4 关联起来，由此片面地认为，没有什么大不了的事，她丈夫将会找到新工作，而且这份工作可能更好。

那么，为什么那位员工愤怒地离开办公室呢？因为这位经理做了**选择性倾听**（listened only for the facts），而没有关心她具体的感受和担忧。她想要经理知道她没有说的话——丈夫丢了工作，她感到恐慌；她对他失去工作感到非常尴尬。她想要的只是有人能与她分享这些感受，让她不这么难过。很多信息传递的不仅是事实，还有情绪。**只听事实是远远不够的**（listened only for the facts）。

顾客在做购买决策时，感觉和情绪起到了决定性作用。顾客购买的不仅仅是有形产品，还有情绪上的满足。购买汽车的目的绝不是简单地从 A 地到 B 地作为交通工具。顾客还可能用一辆新车来表达自己的社会地位，或者是所购汽车物有所值的得意感。如果销售人员只听简单的事实，而不挖掘事实背后的"事实"，包括情感、情绪等，他可能与顾客的沟通就是不顺畅的，从而无法与顾客建立良好而持久的关系。

行动要领 6：忍住不去打断顾客

由于缺乏耐心，我们经常会打断别人。我们总是想让他们直接点明问题，然后我们加以解决。这种情况，在男性中更为常见。女性的社会化程度相对较高，她们更有耐心长时间倾听，分享别人的感受，而男性则不同，他们更习惯于直奔主题、解决问题（请仔细阅读下面的新视野）。

新视野

男性和女性的倾听习惯有差异吗

许多专著和研究将男性和女性沟通时产生的差异，归咎于社会化程度。女孩经常与别人沟通，以与他人建立起相互支持和相互关怀的良好关系；男孩在沟通过程中更倾向于控制，不是合作，而是竞争。同时，研究也揭示了男性和女性在倾听行为方面的差异。

有关倾听行为方面的研究表明，一些语气词和行为是两性共同使用的，如点头、"是的"以及"嗯"等，但这些反应可能对男性和女性会有不同的含义。对于女性来讲，点头或说"是的"，意味着她只是在听，并不一定表示她同意你的观点，她只是想表明想继续听下去；对于男性来讲，如果说"是的"或者点头，则意味着他同意你的观点。

一位女性诉说者说，如果只是简单地看到男性点头，她会认为该男性并没有在倾听。这个例子诠释了男女之间沟通的差异：（1）如果男性看起来没有注意倾听，女性会非常生气；（2）男性通常认为女性总是会同意自己的观点，所以常常妄下结论，所以他们无法真正得知女性到底在想什么。

> 当然，这只是一般情况，也会有例外。有些男性可能比女性更善于倾听，另外一些女性则有可能像男性一样有极强的控制欲。但总体来说，男性和女性的群体行为特征，在倾听方面，性别差异仍有效，需要我们加以注意。
>
> 资料来源：Sherron Bienvenu, Ph.D., Management Consultant Communication Solutions. See more ideas on communication and workplace gender differences at her Web site: www.ChinUp.net.

在别人没有说完就打断对方会毁掉整个谈话。也许，你确实需要澄清一些观点，但请耐心地等待一个恰当的时间提出这个要求，而不是粗暴地打断别人。一定要克制自己，在确认顾客已经说完之前，不要不停地问"你是什么意思"及"你为什么这么说"之类的问题。顾客说完后，如果你还没有清楚，再开始询问。

一位同事曾对某次交易印象深刻。她给某个企业打电话，在通话一开始她就表明了自己的身份。没等她再说话，接待人员就问："你是谁？"这种行为很唐突，也很令人不愉快。如果这位接待人员能采取另外一种方式问一句："抱歉，我还不知道您的名字。"那么，这位接待人员和公司的形象都会得以提升。打断别人讲话，特别是突然打断，会迅速毁掉顾客服务。

□ 提升倾听能力的积极步骤

形成良好倾听习惯是成为有效倾听者的重要组成部分。除此以外，你还需要一些积极的步骤来提升你的倾听效果。通过这些步骤，你的顾客服务技能将同时得以提升。

以下是提升倾听效率的积极步骤。

行动要领7：通过积极的语言和非语言提示强化倾听效果

特别在面对面互动过程中，非语言行为至关重要。对顾客所言做出恰当的回应，如善意的目光交流表示出关心，点头、附和顾客表示同意以及理解等，都有助于提升倾听效果。

> 非语言行为，如眼神交流和面部表情，有助于交谈双方的相互理解。

从语言角度看，通过用"嗯""明白"或者是"我知道你为什么心烦"等语言，可以保持沟通的连续性。这些语言看似简单，但却向顾客表明：第一，你在听；第二，你希望他们说出真实的想法。

行动要领8：力求清晰

当顾客表述不清时，我们要巧妙地让他们知道，他们没有说清楚。但很多人却不这么做，原因在于：

- 我们怕被人说无知。
- 我们认为自己能够揣测出顾客的意图。
- 我们不想花时间或精力来确保自己已经理解顾客的话。

如果弄不清顾客在说什么，我们就解读顾客所言就会过度依赖自己的猜测。对顾客所言不明白时，问一问，虽然可能会显得你"无知"，但你的坦诚顾客会明白，而且会弥补"无知"给你带来的负面影响。你的"无知"有时会显示出对方的"有知"，可以理解为对对方的一种赞美。试图弄清对方意图时，最好使用一些开放式问句或短语，如"能不能详细说明一下……"例如，"能不能详细说明一下……为什么你感觉你所接受的服务不如预想的好？"这类句子会鼓励顾客继续说下去，从而使沟通过程更加有效。

> "能不能详细说明一下"之类的语言，会帮助你了解顾客的真实意图并促进相互了解。

行动要领9：尽可能减少"把关者"数量

正如前所述，与顾客沟通过程中，"把关者"的存在会使信息产生过滤。应当尽可能地去寻找源信息，而不是简单地接收其他人已经整理好的信息，要获取顾客真实、精确的信息。信息经过的层次越多，被过滤的可能性越大，进而失真概率就越大。

你会注意到这个建议的前面加了个修饰语"尽可能"。一个公司高管不可能直接去倾听每一位顾客的声音，但我们的建议是，如果可能的话，尽量这样做。管理者每天要应对的可能是成千上万的顾客，有些情况下可能被过多的信息所淹没。为避免这种情况，管理者应当制定出相应的规则，在所需要的信息中，哪些必须是第一手的信息，哪些可以经公司相关人员处理，以实现信息的有效管理。

应当由基层处理的问题，别向上转移；只有那些基层管理者无法处理的问题，才应当递交给高层管理者处理。优秀的企业会授权组织内部各层级的员工来解决问题。

也就是说，一个好的公司应当有明确的**授权政策**（escalation policies），每个层级都应当有权力处理与之职位相对等的问题。例如，一线员工应当有一定额度的退货权，大额度的退货权则由高一层级的管理者做出。遇到两种情况，处理权应当上移，分别是：牵涉顾客伦理和歧视问题；对此一线员工不能擅自处理。

行动要领 10：尝试"逆态度支持"

对于一个简单的沟通过程来讲，"**逆态度支持**"（counter attitudinal advocacy，CAA）这个术语好像有点大。其含义为：站在他人的立场（这个立场可能与你的不同）来支持或表达某个观点。CAA 的目标是减少倾听者的偏见。"CAA"迫使你在真正听懂之前，能心态平和、客观地倾听顾客诉说，而不是仅凭顾客的只言片语，就做出回应或者是与顾客争辩。

CAA 工作原理是这样的：作为一个倾听者，你要确保不以自己的观点和态度来决定所持立场，即要持相反立场。例如，有位顾客感觉公司对环境很不重视，你本来可以立即反驳，告诉顾客公司在环境保护方面做了多少工作，但是使用 CAA，你克制住了自己。你应当重述顾客之所言或感受并记在心里，包括顾客陈述的事实和情绪，都要记住。用你自己的话，把顾客要表达的意思客观地重新陈述出来。例如，"你看到我们公司立了那么多视觉上毫无吸引力的指示牌，所以您认为我们把社区弄得很不像样子。"然后，询问顾客你的理解是否正确。不正确，再重新陈述，直到你认为两者完全吻合为止。

新视野

倾听在服务销售过程中的核心作用

绩效咨询专家和领导力培训师塔尼娅·帕斯莉（Tanja Parsley）曾仔细研究过服务人员在第一次与顾客接触时必须具备的技巧。她发现，绩效良好的销售人员具有如下特征：

1. 会问顾客很多问题。
2. 让顾客多讲，自己多听。

3. 审慎而不是匆忙地给出顾客解决方案。

她同时还建议，在与顾客初次见面时，应采用"发现"（DISCOVERY）方法。具体含义为：

D（data）——数据问题，即那些有助于解释顾客现状的事实、数据和背景。

例如：

- 你能简单介绍一下你所从事的工作吗？
- 你最需要我们提供哪类服务？
- 此刻，什么促使你寻求导师式辅导？

IS（issue）——事务问题，与事情本身，不满、担心、疑问有关。

IS 的起点是向顾客展示你能够给顾客提供的潜在服务，但就像做咨询一样，千万不要一下子给出解决方案，应当尽量询问更多的问题，以寻找到顾客显性需求。顾客担心或关注，不一定意味着顾客有意愿、做好准备来接受你的服务。很多咨询人员或销售人员在这个阶段有时会急于求成。

例如：

- 如果你面临的问题解决不了，那会是什么？
- 你正面临的挑战是什么？
- 据你所知，组织的其他人主要关心哪些问题？
- **C（consequence）——后果问题**，包括服务可能的结果，对顾客的意义、风险，问题的严重性以及关键的问题。

例如：

- 这件事情对你的影响……
- 如果不解决这个问题，你面临的风险是什么？
- 这件事情对你的影响程度……
- **O（outcome）——成果问题**，揭示顾客期望的结果和未来状态的一些问题。

  例如：

- 你自己的目标是什么？
- 明年你要完成的事情是什么？

V（value）——价值问题，揭示解决问题的价值。

例如：

- 解决了这一问题将给你带来哪些好处？

- 如果这一问题得到解决,还有其他什么会发生?
- 立即解决这一问题对于你的重要程度如何?

E(evidence)——证据问题,确立服务成功的有形证据。

例如:

- 你衡量成功的标准是什么?
- 你怎样知道是否成功了?
- 你怎样度量成功?

R(rational)——理性问题,了解顾客如何做出购买决策。

例如:

- 购买决策是怎样做出的?
- 还有谁参与购买决策过程?
- 购买决策中的预算依据是什么?

如果你遵循了上述原则,那么你就可以时刻与顾客密切互动。当你聚精会神倾听时,自然会知道应该问顾客哪些问题。请记住:这不是简单的调查,而是发现!这是一个不仅可以加深你对顾客需求的理解,更是一个提高你洞察力和为客户创造惊喜的过程。

问题

1. 你在与顾客进行沟通时,会应用多少个 DISCOVERY 问题?
2. 假设你在将额外的顾客服务培训推销给公司 CEO,你将采取上述的哪些方法来采集信息?

资料来源:Portions of this information are by Tanja Parsley, Parsley and Associates. "Intentional Selling" and "Discover Dialogue™" are trademarks of Parsley and Associates. See, www.businesslistening.com/listening_for_sales.php.Downloaded May1, 2006.

结果会怎样?通过重述和换位思考,你的倾听将更加有效,并消除你固有的一些成见。这是一种解决问题非常精准的方法。站在对方的立场来阐述问题、思考问题,无疑会减少偏见。结果当然是对整个事情的来龙去脉有更深入的了解,而不是仅仅站在自己立场上的"盲人摸象"。

需要注意的是,这并不意味着,当你确实不认可对方观点的时候,你必须屈服,而只是提供了一种了解顾客的新方法。因为从深层次讲,员工与顾客本身就是一对矛盾体。在有些情况下,我们澄清彼此的立场时,分歧便会消失,顾客与员工会便站到同一立场上。而且我们会发现，从根本上讲，我们与顾客并没有本质性矛盾，只不过是以不同的方式来表达同一个观点而已。不管怎样，更好地了解对方，无疑为解决问题奠定了坚实的基础。

> 当我们换位思考时，分歧便会消失。

行动要领 11：记笔记

倾听时应当记笔记吗？不一定。但记肯定比不记好。这最起码是一种姿态，表明你在认真倾听。

倾听时，记下关键观点和重要事实，对于你的倾听和了解顾客大有裨益，但不要试图记下所有内容。一定要让顾客看到你在记笔记（如果是电话沟通，可以告诉他，你会记录下他讲述的问题）。看到你如此认真，顾客会非常"享受"。认真对待顾客倾诉的问题总是一件好事，没有人会因为别人关心自己感到不快。

□ 最终思考

认真做事的员工会知道认真倾听的重要性。我们花费了大量的时间来研究沟通中的倾听问题。与顾客沟通、获取信息有很多种方式，但最重要的无疑是倾听。富有技巧性和为顾客着想来认真记笔记，将有助于构建良好的顾客关系。

我们应当怎样鼓励大家倾听？一幅卡通画很有趣，一位老板在会议上告诉员工："现在请听好了，会议结束后，我将宣布由谁来写会议总结。"每个人听得都很认真，因为他们知道自己可能会被要求来写会议总结，所以必须认真听，以了解会议精神，否则无法做会议总结。如果我们能聚精会神地倾听我们的顾客、合作伙伴或同事，我们了解顾客需求的能力将得以提升，也必定会赢得顾客。请先从家庭沟通开始，从我们自己开始。

┊ **重要观点总结** ┊

- 听见不同于倾听：听见是纯粹的生理活动，而倾听则包括对所听内容进行加工的心理过程。
- 三种因素会影响倾听过程并构成潜在倾听障碍，分别是顾客头脑中的内部因素、环境因素和互动因素。其中，互相作用因素在存在自我中心和自我保护的情况下会表现得更加明显。
- 沟通问题产生的原因可能是信息过剩，也可能是我们倾听能力没有得到充分利用。
- 倾听过程中的内部因素包括"自我中心"和"自我保护"。
- 要想成为良好的倾听者，避免假装在听，突然转换话题，只听表面事实，回应顾客的态度令人不舒服，没有耐心或者是过度应用"把关者"。
- 为提升倾听效果，恰当的行为包括：弄清楚顾客的真实意图，采用换位思考和尽量减少"把关者"数量。

关键概念

鸡尾酒会效应	逆态度支持（也可以理解为"换位思考"）
把关者	倾听的内部、环境和互动因素
选择性倾听	倾听能力
自我中心	噪声
SIER主动倾听层次模型	自我保护
假装关注	沉睡的倾听者
授权政策	

事实回顾

1. 听见与倾听的区别是什么？
2. 什么是"鸡尾酒会效应"？在与顾客打交道时，怎样最大限度地减弱该效应？
3. 使倾听复杂化的三个关键因素是什么？请举出与顾客服务相关的三个因素的实例。
4. 在沟通过程中，如果人们遇到过度沟通会产生怎样的反应？请给出至少三种反应。在顾客服务中，这些反应为什么会成为问题？
5. 环境和内部"噪声"的含义是什么？请举出在顾客服务中一些环境和内部"噪声"的例子。
6. "把关者"是怎样使倾听过程复杂化的？组织应怎样减少高层管理和顾客之间的"把关者"数量？
7. 什么是倾听中的"自我中心"和"自我保护"？从顾客服务角度举例加以说明。
8. 什么是"逆态度支持"（换位思考），在顾客沟通中怎样应用换位思考来加深对顾客的了解？

实战：看看你是哪种倾听类型

1. 试记倾听日志

试记倾听日志：每天坚持记倾听日志。与人们沟通后，对你的行为进行分析。看看在整个沟通过程中，你的哪些行为是无效的，将这些问题记录下来（请一定坦诚，因为每个人都会有此类问题，认识这些问题，看看这些问题发生的频率，对于改进我们的倾听能力大有裨益）。

哪些不好的倾听行为是你以前所没有过的？我们应当怎样用更有效率的行为来替代这些无效行为？

最后，用一页纸来描述对于自己倾听行为方面（好或不好）的新发现。

2. DISCOVERY 的应用

访谈一位顾客、客户、同事或同学，从本章所讲授的"DISCOVERY"方法中问一些可实操性的问题。访谈后，请写出简单的总结，说明这些问题怎样改变你的日常倾听行为。

3. 搜索：我们对倾听模式知道多少

利用你常用的搜索引擎，在网络上检索一下不同倾听模式的区别。可以用类似的关键词进行检索，如"倾听模式""男性-女性倾听模式"以及"倾听顾客"等。搜索完以后，写一份简短的报告，罗列出与顾客服务相关的、最常见的倾听问题。别忘了把你浏览过的网站网址同时记录下来。

> **思考案例**
>
> ### 讲故事有助于吸引别人倾听
>
> 让我们换个角度来研究倾听问题。想一下，怎样才能让别人更好地倾听你说话？
>
> 有些事情比另外一些事情可能更吸引人来倾听。如果你想让别人听你的，这需要一些小的技巧，将故事融入交谈中可以提高沟通的效果。通常情况下，人喜欢听故事，喜欢听绘声绘色地描述，这些会对大脑皮层的刺激更强烈。更进一步说，一个组织中，构建关系最有效的方式之一就是讲故事。一个公司有什么样的故事，在很大程度上决定了这是一家什么样的公司，是卓越还是平庸。

GE 的 CEO 杰克·韦尔奇曾讲述过一个年轻经理第一次做项目的故事。由于年轻人的错误决策，公司损失了 500 万美元。他去找韦尔奇道歉并提出辞职。韦尔奇没有接受他的辞职，反而告诉他，如果让他辞职，公司 500 万美元的培训费就太高昂了！

不管故事滑稽幽默还是悲壮，通常都会使沟通进行得更顺畅。与其他信息载体相比，故事更容易得到倾听者接受。

一个故事甚至可以改变人们在公司中的行为。GE 的故事告诉员工，并不是所有的实验都会成功，一个良好的公司允许员工失败，而且更重要的是，人比项目重要！不管从哪个角度解释，这些故事都极富创意，鼓励员工探索，鼓励员工发现。这也许正是韦尔奇成为全美最卓越企业家的原因吧。

问题

1. 在沟通时，为什么像故事这样的信息人们接受起来更容易？
2. 如何使用故事或生动的逸事来帮助他人倾听？

思考案例

老板的伟大创意

马里奥刚到办公室，他的老板玛丽莲大摇大摆地走了进来，用惯有的直率口气对他说："你好，马里奥。周末过得可好？我希望你过得好哦。我有一个主意：公司的人似乎从来不愿意倾听，不愿意倾听我们的，也不愿意倾听顾客的。所以，我在网上找了一个表格，我想让每个人都复印一份，这样也许有助于提升他们倾听的水平。我走了，以后再和你谈。"

没等马里奥反应过来，她已如风一般飘走了。他只能自嘲地笑笑，然后摇摇脑袋说："唉，玛丽莲，你总是想走捷径。但这个表格好像看看也无妨，它也许真能改进大家的倾听技能呢，尽管我们的老板就不善于倾听……"他自言自语道。

他读了表格，发现自己也存在一些不好的倾听习惯，而以前他总认为自己是完美的倾听者。他想，这张表格也许真的会帮助我们的员工警醒。马里奥读的表格如下：

糟糕的倾听者	有效的倾听者
遇到语速缓慢的顾客讲话时会走神	在顾客不同的语速、语气和提供的证据之间，边听、边想、边归纳，对证据做出评估
话题枯燥或已经听过时，停止倾听	努力在话题中寻找同样的价值——对我来说它有什么意义
很容易分心	力戒分心，了解过去的坏毛病，知道怎样集中精力
详细记笔记，但记的东西没有要什么价值；只知道记笔记	有两三种记笔记方法，留住组织重要信息
反应过激，喜欢插话并与顾客争辩	在没有完全理解前，不妄下结论
一旦发现逻辑缺陷或吸引自己情绪的词汇，立即做出反应	正确解读别人情绪性的话，不揪住那些话不放
面无表情，无精打采	保持和对话者的眼神交流，并通过展示一个积极的体态帮助说话者把话说下去
只凭听到的作判断，不喜欢就不听	不光凭听到的做结论，忽略表达中的错误
只听事实	听核心观点，而不只是事实

问题

1. 马里奥应当怎样做，以使公司员工相信表格中所列的那些内容有助于提高大家的倾听技能？

2. 通过上述练习，人们是否会认知并改变自己的沟通行为？马里奥还要做哪些工作？

3. 按照表格中罗列的内容，你对玛丽莲的倾听如何评价？你是否遇到过和她类似的人？如果是，你将怎样做？

4. 按照表格中罗列的内容进行自我评价，看看自己是一个糟糕的还是有效的倾听者。

不断实践以构筑顾客服务战略

让我们再回到那个你选择的案例。你可以选择你现在的公司，具体某个你想去的组织，或者是在第1章提到的两个假设组织中的一个：独立汽车销售与服务公司（IAS）或是网络营养品经销公司（NND）。当你构建一个顾客服务战略时考虑以下问题。

战略规划问题

请撰写一个提升倾听效率的计划，包括你将采取的具体行动。围绕下列问题来撰写你的计划：

1. 你的个人行为哪些方面需要改变，以成为一个更有效的倾听者？具体说明（请根据第 2 章所给出的行为定义来界定）。
2. 作为同事或领导，你怎样鼓励别人来改进他们的倾听技能？
3. 简单归纳在你所在组织中，影响倾听的环境因素。请给出具体的例子，包括有形设施、可用的沟通渠道、空间分割等。你应怎样改进？
4. 在组织中，干扰有效倾听的因素有哪些？应该如何应对？
5. 你所在组织存在"把关者"问题吗？如果有，是否有能让员工理解并接受的有效应对策略？请罗列出需要引起公司管理者注意的具体情境。

CUSTOMER SERVICE

第4章

正确使用电话提供高质量服务

电话响应可以提升顾客忠诚度

学习目标

1. 了解电话沟通方式的优点和缺点。
2. 分辨出你自己和你所在公司对电话使用的态度。
3. 电话应答顾客时，应用具体的行动要领，知道该做什么和说什么。
4. 使用具体的行动要领，更好地在电话里表达你要说的话。
5. 使用具体的行动要领，在打电话时会更加高效。
6. 识别出通过呼叫中心维系顾客关系时的挑战与机遇。

迟钝的电话响应给客服工作带来的挫败

听到一则音乐会的广播广告后，莎拉打电话订票。电话号码是一个非常容易记的"888"开头免费电话，而且末尾4位数字隐含了单词"艺术"（ARTS）。到目前为止，一切顺利。然而第一次试拨电话时，电话铃响了8下都没人接，莎拉决定放弃，回头再试。第二次试拨，铃响了9下。这次一个自动答录留言告诉她另外一个号码，让她去拨。莎拉拨通了这个新号码，这次一个电子声音告诉她稍等，然后出现了另外一条留言，告诉她去拨她第一次拨的那个号码！

彼得最近花了71分钟从一家大型航空公司电话订票。第一位销售代表使用元音化的发音方式，非常难听懂。彼得说明了他打算从盐湖城飞往阿姆斯特丹。电话那头儿销售代表的回复居然是："我们有从盐湖城到阿姆斯特丹的直飞航线吗？""她居然问我！"彼得真想大喊。他费了半天劲解释自己曾经多次坐过这个航班，终于说服了这名销售代表。但是，她显然对于国际航班非常不了解。于是彼得决定换一个销售代表试试。他找了个借口结束了通话，然后重新打过去，希望能找到一个更懂行的销售代表。

这次接电话的是位男士，有着非常重的外国口音，也很难听懂。这位销售代表花了半个多小时的时间来给彼得找他想要的航班，中间还几次停下来解释："这一条不行，它是点对点航线，不是终点。"几次这样的解释下来，彼得更是一头雾水，因为他对这些航空公司的术语一无所知。当这名销售代表无能为力的时候，彼得终于被另一位女销售代表接手。彼得于是又得从头解释一遍自己的需求。这名女销售代表很干练，高效率地完成了任务，然后航空公司成功地从彼得身上赚走了 4000 美元。但是，为了能把这笔钱花出去，彼得可是历尽艰辛了！彼得搁下电话，完全明白了为何这家航空公司最近陷入了严重的财务危机。当然，他除了电话订票之外，没有其他的选择余地。因为从互联网订票有严格的限制，而且航空公司已经取消了全部的地区性订票机构。从前，彼得可以通过面对面的方式在这些机构里订票。

宾馆预订服务、航班预订服务、信用卡公司和银行……几乎所有的公司都通过有着诸多菜单的电话来让他们的客服工作更加高效，但是这样做的结果往往是非常轻易地就惹恼了打电话来的客人。这些客人只是想找个真正的人来说明自己的要求。与之形成鲜明对比的是，许多顾客选择与一些机构进行长期商务往来，只是因为这些机构是让真人负责接听电话的。有些公司的客服是机械的、无响应的与费劲的，顾客不愿意跟他们打交道。你愿意吗？

明智的、服务导向的企业一直在提升它们的电话和网络服务，但是本来它们的顾客都准备掏钱了，却被它们的客服惹恼或困扰。

☐ 清楚电话沟通方式的优点和缺点

接听电话的人［一般在**呼叫中心**（call centers）工作］经常被称做信息时代的应征兵。"戴着耳机排列整齐，费尽口舌说着好话，处理订单，并且提供技术支持。他们极其认真地做着解答、挂断电话，有时候还会对来电表示感谢。但是，这些挥舞着电话的大军实际上所做的是向人们介绍你的公司。"[1] 讽刺的是，这些接电话的人在机构中经常是薪水最低的，尽管他们的声音和形象代表着整个公司。

呼叫中心处理售后顾客服务。

其实就像广告里面说的那样,电话可以成为"仅次于到达现场的最好交流方式"。实际上,任何企业都不能离开电话长久发展。因为在许多情况下,顾客中的大多数都是通过电话第一次与企业交流的。但是,有两个因素可能会抵消掉使用电话的好处。

1. 有些员工没有意识到专业的电话使用方式可以体现企业的良好形象。虽然有些人从孩提时就开始使用电话,但是根本没有推敲过自己的商务电话使用技巧。日常电话使用方式对于企业来说可能是不适当的。随便应付带来的结果可能是顾客感到不满意,组织形象受到损害。

2. 人们看不到电话那头的人。因此,电话并不能体现非语言交流。由于得不到**视觉线索**(visual cues)来增强或者澄清一条消息,听者可能会被误导,甚至会感到困惑。

> 接听电话的人代表了整个组织的声音和形象。

换句话说,每一通电话带来的互动其实都是双方"盲目地"操作——人们只能听到语音信息,却没有视觉反馈来帮助理解。为了弥补这种视觉反馈的缺失,听者只能通过他们的体验来创建对方组织的形象,这种体验包括对方在电话里面说话的语速、音调、措辞和停顿。听者靠着这些微妙信息体现出的细微差别来进行猜测。

为了提高效率并且打造组织的形象,许多公司设立了呼叫中心(或者叫做联系中心)。在这些中心里面,绝大部分的电话都是直拨的。但是无论是组织的呼叫中心还是和个人通话,电话的处理方式对于服务质量都有非常大的影响。

让我们来看看下面"服务快照"故事,该故事讲述了一个企业是如何丢掉一名顾客的。这个企业大概是忘了(或者就从来没思考过)电话沟通中的缺点。

服务快照

加思和汽车经销商的故事

加思特别喜欢鼓捣旧车。几年前,当他开车去上班的时候,他发现一个汽车经销商的停车场上停了一辆跑车。加思敏锐地察觉到这辆车可以显著提升自己的个人形象,于是决定打电话询问该车的信息。他拨通了经销商的电话。一个接线员迅速地说了经销商的名称,然后飞快地用命令式的语气说:"等一会儿!"15 秒之后,接线员回来了,问道:"需要帮忙吗?"加思回答:"我想跟二手车交易部门的人通话。"

"等一会儿!"接线员说。

> 等了一会儿,一位男士的声音响起:"你好!"
>
> "我想查询一下你们停车场上面那辆保时捷博克斯特的信息。"加思说。
>
> "你是说那辆银色的吗?"
>
> "对。你能否告诉我它的相关信息?"
>
> 那位男士声音里透露出犹豫,然后说道:"我记得那是店主女儿的车。她开着那辆车到处兜风。等会儿我查一下。"
>
> 一个长久的停顿。当加思等待的时候,另一位男士的声音出现:"喂?喂?"加思回复说:"有人已经在接听我的电话了。"这时候对方没有回复,直接从听筒里传来了挂断的声音。
>
> 几分钟后,一开始那个推销员回来了。"对,我想那辆车就是老板女儿的。如果他们卖,也是天价。这是一辆1998年款的。"
>
> "好吧,你能不能查一下,它到底卖不卖?"加思又问了一遍,有些不高兴了。
>
> "等一下,我去问问老板。"他说完又让加思继续等。几分钟后,推销员拿起电话,唐突地说:"老板说了不卖。"
>
> 加思本来打算说:"谢谢你的信息。"对方没等他说完就把电话挂了,加思被生生地打断了,听着电话里面传来的忙音。
>
> 也许这位推销员并非有意要怠慢加思,但他显然做得很过分。加思被激怒了,他今后肯定不会再跟这家经销商打交道了。你是否有类似的经历呢?因为他们在电话里面的差劲表现就决定断绝与该公司的业务往来?许多人确实有这样的经历。

这一章将讨论为了使你的电话使用技巧更加专业,从而给客服工作带来好处,你需要掌握的具体行为习惯。首先,我们会讨论一些使你打电话显得更加专业的行动要领。之后,你将学到该在何时、如何打电话,该说什么和该做什么,以及为了达成更好的客户服务,你需要如何精选词汇表达某些信息等。

□ 专业使用电话的行动要领

行动要领1:审视你使用电话的态度

人们对电话又爱又恨。当然了,我们都知道电话能够成为强大的销售、信息获取和关系建立的工具。通过接打电话，我们可以完成许多事。可是有些人面对电话很羞怯。当需要给他人打电话的时候他们会发憷，甚至有时连接电话都会犹豫。他们把电话当成自己日常活动的入侵者。那些在晚餐时间打进来的推销电话总是能强化他们的这种感受。

> 有些人觉得打来的电话非常烦人，但是你应该从电话中看到机会。

请用下面我们将介绍的自我评估方法审视一下你自己的电话使用态度，它会帮助你理解自己使用电话的态度，它也能向你展示那些在接打电话中容易出现的错误，从而改进你的电话使用技巧。

自我反省

你的电话使用技巧和态度如何

对下面的每一个问题，选择合适的答案，在对应的字母上面画圈：

N（never）＝从未；R（rarely）＝很少；S（sometimes）＝有时；O（often）＝经常；A（always）＝总是。然后阅读每张表格后面的指令。

你是否经常……

1. 延迟给别人打电话或者不回电话？	N	R	S	O	A
2. 使用简略的或者机械性的问候语接电话？	N	R	S	O	A
3. 任凭电话铃响，希望对方主动挂断？	N	R	S	O	A
4. 通过打电话获取信息的方式节省跑路时间（"让你的手指替你走路"）？	N	R	S	O	A
5. 结束通话之前总结达成的一致意向？	N	R	S	O	A
6. 通过电话征询对方对你提供的客户服务的反馈意见？	N	R	S	O	A
7. 让对方在电话中等待较长的时间？	N	R	S	O	A
8. 找他人替你接电话？	N	R	S	O	A
9. 当你打电话的时候面带微笑？	N	R	S	O	A
10. 用愉悦的、谈话式的口吻清晰地和对方通话？	N	R	S	O	A

用几分钟的时间思考你的答案。如果在某些地方显然有可改进之处——即便只是"小事儿"，你只需要举手之劳就能改变——写下3个你的想法或者目标：

-
-
-

行动要领2：联系和比较你的公司

拨通你所在公司的总机电话，询问一些常规问题，如上班时间和商品信息等。然后给你曾经打过交道的公司打个电话，询问类似的问题。你所在公司在电话接听上反映出了怎样的态度？另一家公司呢？

> 顾客往往通过电话与公司第一次打交道。好的第一印象会为将来良性关系的建立提供良好的基础。

常言说，你没有第二次机会给别人留下第一印象。打电话的人在电话拨通后的几分钟之内就建立了对员工（及公司）的效率、沟通技巧、友善程度和专业水平的第一印象。简言之，你的电话礼仪和电话沟通的有效性都通过你的态度传递给了顾客。

管理者应该时常审视自己组织的电话沟通技巧。他们应该找熟练使用电话沟通技巧的人经常充当顾客打电话并且提交简要报告。如果你不太确定应该听什么内容，雇一个电话咨询公司，帮你收集一些有用的数据。

行动要领3：避免不必要的电话过滤

电话过滤（call screening）的数量反映了企业对于电话使用的态度。过滤是指让其他人替你接电话，充当一个把关者的角色。把关者越多，信息就会被扭曲得更厉害。最为理想的情况是，应该鼓励每个人自己接听电话，除非他们正忙着面对面接待顾客。一般来说，秘书和接线员所做的电话过滤工作往往会让顾客愤怒。"请问您是哪位？"这样的话一般被认为是托词，这一托词给了接听者机会来决定是否去接听电话。当把关者很多的时候，顾客会非常不耐烦。另一方面，如果给你的顾客直接联系到你的机会——并且你真的接听了电话——可以充分体现出你的开放和乐于提供服务的态度。

新视野

哇！是否能够取得联系真是很重要

我在一间脊椎治疗诊所从事行政助理的工作。有一天我给保险公司打电话，想确认一下某位病人的保险给付情况。尽管这个电话非常重要，我却没有能跟任何一个人通上话，只听到了留言。"谢谢致电！"留言继续播放，"我们办公室下午2点以后再继续工作，现在我们都出去参加庆祝会了，庆祝我们的用户满意周。"作为一个顾客，我可没有感觉到满意！

☐ 该做什么和说什么的行动要领

行动要领 4：专业应答

当应答顾客时，你需要显得专业化。拿起电话的开始几秒钟，你就应该显示你的专业形象。应答业务电话的时候，适合的方式为说明你的姓名，或者说明你的公司名称和你的名字。例如，"客户服务部。我是南希·钦。"如果称呼你自己夫人、女士或者先生就会显得太自大了。例如，"会计办公室，我是西尔维亚先生。"有些人习惯使用自己的姓氏，有时这可能给打电话的人带来困扰，尤其是你的姓氏很不常见的时候。[有个经理叫保罗·怀特（Paul Waite），他每次只用自己的姓氏跟对方打招呼的时候，对方总会陷入长时间的静默等待（"wait"）！]

告知打电话的人你是谁之后，使用"有什么可以为您效劳的吗？"（或者类似的语言），说明你已经准备好为其服务了。当你替别人接电话的时候，一定要说明你替谁接电话，以及你自己的名字。例如，"迈克尔·西伦的办公室。我是邦迪·桑普森。有什么可以为您效劳的吗？"

当然了，如果打电话的人很懂得商业礼仪的话，接电话的人就不必去问是谁打来电话了。好的习惯包括当我们打电话给别人的时候，我们应该立即说明自己是谁。例如："早上好，我是贝里·亚当森。请问沙伦·西尔弗斯坦在吗？"逐渐习惯这样开始对话，你也就会为他人树立榜样，让他们了解良好礼仪带来的优势。

行动要领 5：立即接听并且为接听电话做好准备

当电话铃响过一两声就接听的话，会给人高效且乐于服务的印象。当电话响的时间超过两声或更长却没人接的时候，打电话的人就会觉得你不方便接听，甚至觉得他打电话不是时候。更糟糕的是，如果一直没人接听，打电话的人会认为你觉得他无关紧要。

如果你的电话系统对延迟接听的电话使用语音提示的话，你应该保证提示信息有效并且避免陈词滥调。一个公司是这样设置信息的："我们知道您的时间非常宝贵，我们也希望为您立即提供服务，但是电话会按照先后顺序应答。我们诚挚地为您的等候道歉。"这是一条很好的信息。可是我们更常听到的却是诸如"所有座席正忙"，这听起来不像是道歉，倒像是借口。将你的留言信息设置得更为有效（尽量简明扼要）并且考虑致电者的感受。

在你的工作空间里面，设置一个舒适的和高效的电话接听环境。把电话放在你桌子上便于接听的位置。准备好你常用的电话号码列表,把你需要的相关材料放在手边。准备好电脑的屏幕、记事本、留言纸片和需要用到的表格。使用计划系统(电子的或者纸质的都可以),留出记录对话中重要信息用的空间。尽量不要随手找来一张纸做记录,因为有可能会找不到。

———————————————
确定记下了答应跟进的所有承诺。
———————————————

尽可能快地获取到打电话的人的姓名和电话号码,记得对通话内容进行简要总结,尤其是那些你承诺要跟进的事项。如果你承诺为打电话的人做什么事情,一定要记录下来(记录在纸上或者电脑上),当完成这些事情的时候,记得把它勾掉。

行动要领6:使用尊称

虽然称呼你自己为"先生"或者"女士"可能会显得古板,但是当你对打来

———————————————
宁可过度正式,也别过度随意。
———————————————

电话的顾客使用这些**尊称**(courtesy titles)时,却可以体现出对他们的尊重。不要假定打电话的人喜欢别人直接叫他们的名字,如果你不确定是否该直呼其名,就称呼他们"先生"或者"女士"。如果他们喜欢随便一点,让你直呼其名,他们会自己告诉你的。礼多人不怪。

头衔和正式称呼可以带来可信度。如果你指称其他专业人士,一定要正式称呼。假如你的医生这样介绍自己:"你好,我叫拉里,我负责你的大脑外科手术。"你恐怕会觉得不靠谱。即便你所在的组织具有非正式的文化氛围,也不要假定其他人也是这样。如果你需要称呼公司的高管,更应该考虑使用尊称:"我将把这条信息转给我们的营销总监卡格尔先生,周一他将答复您,您看可以吗?"

新视野

喂,你的钱袋子来电话了

安妮·阿巴斯基(Anne Obarski)是个沟通教练。她指导自己的学员这样看待电话:每一次电话铃声响起的时候,把它当做是你的钱袋子打来的。她鼓励企业要像对待自己的商品、营销和员工一样认真对待电话。因为电话的处理能代表公司的"品牌"。在每一个客户接触点来强化品牌效应,可以吸引客户再打来电话,这正是激发重复购买欲望所必需的。

当你这样看待电话的时候,你就会更乐意接听电话,并且你的语调中会流露出更多的期待,而不是反感了,你会开始把电话当做建立销售渠道的工具。在电话对话中的最初几秒,人们会形成对对方的看法;而在快结束电话的几秒钟,他们会形成最终的意见。安妮·阿巴斯基推荐了几种电话技巧,用来建立长期正面的联系。

1. **深呼吸**!拿起电话之前,先深呼吸。我们中的大多数都是"浅呼吸者"。因为我们呼吸短促,因此对方在电话中会觉得我们很疲惫。这一技巧的目的在于可以让对方感觉到你喜欢自己的工作,并且你很高兴他能打来电话。

练习一下,深吸一口气,并且在吸气幅度到达顶点的时候接听电话。这样你就将在呼气的过程中说话,听者会从你的声音中感受到能量。你也可以这样练习,当你打电话的时候,等待对方接听的铃响过程中开始吸气。

2. **自报家门**。说出你的全名和职务,以及公司的名称。安妮·阿巴斯基是这样接听电话的:"感谢致电商品概念公司,我是安妮·阿巴斯基,请问有什么能为您效劳的?"做作?也许有一点;难忘?也许有一点;友好?那当然。由于她的姓氏非常特别,所以她首先自己念一遍,这样打电话的人就不必绞尽脑汁地想该如何念了。

3. **以诚相待**。人们打来电话,是需要解决某个问题的。这个问题可能是驾驶路线、营业时间或者关于商品与服务的疑问。不论是什么问题,他们都渴望获得快速、睿智和礼貌的回答。

4. **认真倾听**。当你接电话的时候,把手头其他的事情都放一放!说起来容易做起来难,不是吗?有多少次你在办公室里边回复电子邮件、边接听电话、边听着iPod、边抿一口星巴克,还一边在电脑上玩着游戏?我也是这样。真丢人!顾客不希望被你按照多任务处理甚至被忽视。我们这样做没有考虑顾客的需求。

把电话那一头的顾客形象化,即便我们并不认识对方。这样一来,你就会时刻提醒自己是在进行一场交互的谈话。如果你还是不能专心致志地听,那就把顾客说的情况都记下来。如果可能的话,使用头戴式麦克风,这样可以把手空出来进行记录。记录的过程中应该随时就谈话的重点和需要注意的行动事项跟对方求证。

> **5. 巩固结果**。如果接听电话的过程很成功，那么你就能够通过自己的声音、语调和专注的态度在对方心目中建立良好的形象。而你在结束电话之前的表现将使对方确认他们对你的看法。为使其成为一次积极的体验，你需要感谢对方打电话过来，重述他们提出的问题。然后，尤其重要的是，感谢他们今后对你公司业务的支持。
>
> 资料来源：改编自专业演讲者和培训专家安妮·阿巴斯基的意见。如想获得更多的信息，请访问她的网站www.merchandiseconcepts.com。

行动要领7：感谢对方来电

"谢谢"是人类关系中最强有力的词汇，要经常性地表达你的感谢。有些公司将其用于问候语。"感谢您致电Avis。"在电话即将结束时，一句"感谢致电"也会给顾客带来很大的满足感。

如果打电话的人是来抱怨的，感谢依然很有用。记住抱怨者可以成为我们最好的朋友，因为他们给我们反馈，帮助我们改进。由于他们付出努力给我们打电话，因而理应受到我们的感谢。通过说"感谢您将这个问题告诉我们，引起我们的注意"，我们把对话从对立引导到解决问题的基调。

行动要领8：微笑

想象电话中对方的形象，就像面对面与朋友交谈一样来对待他，你应该做到高兴、热心和热情地帮助对方。虽然对方看不见你，但是你的微笑可以通过你的声调传递给对方。

> 微笑可以通过电话被对方"看见"。

在电话旁边放一面镜子，时刻提醒自己要微笑。如果你的面部表情看起来很严肃、有压力，你可能正在向对方传递这种情绪。放松你自己，用正能量感染对方。

行动要领9：在你挂断电话之前，确认通话已经结束

只有在电视剧或者电影里，人们才会在毫无预兆的情况下挂断电话。在现实世界中，有策略地传递结束电话信号既显得礼貌，又很有用。如果你是打电话的一方，那么你就有义务来结束通话。使用"多谢你的帮助"或者"这正是我需要的"这样的总结性语句。

如果你是接听者，那么一定要确认打电话的人已经说完了。前面我们提到的汽车经销商的故事中，加思其实正准备问推销员还有没有其他的跑车出售，但是还没问出来，对方就把电话挂断了。你应该经常做这样有用的实践，即在将要结束通话的时候简单地问一句"还有其他可以为您效劳的吗？"或者根据公司的具体情况，你可以提供附加的商品或者服务信息。航空公司的销售人员会经常在通话结束之前问你"是否需要宾馆或者租车预订"当然，这其实是为了售出更多的东西，但它同时给顾客带来的满足感，也是你结束通话的一个非常好的信号。

> 鲁莽地结束通话会被看做不礼貌。

行动要领10：应对失意和愤怒顾客的技巧和策略

当顾客失意或者不满的时候，使用附加的技巧来处理。这里有一些转化不高兴顾客的附加建议。首先，认识到应对不满意或者难缠的顾客有以下两个步骤。

第一步：理解他们为何会不满或者难缠。

一般来说，有以下三种根本原因会让人感觉愤怒或者难缠：

- 他们没有被重视；
- 他们很无助；
- "这"不公平（"这"可以指任何事）。

我们都曾经经历过这样的感受。要有同情心，明白打电话的愤怒或者难缠的顾客并不是坏人，他们只不过是有一个不愉快的经历。尽量站在对方的立场来思考。

第二步：采用以下话语或者问题来缓和对方的不满或者愤怒。

1. 请说给我听听……这将鼓励他们解释为何不高兴。不要试图对他们的看法进行抗辩或争论，他们知道自己的感觉，即便在你看来没多大意义。然后，要让对方知道你的同情。

2. 我能理解你为何会有那样的感受。别说"我完全明白你的意思"，因为你可能不明白。所以，应该传达这样的意思是你对他的感受有了解。

3. 在你看来，怎样才是好的解决问题的办法？这句话可以把对话从发泄情绪转移到寻求解决方案。

努力让打来电话的顾客自己寻找一个合理的解决方案。当他提出一个可行的计划时，你可以开始协商进程，最终达到和解并且安抚顾客的目的。

☐ 更好地在电话里表达你自己的行动要领

行动要领 11：确保你的对话有策略与有条理

你有没有经历过这样的事情？当你在电话里告诉别人你的名字的时候，他们却无礼地问"你是谁？"这几乎是最让打电话的人难受的事儿了。如果你没有能够听清对方的姓名，要礼貌地问："对不起，先生。我刚才没有听清您的名字，能否请您重复一遍？"

你的答复应该是正面而积极的，目的在于解决打电话的人的问题，满足他们的需求。当你不能马上提供帮助的时候，不要急着把球踢回去。别说那些使你自己或者你的企业听起来不专业或者对顾客漠不关心的话。

这里有一些其他的关于该说和不该说的话：

不该说	该说
你是谁	请问您是哪位
再说一遍，你叫什么名字	对不起，我刚才没有听清您的名字（或者，"请问您的尊姓大名"）
你有什么事	有什么能为您效劳的
大点儿声，我听不见你说的是什么	对不起，我听不清您在说什么。能否请您声音提高一些
我不是你想找的人	对不起，詹姆士女士，之前接待您的可能是其他人
他外出吃午饭去了	巴林格先生现在不在办公室，可能一个小时后才能回来。我能否让他给您回电
你应该打给我们的财务部	您需要的信息我们的财务部可以提供。我很高兴与您通话（或者，"我能否让财务部的同事给您回去"）
这事儿我帮不了你	我这里没有相关的信息，我能否让质量服务部门的同事给您回电
这事儿我无能为力	我会把这件事儿放在我的日程表上，下周二我会再次查看您的要求。周二下午 2 点我会给您打电话，您看还满意吗

> **自我反省**
>
> ### 你该如何平复愤怒顾客的情绪
>
> 我们都经历过这样的场景，为了缓解矛盾，我们不得不尝试使用各种策略。于是我们就能归纳出有些方法"不管用"，我们的答复把情况变得更糟糕或者至少不利于矛盾的缓解。
>
> 回想你自己的经验。列出四五个不利于改进状况的短语或者单词（例如："你

错了""你开玩笑吧";或者是使用命令式的祈使句,看起来是你在发号施令,如"不要""停下来""深呼吸"等。另外,考虑那些你用过的讽刺性语言)。

"不管用"的单词或者短语:

-
-
-
-
-

下一步,回忆一下自己成功解决问题的例子,找出 5 个"管用"的单词或者短语。

"管用"的单词或者短语:

-
-
-
-
-

最后,列出禁忌单词或者短语,指的是为了增进你的技巧和专业性而需要避免使用的词汇。

需要"避免使用"的禁忌单词或者短语:

-
-
-
-

行动要领 12:表达清晰

现在的电话听筒非常灵敏,你不需要讲得很大声。当使用一个传统的电话时,要把话筒放在嘴唇边约 1.5 厘米处。当你应答你的姓名、公司名称、部门名称的时候,要说得清楚确切。例如,要认真地说

> 词语间的停顿可以让你的声音听起来更加清楚。

"您好，Primo 计算机服务公司""您好，这里是 KJQQ 广播"，或者"这里是调度部门"，之后再加上你的名字，在词语间要停顿。

即便有些话你一天要重复上百次，也千万不要偷懒，特别是不要用一种机械的、不友好的态度来说。记住，每个打来电话的人只会听到一次你的问候（虽然你可能已经说了许多遍）。当你问候顾客时，保持新鲜感和真诚感。

不要在和顾客说话的时候吃东西、喝饮料甚至嚼口香糖，同时避免说话的时候远离话筒（除非你戴着头戴式麦克风）。另外尤其注意，不要小声嘟囔。

新视野

使用简单语言

有些人以掌握许多专业术语为荣，以体现自己的聪明。问题在于这可能会让顾客觉得困惑甚至恼怒。

每一个组织都有自己的术语，当在"内部"使用术语时，它可以当做沟通的捷径。可是如果再组织外部，对不熟悉这套术语的人使用的时候，就显得令人厌烦了。我们的顾客也许并不明白这些我们自己日常使用的术语或者缩写的意义。使用简单的语言，使顾客能够理解。

技术公司尤其是产生经常变化的术语的沃土。类似地，医药领域喜欢用缩写来描述多词语组成的情况。顾客可能会明白一些这些领域中的专用词汇的意义，但是他们误用这些词汇的危险是相当高的。记住，不是每个人都理解专用术语，这一条忠告非常有用。

就更基础的层次而言，顾客来源的多样性可能给企业带来说不同语言的客人。你应该学习顾客所在国家的语言，特别是一些常用语，这可以使得顾客对你更加信任，同时认为你对外国顾客非常友好。

行动要领 13：表达自然，让对方听着觉得舒服

像跟朋友交谈一样同顾客通话，使用热情友好的语调并做出自然的即时反馈。如果顾客说到有趣的事情，不妨笑笑。如果他的语调显示出严肃或者愤怒，你应该说一句："您听起来不大高兴，有什么我可以为您效劳的吗？"

充满活力声音是巨大的资产,它传递出信心和高可信度。但是,即便一个人没有天生的像播音员一样的金嗓子,他也能通过自己的声音保持听者的兴趣。

> 声音在音调、音量和语速上的变化可以折射出你的性格。

保持听者兴趣的关键是声音中的变化。人们对一成不变的事物往往不会专心致志。但是,当说话的人声调抑扬顿挫的时候,我们的注意力随之被吸引。说话的人可以改变的三种要素是**音调、音量和语速**(pitch,loundness and rate)。

音调就像音乐质量——音调的变化就像音乐变化范围一样。男性改变起音调来,比女性要困难许多。问题在于,音调变化太小,说起话来就像是单音调。换言之,听起来非常无趣。

另一个问题在于,有时人们刻意改变自己的音调。不自然地把音量升得过高或者降得过低,听起来非常虚假。我们要做的是,在自然音域的基础上尝试扩宽。

有些人讲话不愿意冒险变化音调,他们怕听上去很傻(对于男性来说,这种担心尤其厉害,因为他们试图让自己声音很低,这样听起来更男性化)。不去尝试改变音调,对于你的沟通来说就像是将有用的沟通工具弃之如敝屣。

当有好的广播或者电视节目的时候,认真聆听播音员、喜剧演员或者其他演员是如何讲话的,你会发现他们的声调高低有许多变化。尝试扩展你的音域。比你平时的音域宽一些,但是注意不要过度,否则听起来跟唱歌一样(在女性中更常见)。音高的变化反映你的性格并且帮助听者保持兴趣。尝试小幅度的改变(你不需要改变太多)然后看看是否有改善。

另外,还要注意音量和语速。有些人说话轻声细语,别人根本听不清楚。让你的声音有足够的音量,这样打电话的人就不必费力便能听清楚你说的是什么。讲话的语速也非常重要。当然受到各地方言的影响,可能你所在地区的人语速要更快一些或者慢一些。但是,向专业新闻播音员学习,保持那样的语速是非常有效的改进办法。语速太快会带来问题,但是语速太慢会带来更多的问题。语速太慢,听者就会在你讲话的时候有更多的时间思考。可是一思考,就有可能分散注意力,如同我们在第 3 章所讨论的那样。

行动要领 14:别让"死寂"发生

在广播的时候,如果听众什么也听不到,广播员就把这个尴尬的时间空隙称为"死寂"(dead air)。听众不知道发生了什么，可能以为会一直没声音，所以就换台了。对于电话来说，这种情况也可能会发生。

> "死寂"很尴尬，对打电话的人来说听着不舒服。

如果你需要查询一些信息或者阅读一些材料，最好跟对方说一声你在干什么。记住，他可看不见你。使用如下的语句来让听者放心，你依然在线。

"我正在复审您的账户，先生。我需要核对一些数字，过一会儿我就能给您提供相关信息。"

"我正在调出您最近的账单。请您稍等一会儿，我会把您质疑的收费项目反馈给您。"

"我理解了您的要求。在我们的计费部门工作的杰索普女士可以更好地帮助您。能否请您稍等一会儿，我去看一下她是否在？"

再强调一下：请牢记他们根本看不见你。你的回复需要一直通过声音来传递。对于顾客的谈话一定要保证反馈。由于打电话的人根本看不见你，也不可能获得任何视觉上的反馈，他们只能通过你的话语回馈（也就是你说的是什么）来确定你是否理解了他们在说什么。通过一直说"是的""我了解了""嗯"或者"我同意"来提供所需要的反馈。别让打电话来的顾客的要求得不到确认。

行动要领 15：控制谈话的范围

有时顾客会在谈话的过程当中离题变成闲聊。如果发生了这种情况，应该使用引导方法把谈话拉回正轨。这通常需要一些创意，不妨试一试。

- 如果打电话的人说："我实在受不了这里阴郁的天气。估计没多久你也会这么想，你说呢？"

  你可以这样回答："嗯，我们有一种让您的心情重新好起来的方法……让我们把账单问题搞清楚……（或者）替您下单购买这款新的活动躺椅……（或者）为您提供所需要的信息。"

- 如果打电话的人说："上周野马队表现得怎么样？他们之前从来没有这么厉害过。巴顿仍然是联盟中最好的传接队员，你觉得呢？"

  你可以这样回答："他们看起来确实很棒。我希望能很快能把您的账单问题搞清楚……（或者）这个提醒了我，我们会长期并深入地了解您的财务计划……（或者）让我们把您的这个订单处理一下。"

- 如果打电话的人说："我特别感谢你们在上周末特殊奥林匹克运动会上提供的志愿者工作。你们的公司真是帮了大忙。"

  你可以这样回答："谢谢您，诺瓦基女士，能帮到您是我们的荣幸。现在我希望可以帮您找到来电询问过的小部件。让我们来看看，在这儿呢……"

- 如果打电话的人想一直闲聊下去，你需要礼貌地采取主动："夫人，让我们总结一下您刚才所说的。看是否还有其他需要的地方，您可以补充。"

如果打电话的人非常不高兴，在你打算打断之前一定要让他发泄完，否则中间打断他的话会令打电话的人更加生气。当打电话的人诉说他们生气的事情时，反馈同情的话并且让他们知道你一直在倾听："我知道了""噢，听起来我们确实没有很好地处理您的事儿"，或者"我能理解那会儿给您带来多大的困扰"。然后转换到一种正面积极的、利于问题解决的回应，如"让我们帮您把它搞定"。

当你竭尽全力满足了顾客的需求之后，把对话带到一个令人欣喜而且有效的结束语上。使用一些技术性且策略性的结束对话，尤其是当顾客看起来还想继续谈话的时候。

1. **总结在电话中已经做出的决定**。例如，"让我来回顾一下我们决定的事项"，或者"让我来总结一下相关的流程"。要说明你已经做了哪些工作，例如，"我已帮你销户，并且将 1000 美元转存到您的新户头上""这就是您目前需要做的全部事项，我们会对其进程持续关注"。

2. **使用过去时态来谈话**。"正如我们已经讨论到的""这就是我所需要的全部信息，"或者"我很高兴您能打来电话"。

3. **说"感谢您致电"**。这是谈话结束的一个通用提示。

4. **积极地结束通话**。例如，"布莱克先生，我很高兴与您交谈"。

□ 更高效使用电话的行动要领

行动要领 16：当打电话给别人的时候，先问一句："您现在说话方便吗？"

很多打电话的人总是喜欢一拿起电话就开始说他们自己的事情，而接听电话的人可能正在处理其他事项或者没有对这通电话有所准备（也许没有能够准备好相关的信息或者其他东西）。所以很多人在打电话的开始先问一下对方是否方便。

如果你被问了这样的问题，而且目前确实不是一个电话的好时机，那么你就直言不讳地告诉打电话的人，并且安排一个更方便的时间再通话。

打电话的时候一定要确定是否方便谈话。

这条建议还告诉你，如果目前没有足够的信息来回答打电话的人提出的问题，你应该坦诚地告诉对方，并且定好时间安排一次回电。

行动要领 17：高兴而准确地写下留言

当来电人要找的人不在的时候，许多公司都会给打电话的人提供一个选项，即录制一段语音留言。一定要确保你知道该如何将打电话的人引入语音邮箱。如果你所在公司没有提供语音留言功能，一定要帮助对方用老方法记录留言。在手头放一个笔记本，以便记录关键的词句。向打电话的人重复留言信息，以确保留言的准确性。还得记得一定要把留言送到相关人员手上。

如果你的公司采用留言条，一定要把它填写完整。为了避免可能发生的沟通困难，以下的事项需要特别注意：

1. 记下姓名的全称，拼写正确。如果你没能听清楚，让打电话的人再拼写一遍。一定要让对方理解你为何让他拼写，你可以这样说："我需要确保您信息的准确性，您能否拼写一下您的姓名？"

2. 如果合适的话，问清楚对方所在组织的名称。这样做的主要原因在于可以为接收消息的人提供一个线索，以便于为回复电话做好充分的准备；这样做的另一个目的是可以确认电话号码没有写错。

3. 电话号码要记全。如果是长途电话，要记下区号。如果打电话的人说："她有我的号码。"你可以这样礼貌地回复："如果我记下您的电话号码，她回来后给您回拨电话可以更快一些。"

4. 如果打电话的人不愿意提供任何具体信息，那么你可以这样问："您是否需要提供一些留言给琼斯女士，我可以帮您记下来，这样等她给您回电话时可以更方便。"

5. 说"谢谢"，并且向打电话的人保证，当他找的人回来时，你会立刻把留言转过去。

6. 把留言时的时间和日期以及你的姓名缩写都记载下来，以免发生疑问。

行动要领 18：使用有效的问候语

当设立自动应答机或者语音邮箱用于获取留言的时候，你需要设定合适的问候信息。应该确保问候信息有效，不要太长，也不要显得太过花哨。留言应该言简意赅。以下的样例都可以作为参照：

- 您正在致电 555-1131。我们现在无法接听您的电话。请在提示音后留言。（注意：由于这段留言没有明确指出你是谁，所以能够保护你的隐私和安全。）
- 这里是极致制造仓库。我们的工作时间为周一至周五早上8点~下午6点。请给我们留言。
- 感谢您致电新居公司——您的活动房屋领导者。请给我们留言，我们会尽快和您联系。谢谢。

有时在留言里，我们也让顾客提供一些具体信息。（"如果您有自己的账号信息，请提供给我们，这样我们就可以更快地响应您的要求。"）但是请注意，不要问太多。另外，别忘了向顾客保证你会回复电话，而且要告诉他什么时候会回复。

避免听起来不真实的留言。例如，一个小企业是这样设置留言信息，"我们所有的业务代表都正在忙着服务其他顾客"。这句话听起来很虚伪，因为顾客知道这家企业实际上没有几个员工。其实下面这样的留言就不错："我现在正在办公室，一小时之内就会回复您。您也可以通过访问我们的网站来获得快速响应。"这里你也应该感谢顾客致电给你。

当你在他人的自动应答机上留言时，注意以下要点一定要说明：

- 你的姓名（一定要说得清楚明确，并且在必要时拼写出来）。
- 你打来电话的具体时间和日期。
- 简要介绍你为何要打来电话。
- 你的电话号码。
- 你方便接听电话的时间。

这里有两个例子：

- 我是亚洛姆·斯泰德曼。现在的时间是周五下午 7 点，我有些关于你们公司摩托艇的问题。请在周六上午 10 点之后打电话给我，我的电话号码是 555-3077。
- 我是劳尔·桑切斯基，我的姓氏拼写是"S-A-N-C-H-E-S-K-I"。得知你们在招聘一位夜间程序员，我很感兴趣，希望能安排一次面试。我在一家和你们很类似的公司工作了 6 年时间。请在今天即 4 日下午 6 点以后打电话给我，我的电话号码是 555-0819。谢谢。

行动要领 19：使用电话的特色功能

> 手机制造商调查表明，仅有 5% 的顾客真正阅读了说明书。

电话技术日新月异的发展，总能带来一些新的特色功能。不幸的是，就像许多人不知道如何去操作有线电视系统一样，许多企业的人员也没有认真学习过电话系统当中的许多功能（手机制造商估计仅有 5% 的顾客真正阅读了说明书）。

一般而言，顾客对一家企业的电话处理系统不满，主要基于以下两个原因：

1. 这家企业的员工不会使用电话和语音箱系统的功能。
2. 接电话的人对顾客礼貌过头。

注重顾客的公司为处理这两项问题，它们对所有员工提供适当的培训。这种培训可以有效地提升顾客对公司电话响应能力的满意度。

行动要领 20：正确使用通话保持键和呼叫转移

即便是最基本的电话系统也有一些常用的功能，这些功能包括**通话保持**（hold button）和**呼叫转移**（call transfer）。尽管让某人等待一下看起来是件非常容易的事情，注意不要鲁莽。先要询问顾客让他们等待（一定的时间）是否可以。例如，"在我收集这些信息的时候，能否请您稍等 3 分钟？"理想的情况下，你应该在事先说明的时间范围里回到电话前。如果你需要额外的时间，先拿起电话解释一下："瑞索里先生，看起来我还需要另外 1 分钟来处理您要的文件，您能否再稍等一下？"

当你需要把电话转移给其他人的时候，花点时间跟顾客说明原因："我想我们可以把您的电话直接转到服务技术人员，这样可以更好地解决您的问题。

我下面准备把您的呼叫转移给我们的服务经理汤姆·布克,您看可以吗?"在转移呼叫的时候,打电话的人可能会遇到的一个重要问题是新的接听电话的人对于我的来电内容究竟了解多少。理想的情况下,转移顾客电话的人有责任对新的接听电话的人描述顾客的问题,但是这种理想状况很少发生。所以,如果你接到从其他员工那里转移过来的电话,而你不了解顾客的需求是什么,在这种情况下你应该开诚布公。"对不起,希卡摩夫人,您能否花点时间简要地向我介绍一下您的需求吗?"一般情况下顾客因为不得不把事情再讲一遍而恼火。这时候,你认同顾客情绪将有助于降低顾客的厌烦程度,"我知道让您复述一遍会给您带来厌烦的感觉,布鲁诺先生,但是您能否帮助我了解一下您的情况,以便我更好地为您提供服务?"

如果你不太了解如何使用你的电话系统特色功能,如呼叫转移、通话保持以及其他功能,花点时间阅读一下使用手册或者给服务提供商打电话。他们会很乐意派一位服务代表教你如何使用电话系统。毕竟,如果你能够充分使用他们的设备,符合他们的最佳收益——因为他们就多了一名满意的顾客。

行动要领 21:计划好你的呼出电话

虽然适当闲聊有助于建立电话拨打者和接听者之间的良好关系,但是尽量使商务电话简明扼要,同时避免草率和无礼。在使用手机的时候,尤其要注意这一点,因为电话的接听者和拨打者都会被计时收费。即便是拨打本地电话,依据打电话所处时段的不同,收费可能会高达每分钟 50 美分。

> 为了电话效率预先筹划。

因此当拨打商务电话的时候,事先计划好你将要说什么,最好把要说的内容写下来,内容应该包括:

1. 你打电话的目的。
2. 你需要获得或者提供的信息清单。

确保在通话开始的时候就明确说明你是谁以及打电话的原因。商务人士不喜欢玩"猜猜我是谁"或者"猜猜我有什么事"的游戏。在电话的开头你这样说比较好:

> "你好。我是联合谷物公司的蒂娜·沃森。请问玛里琳·史密斯在吗?"一旦联系上史密斯女士,应该这样说"你好,史密斯女士。我是

联合谷物公司的蒂娜·沃森，我需要收集一些贵公司近期商品订单的信息。您现在说话方便吗？"

注意，在上面这个例子中，拨打电话的人首先说明她自己是谁，讲清楚了她打电话的目的，并且询问了对方是否方便接听。如果对方很忙，无法现在答复她，这也提供了一个下次打回来的机会。

当你需要给联系过你的人回电话时，安排他们可能在的时间。注意对方的午餐时间和长途电话时差问题。如果你忽视了这些问题，可能造成电话捉迷藏游戏：你不停地打电话过去，却总是联系不到对方；而对方也在一个劲儿地找你。

安排好回拨电话的时间，以提高电话沟通效率。事先和对方讲好回拨电话的具体时间。模糊的语句如"我过会儿回复你"，可能会造成不切实际的预期。打电话的人可能会认为你会在 15 分钟之内回电话给他，可其实你的意思却是两三个小时之后。所以，你可以这样说，"我会在今天下午 1～2 点打电话给您"，然后一定要在约定的时间内打电话过去。

行动要领 22：别让电话打搅到重要的面对面谈话

许多顾客经常会抱怨这样的事，当他们正在和一个业务人员面对面谈话的时候，被电话打断。如果你正在和顾客面谈，不要想当然地认为来电比眼前的顾客更重要。

如果你必须接电话，首先向顾客说声抱歉，当你了解了电话内容时，告诉打电话的人你现在正在和其他人交谈，你很乐意在一个具体的时间给他打过去。

持续努力提高你的电话沟通技巧

几乎在所有的领域中，良好的电话沟通技巧都是事业成功的重要基础。不断审视自己的电话沟通技巧水平，努力获得各种反馈意见。抓住机遇参加有关电话沟通技巧的论坛，或者观看教授新的专业电话沟通技巧的视频。

如果你指导其他人，当他们在电话沟通技巧上出现问题时，千万不要犹豫，一定要直接指出。当他们所做的事情和本书所提到的这些建议不一致时，坦诚地告诉他们。提醒他们，良好的电话沟通技巧所（对他们自己的事业发展和对他们所在企业）具有重要的作用和意义。

注意观察。尤其是留意那些通过语言和其他方式传递给打电话的人的信息。注意，当你使用电话时，通信渠道实际上是受到限制的。因为在通话中不可能提供任何的视觉线索，对方根本就看不到你。所以你应该使用取悦于人的电话应用技术来帮助对方"看到"你。

□ 呼叫中心：集中式电话处理

许多组织都建立了集中式的电话服务，来处理绝大多数顾客的电话。这些**呼叫中心**（call centers）[有时也被称为**联系中心**（contact centers）] 应该在客户服务当中提供更高的效率。

什么是呼叫中心

今天的呼叫中心是指一个场所，在这个场所当中有很多客户服务代表，他们要应对大量的电话业务，包括拨打进来的电话和打出去的电话。为了应对这些电话，他们需要使用复杂的电话和电脑技术。呼叫中心一般要处理外部顾客的要求，包括回答问题，记录订单，回应账务查询结果，或者通过电话推销产品及服务。对于某些产业来说，如金融服务、邮寄销售和旅游业，呼叫中心为顾客提供重要的售前联络点。对于其他行业来说，如消费类

> 呼叫中心负责处理售后顾客关怀。

产品和公共事业等，呼叫中心是主要的售后顾客关怀渠道。它们处理顾客的问题和担忧的事项。不论是售前服务还是售后服务，在现代的顾客关怀战略当中，呼叫中心已经是一个不可或缺的组成部分。

在有呼叫中心之前，企业传统的电话服务能够满足顾客的需求，尽管响应速度要慢些。当电话的数量增加之后，企业要么增加更多的办公桌、电话和客服代表，要么就只能用更长的时间来反馈顾客。在那个时候，生活的节奏比现在要慢，顾客也有更多的耐心。

自那时起，企业业务的发展速度一下子从声速变成了光速。新一代的顾客群体（网络环境下的一代人）绝不可能接受"我会在几天之内答复你"这样的回复。今天的顾客要立即获得答案。幸运的是，对于他们来说，技术改变

了所有的事情。技术的发展允许企业通过电话和其他电子技术来提升它们的服务速度。

上文中提到的电话使用原则不仅适用于使用电话来与顾客进行沟通的个人，也适用于呼叫中心。通过指定专业人士在呼叫中心工作，公司可以更容易监控，并且可以对那些通过电话与顾客打交道的人进行密集培训。

有些时候呼叫中心并不能够提供更好的服务。一个主要的问题是最高管理层往往在顾客关系管理中过分强调经济性。为了节约成本，使用更廉价的劳动力，许多呼叫中心外包到其他国家，这样的行为被证明很短视。事实上，缩短通话时间有时带来更低的效率。诚然，顾客喜欢高效率，但是过度地强调效率会阻碍建设与用户之间的关系。本书中我们几次提到过在线经销商美捷步，便鼓励呼叫中心的人陪着顾客愿意聊多久就聊多久。这家公司并没有通过测量项指标（如通话时长）强迫员工更快地结束通话。相反，这家公司更加看重和顾客关系的建立，因为这将换来顾客的忠诚度。

新视野

当今的快速服务预期

几十年以前，每当顾客对于某个公司的产品或服务有疑问或担心的事情时，他们都会打电话给那家公司，要求跟业务代表聊一聊。接线员会把电话转移到客服部门的客服代表。这些客服代表通常都坐在宽大的桌子后，桌子上配备有电话、一些相关资料、一个笔记本、一支铅笔或钢笔。如果这个客服代表可以回答用户的提问，他就会马上给出回复。更常见的情况是，客服代表没有能够回答该问题的全部信息。在这种情况下，他就会向顾客解释，他需要对这个问题研究一下，让顾客留下姓名和电话号码。这位客服代表会用很长时间翻箱倒柜地寻找相关的文件记录，以获得问题的答案。假设这名客服代表没有弄丢顾客的电话号码，当天晚些时候或者那一周的晚些时候，他就会给顾客回电话提供相关的信息。这种时代，已经一去不复返了！这种呆板的流程对于今天的顾客来说是无法忍受的。运行良好的呼叫中心可以方便地提供更好的服务，建立更好的客户关系。如果你的公司没有很好地提供反馈给顾客，那么就等于把顾客拱手让给竞争对手。现在，顾客对于快速响应有很高的预期。

最终思考

对于现代企业来说，电话、网络、短信和电子邮件的使用日益重要。这一章我们主要关注如何更好地使用电话（在第 5 章，我们将审视如何使用其他的电子媒介）。客服专家在认识到这些媒介的优势的同时，也应该注意到它们的局限性。顾客如果在你公司的电话系统中没有获得良好的经历，那你就别指望他成为忠实的顾客了。

显然，电话使用技巧低劣会导致企业成功的可能性大打折扣。不论企业是建立单独的呼叫中心还是用自己的内部员工来接听用户的电话，积极的态度和优秀的沟通技巧都有助于建立良好的客户关系，也有利于维系与其他商业伙伴的关系。如果员工可以正确地使用本章提到的各种电话沟通技巧，那么对于企业来说它就具有很高的价值。诚然，在各个层次，电话沟通技巧对于各个层级的职业成功具有非常重要的意义。

重要观点总结

- 了解在客户服务中电话使用的优势和劣势。
- 不好的打电话习惯可能会导致恶劣的第一印象并且引起顾客的反感。
- 在打电话的时候充分利用我们给出的行动要领，从专业化角度审视自己的电话使用态度，给其他企业打电话看看它们是如何处理电话接听的，并且注意避免不必要的电话过滤。
- 当和外部顾客通话时，如果对方并不了解你所在行业和企业的专业术语，就使用简单的语言。
- 应用行动要领来决定你该做什么和说什么。例如，立即答复电话，答复的技巧要专业化，使用尊称，感谢顾客致电给你，微笑，如何结束一段对话，以及如何使用策略和技巧来应对不满的顾客。
- 应用行动要领来保证谈话中的策略和简洁，说话发音要清楚，表达要自然，令对方感觉很舒服，以及要避免死寂的出现。
- 应用行动要领，打电话的时候首先询问现在通话是否合适，知道该如何留言，使用有效的问候语，正确使用通话保持和呼叫转移功能，对于要打出的电话事先计划好，并且不断地增进自己使用电话的技巧。

- 有些企业建立了呼叫中心来处理大多数的电话。对于这样的呼叫中心，一定要力求提供完美的客户联系和反馈，以提升企业的形象。

关键概念

呼叫中心	通话保持按键	电话过滤
视觉线索（的缺失）	呼叫转移	联系中心
音调、音量、语速	尊称	死寂

事实回顾

1. 将使用电话与顾客联系和面对面的沟通方式进行对比，比较各自的优缺点。
2. 态度是怎么样影响人的电话使用技术的？什么样的态度会让你使用电话时变得低效？
3. 什么是电话过滤？该在什么样的情况下正确使用它，什么时候避免使用它？
4. 为了吸引听者的注意力，打电话的时候人们可以使用那三个元素来调整他们的声音？
5. 什么是"死寂"？它会对顾客的关系造成怎样的影响？
6. 设置自动应答提示的时候应该包括哪些信息？有哪些内容需要避免？
7. 为了处理不满的顾客，通话中需要包含哪两个重要的因素？
8. 什么是尊称？为什么它很重要？
9. 你该如何提升你的电话使用效果？说的要具体一些。
10. 为什么不要让电话打断一段面谈？
11. 呼叫中心的优势和劣势有哪些？

实践：通过重新组织语言获得更好的通话效果

下面列出了一些通话中的语句。请通过重塑语言，使它变得更加积极和有策略，努力解决打电话的人所关心的问题并且尽量注意效率。

1. 比尔又出去打高尔夫球了。我不确定他今天是否还回到办公室来。
2. 萨拉去厕所了，然后可能出去吃午饭，大概一个多小时之后才能回来。
3. 您刚才说您叫什么名字？
4. 您说您之前曾经试图取得联系？那是什么时候？

5. 您在电话里等谁？
6. 我是鲍比，您有什么事？
7. 哦，对不起。我刚才有点事，没能给你打回去。
8. 我们这儿没那项业务。
9. 5点以后再来电话怎么样？
10. 萨莉以前是在这工作，但是她现在已不在这儿了。或许我能帮上点儿忙。

实践：听出区别

1. 通过这个简单的练习弄清楚声音的变化可以怎样改变你说的话的含义。大声地重复下面这句话，第一次用你日常的声音。

"亨利今天没有来上班。"

下面重复这句话，注意使用批评的语气：

下一步，让这句话听起来像是一个秘密。

最后把它转变成一个问题。

然后尝试念出下面这句话，每一次你重复这句话时强调一个不同的单词。

"我想多丽丝能做那件事。"

注意，当你强调"我"这个单词的时候，听起来就像是说，"我认为她能干这件事，尽管其他人并不是怎么想的"。当你强调"想"这个单词的时候，它传递的是你的不确定性。

下面依次强调"多丽丝""能"和"那"这几个单词，尽量听出弦外之音。

通过上面的例子，你应该能够注意到，即便是音调的变化和强调不同的单词这样微小的变化，都能够很大程度上改变你要传递的意思。

2. 上网使用你最常用的搜索引擎寻找和电话技术相关的文献。写一篇报告，总结你认为商业活动中的电话使用会受哪些因素的影响。电话使用的关键发展趋势有哪些？手机的使用是通过哪些方式影响企业的客户服务的？

思考案例

评判这个电话

下面的对话描述了一个相当普遍的商务通话场景。在对话右边给出的空白处，评价每一句话，注意对话者所使用的技巧是否有效。然后回答后面的问题。

故　　事	我的评判
达琳：	早上好，这里是市场部。我是达琳。有什么可以帮您吗？
克莉丝汀：	嗨，是市场部吗？好的。我想了解一些关于培训课未来日程的安排。现在让我看看……（停顿）有几个城市的培训我们的员工可能想参加。（停顿）我想我在哪看到过一个清单。我知道有克里夫兰……
达琳：	我们确实有在克里夫兰的培训课，但是您对哪个项目感兴趣呢？
克莉丝汀：	我还不太确定。老板只是让我从你那索要一份日程表。你们那没有秘书培训班吗？
达琳：	有。事实上我们有三个职业秘书培训项目。一个是面向新员工的；另外两个是面向那些有两年以上工作经验的员工的高级班，其中一个是主要讲授高级办公技术。
克莉丝汀：	哦，好。噢，在这儿。我找到了各城市培训课程表了。克里夫兰、水牛城、丹佛和比洛克西办事处的员工对培训似乎都感兴趣。他们说曾经见过你们公司的宣传册。
达琳：	您有我们公司纸版宣传册或是登录过我们的网站吗？
克莉丝汀：	不，我都没有。
达琳：	好吧。我想我们应该这样。请您先登录我们的网站，您会看到我们将举办培训的城市目录和日期。在接下来的两个月我们在克里夫兰、水牛城和丹佛都会举办培训，但是在比洛克西没有。或许您在比洛克西的员工可以选择参加在那附近的城市举办的培训。如果您更喜欢纸质的资料，我可以给您邮寄一份印刷版的完整目录的宣传册，您可以通过电话或上网的方式办理登记。这样您还满意吗？
克莉丝汀：	太好了。非常好。我更想要纸质的宣传册，这样我就可以直接把它呈给我的老板。你能快速把它寄给我吗？
达琳：	当然可以。我会通过隔夜快递邮寄给您几份复印本。我肯定您公司的员工会喜欢这些培训的，它们真的很有趣。现在，能告诉我您的姓名和地址吗？我今天会把这些资料给您寄出去……

问题

1. 达琳在问候语中完成了哪些工作？

2. 克莉丝汀在开场白中落下了什么？

3. 要是打算让对话有效果，克莉丝汀应该补充哪些信息？她事先准备的如何？

4. 达琳对这通电话处理得如何？哪些方面她做得尤其到位？

5. 如果你是克莉丝汀，你会在对话中做出哪些改变？如果你是达琳，你又会在对话中做出哪些改变呢？

6. 你注意到达琳如何向自己的用户做出承诺了吗？为什么这很重要？

7. 这通电话的整体效果如何？

第 4 章　正确使用电话提供高质量服务

> **思考案例**
>
> ### 从加思的通话中找出错误
>
> 重新阅读本章前面加思打给汽车经销商那通电话的故事。描述其中的 4 个电话使用问题，正是这些问题导致了加思的愤怒，以及让他做出再也不跟这家经销商打交道的决定。
>
> 问题 1：
>
> 问题 2：
>
> 问题 3：
>
> 问题 4：

不断实践以构筑顾客服务战略

让我们再回到那个你选择的案例。你可以选择你现在的公司，具体某个你想去的组织，或者是在第 1 章提到的两个假设组织中的一个：独立汽车销售与服务公司（IAS）或是网络营养品经销公司（NND）。当你构建一个顾客服务战略时考虑以下问题。

战略规划问题

1. 如何提升企业的整体电话服务质量？假定你有这样的改变权限，你会如何做？描述你可以会做出的培训计划。你会就问候顾客提出哪些建议？有哪些关键词汇你会鼓励员工使用？有哪些禁忌词汇你会禁止员工使用？
2. 你会为接待不高兴的客户指定哪些指导规范？起草这样的一个"速查表"，让你的员工能够对应查找出应该如何做。这个速查表应该足够长，以便能够覆盖大部分场景；又得足够短，以便容易地从里面找到对应条目。
3. 你公司日常接到的最常见电话类型有哪些？描述这些类型，并且分别指定指导规范（或者列表），以便于得心应手地处理这些类型的通话。

☐ 注释

1. Alec Appelbaum, "Who's Answering the Phone?" *Gallup Management Journal*, 15, Fall 2001, pp. 2–18.

CUSTOMER SERVICE

第 5 章

使用界面友好网站和电子通信

网络环境下的顾客服务

学习目标

1. 发现基于网站顾客服务的重要性。
2. 知晓"网络化"顾客服务的成本优势。
3. 认识到电子服务的主要弊端。
4. 鉴别出可充分利用网站服务潜力的工具和方法。
5. 运用五条行动要领以避免电子服务中的问题。
6. 使用五条行动要领以评估并提高你的电子服务效力。

为什么你应当拥有一个网站

互联网已经成为搜索和购物的平台。每天数百万人接入互联网(或"万维网"),以获取世界范围内的产品和服务信息。我们曾假设公司均设有网站。这已经到了如果你不进入互联网,就不算跻身于商业中的程度。甚至是小型的地方公司也有网站,即使仅仅是为了告诉顾客哪里能找到它们。

建立和维护网站的费用不断下降。许多公司会协助你创建并"托管"这些网站。例如,大型技术公司谷歌,向美国各城市派送培训师,提供免费的培训来向各公司展示如何建立网站。

因此,仅基于讨论这一目的,让我们在"如果你不进入互联网,就不算跻身于商业中"这一点达成共识。但是,"进入互联网"只是一个开始。你应该如何最大程度得利用这一强大的销售和顾客服务媒介?这一章将探讨此问题。

请注意,快速的技术变化为作者提供了一个动态目标。相应地,本书关注的是相对具有普适性的电子商务问题。想深入研究详尽细节的读者应向技术专家进行咨询。

□ 什么是基于网站的顾客服务

听听互联网权威的言论,你会认为互联网为顾客服务而生。互联网不仅是一个"完美的"销售渠道,也是一个出色的售前售后顾客支持渠道。顾客已经有了这样一种预期,当今几乎每个公司都拥有一个提供某些顾客服务的网站。尽管电话仍是客户联系企业、寻求支持的重要途径,而网站、电子邮件、即时通信和在线聊天正变得更加司空见惯。想想你自己作为客户时的行为。你能否很快查到一个公司的网站?相比电话,你是不是更偏好电子邮件或即时通信?随着顾客对科技进步的接受,有这样想法的人越来越多了。当今这一代人中,大多数人的成长伴随着对科技空前的接纳程度,服务期望正发生着巨大变化,这些将稍后在本章进行讨论。[1]

让我们关注一些基于网站的顾客服务的主要特征,在客户服务中,这种联系可能通过各种形式达成,并服务于多种目的。

自助服务的常见解答

从企业的视角看,低交互性沟通(也称"自助服务")是在线顾客服务的最高境界。在这种服务下,顾客使用**知识库**(knowledge bases)自行处理,知识库指的是**常见问题**(frequently asked questions,FAQs)解答的资料库。

知识库可以是结构化或非结构化的。结构化知识库以问答形式进行组织。非结构化知识库是顾客交互的资源,例如,与顾客服务相关的邮件,或是在电子公告牌或博客上发布的消息。这类资源库可通过关键词进行检索,因此有类似问题的其他人可以容易地找到公告。

> 在线知识库使得顾客自行解决问题成为可能。基于顾客需求,自主学习型知识库不断进行自我更新。

由于企业将一些客户支持转移到网站上,起点常常是对此类基础信息的提供。在过去,企业从建立和维护静态(不变化的)网页起步,这类似于一个营销手册的电子版。在最基础的层面上,这个网页包括企业联系方式,如姓名、地址、电话和小部分其他信息。这类网页，虽聊胜于无，但几乎无法满足顾客需求。

典型地，常见问题中包含的是带有简短答案的主要产品问题，例如：

- 我如何通过威瑞森（Verizon）无线通信提交讯佳普网络电话（Skype mobile™）的账单？
- 你们的咖啡味冰淇淋不含咖啡因吧？
- 我该如何处理山地车齿轮零件发出的噪声？
- 我该如何判定我的车使用的是常规机油还是合成机油？
- 你们的价格政策是什么？是否供优惠券？是否进行价格保护？

这些问题通常罗列在网页的顶部，通过超链接转至页面下方的答案。问题常按字母表顺序或被提问的频繁程度进行排列。对于一般问题、常见问题是有用、高效的。对于很多网站来说，常见问题页面仍司空见惯。

这些静态网页存在的问题是，为了得到一个答案，顾客可能不得不费力浏览多达 100 条，甚至更多的问题，以期望能找到符合或者相近的答案。这就好像为了得到一个简单的答案却被迫把一本书从头读到尾。再一次说明，对于企业来说，建立常见问题页面相对简单，但对于自助服务的顾客来说却是效率低下的。

> 现在顾客期待的是获得答案的高效途径。

更多的复杂网站可对常问问题进行关键字或词组检索。一些网站还提供可搜索、有自主学习功能的知识库。这种知识库是一种在线信息库——与产品或服务相关的智慧集合。与静态的常见问题界面不同，知识库是动态的、不断变化的，并且支持自主学习。这意味着知识库根据顾客需求进行自动更新。在这种情况下，知识库会随着每一个新问题的出现不断进化。顾客不仅可以通过单个关键字，可通过词组进行知识库搜索。

延时回答

当顾客无法从自助服务网站中获得所需答案时，常倾向于电子邮件或即时通信这样的方式。顾客服务代表寻找到答案后会依次对顾客提出的问题进行回复。然而几年前，网络客户可能会满足于 24 小时之

> 当顾客自主寻找答案遇到问题时，电子邮件和短信通常会增加。

内回复的电子邮件，而现在几乎没有人认为这样足以解决问题。当然，对于顾客服务，最致命的是完全不回应。由于电子邮件依靠的是单向交流，造成误解的可能性很高。这种延迟交流既没有效率也没有效果——当然很难达到现今顾客的期望值。

当客户无法在网站上找到他们需要的答案时，就会带来更大量的电子邮件。大批量地处理电子邮件是网站低效综合征的表现，而无法代表有效的顾客关怀方案。

即时答复

更理想化的客户服务可以由**网页聊天**（web chat）或**在线聊天**（line chat）这类方式实现，这种方式成本更高，但常常支持增加顾客的服务选择。当顾客开始抱怨问询电子邮件回应太慢时，企业用在线聊天予以回应。在即时聊天时，顾客服务代表与需要帮助的顾客进行即时（在线同时）交流。所有信息都是基于文本的——双方输入问题并回答。通常，顾客可获得一份完整的聊天记录用以回顾。在 2011 年，19% 的美国在线顾客曾用过即时聊天，试图解决顾客服务中的问题。[2]

聊天室的一个变种是**博客**（blog）的使用。博客是一种由企业或个人进行维护的记录或日志。当其他人还在不断参与到思想共享中时，博客已经充当了一个**在线论坛**（on line forum）的角色。博主在引导公司讨论和塑造公司公众形象中均发挥着一定作用。当许多人为了写博客聚集在网络空间时，他们也在提供着开放、未过滤的反馈以及其他信息。人们在解决服务问题的过程中分享经验时，博客可以发挥服务辅助作用。例如：

- 我在给链轮齿安装蝶形螺母时遇到了困难，但我用一条宽胶带将它固定在适当的位置，问题就解决了……
- 我的一个邻居用两种不同的混合材料封闭了他的车道，让他的车道有了出色、光洁的装饰。
- 任何时候，当你打算升级到 C 模式，首先列出你使用最多的主要功能。有时 C 并不是最佳选择，除非……

博客可以成为一个信息共享的站点，它支持顾客之间互相帮助。很多行业中的精明企业正转向博客，将其作为传播信息和服务提示的额外选择。

> **新视野**
>
> ### 但我不想聊天
>
> 一位大量进行网购的女士指出这样一个恼人的情况：当她暂停购物时，企业网站会弹出一个在线聊天的请求。企业聊天的特点是可以回答与产品相关的问题，从而提供更好的产品信息。但是，有些企业编写系统指令，使得任何时间顾客一旦停止购物用键盘输入，就会收到突然弹出的聊天邀请，这种企业可能给人们一种强行推销的印象。这使顾客感觉是被迫做出购买决定，而她可能更倾向于在闲暇时浏览更多产品。
>
> 企业需要考虑在销售（促使购物者做决定）与服务（满足顾客关注点）间权衡。显然，这个分界常是模糊的，但是不成熟的聊天请求确实会让人厌烦。

> **新视野**
>
> ### 社交网络的激增
>
> 博客和聊天室已经变体为**社交网站**（social networking site，SNS），其中实力最强大的包括 Facebook、MySpace、LinkedIn、Friendster 和 Tagged 等。这些网站将所有年龄段的朋友和同事链接在一个易用的网络中。近期调查表明，社交网站在全球很多国家都很受欢迎，足有 50% 的美国人在使用社交网站。其他发达国家也表现出类似的使用率。例如，以色列 53%，英国 43%，俄罗斯 43%，西班牙 42%。
>
> 不像一些错误的推断，这些网站不仅仅为年轻人所用。社交网站使用者中，增长最快的部分是中老年人。
>
> 像社交网站顾客服务的含义，它的影响力再怎么强调都不为过。试想一下：在过去，不满意的顾客可能只会告诉几个或几十个人他们的经历，当今的社交网络使用者可以告诉成千上万人！幸运的是，对于一些企业，好消息也会传得特别快。
>
> 企业无法承担忽视这些社交网络的顾客服务潜力带来的后果。他们需要宣传解决顾客问题的能力，并直面负面评价。
>
> 资料来源：Pew Research Center, "Texting, Social Networking Popular Worldwide," December 20, 2011, pewresearch.org/pubs/2152.

切记以下几个使用博客的要点：

- 使用博客进行实时在线交流。如果一个与你的问题或组织相关的对话开始，你必须参与意见交换。
- 谨记 80/20 法则；世界上 20% 的人对其他 80% 的人如何思考有着极大影响。这 20% 是博客的活跃阅读者。
- 试理解，几乎 1/3 的美国互联网使用者阅读在线论坛，因此有很大的潜力进行与顾客服务相关的交流。
- 接触那些跟帖的博客博主。可能的话，与他们进行电话会议。让他们参与到问题的解决当中。
- 在博客上传来自你组织领导者的公告 / 评论。这证明你们愿意也能够参与到对话中。

自助式个性化回答

个性化服务——根据顾客的特定问题获得的实时数据——是一个企业可提供的理想的技术支持服务。例如，母亲节前三天，你为母亲预订了一份完美的礼物。礼品店通过各种渠道向你保证，礼物将在那个特别的周日清晨前送达。现在你想知道订单状态，是否已配货？如果是，那么它现在到哪儿了？它是否已离开装货码头？是否在联合包裹快递（UPS）或者联邦快递（FedEx）货车上？这些顾客的请求对于面向网络化的跟单系统来说很简单。顾客输入快递单号，几秒钟后就可以知道包裹所在地。

个性化自助解决方案依赖于网络内容，并满足顾客个人需求的实时定制。网页基于顾客档案进行动态调整（频繁变化）。例如，当一个白金级会员的旅客上网查询预订行程时，可以看到航班动态、航空餐菜单、一份说明白金卡会员休息室和到达口位置关系的机场地图。另一方面，经济舱旅客则只可以看到航班动态。这种个性化服务为会员级旅客提供了定制信息，在重要商务旅客中取得了近乎虔诚的顾客忠诚度。网购达人期待这种个性化，甚至是参与到企业中的机会。例如，这些顾客不但希望从中做出选择，还想提出额外的建议选项。

> 顾客开始期待电子商务中的个性化选择。

> **新视野**
>
> ### 对当今网络一代的顾客服务期望
>
> 有着可观购买力的年轻技术爱好者（常称为网络一代），这一全新的类别正在形成。他们对成功顾客服务的定义超越了传统上对企业的期待。
>
> 当网络一代购物时，交易中他们采取的规范与顾客传统上期待的有着显著的差别。例如：
>
> - **定制**。他们假定企业将提供给他们个性化的产品或服务。他们常要求定制或个性化这一能力，且很难对一成不变感到满意。
> - **监督**。在去商店前，他们会上网，或与朋友（常通过社交网站）核实商品。83%的人在购买产品前，知道自己想要什么。现在，购物包含的只是简单地取走商品。
> - **真诚**。他们比以往任何时候都更在意企业声誉，并乐意同他人分享感受。这个企业应该得到我的钱吗？社交网络像"your company sucks.com"（你们公司糟透了）这类网站，在他们的博客上做着同样的事情，散布消息。
> - **协作**。他们想参与到企业中，从而使产品或服务更出色，也期望能够通过开放交流渠道来实现这种做法。反应迟钝或难以接触的企业会失去顾客对它们的信任，尤其是网络一代的顾客。
> - **娱乐**。网络一代的顾客希望企业能使交易更有趣。由于93%的2～17岁少年儿童经常上网玩电子游戏，他们对传统企业使用的乏味媒介并没什么耐性。
> - **速度**。他们希望企业现在就提供服务。他们采用对请求立即回应的方式（像他们在与朋友即时聊天时得到的）和技术先进的界面。一个反应迟钝的网站会马上失去网络一代的顾客。
> - **创新**。他们希望企业给予最新、最时尚、最潮流的产品和服务。商品更新缓慢的传统模式（如汽车一年更新一次的模式）已经不受欢迎。
>
> 这些规范给企业进入急速前进的经济潮流带来非常大的压力。吸引并维护这类顾客意味着低回应模式的顾客服务可能不再吃香。
>
> 资料来源：These ideas are adopted from, Don Tapscott's excellent book, *Grown Up Digital* (New York: McGraw Hill, 2009, especially pp. 188-192).

☐ 发现基于互联网的电子服务弊端

电子服务（e-service）本身，现在不会也永远不会成为解决顾客联络问题万无一失的策略。对于一些高性价比的渠道（自助式网站、博客、电子邮件、短信和在线聊天）来说，这是一个有益的平台，但对

> 管理不善的电子服务系统会导致服务不佳的坏名声。

有些顾客而言，电子服务永远不会成为老式的电话服务和直接与顾客服务代表联系这些方式的替代品。对于这些人来说，电子服务是"另一种与顾客沟通的渠道"。同样，电子服务只是另外一种必须被设计、被植入和维护的辅助方式。设置一个电子服务方案并不是一件小事，它成本高昂，对可得技术有很高的依赖性。

如同大多信息技术，互联网是一个动态的对象。其使用的硬件生命周期平均不足 5 年，之后便会过时淘汰。软件的生命周期甚至更短，每几个月需对辅助产品进行升级，每 18 个月进行一次全面升级。

> 技术应用是动态的对象——变化率极快。

最终，急于将顾客服务移植到网络和智能手机平台的做法，造成了失败的网站和受挫的顾客这种双向后果，招致必然的坏名声，顾客的感受就像在电话服务中听到搪塞借口后的等待音乐。提供不好的电子服务只是换来了另一个负面的刻板印象。忽视顾客服务的人性化可能将看似低成本的服务变为一个代价极大的错误。

行家博主肖恩·格拉姆意识到几个顾客服务技术的缺陷：[3]

- **技术优秀，等待依旧**。技术公司 Next IT 向 34 位匿名购物者发起了有关四家《财富》500 强企业（一个家庭娱乐供应商、一个汽车租赁公司、一个国内零售商、一个家庭娱乐零售商）的在线聊天。首次应答的平均用时是 5.6 分钟，平均聊天时长 18.5 分钟，总互动时间为 24 分钟。
- **时间值得占用吗**？在聊天中，只有大约 60% 的时间收到的是准确信息。除准确性外，55% 的问题会升级为电话解决，基本上否定了聊天的价值。
- **机会错失**。只有 1/4 的顾客称曾有满意的服务经历。所有这些意味着电子支持有显著的机会提升质量和效率。

☐ 运用行动要领以避免电子服务中的问题

尽管互联网在建立顾客忠诚方面有巨大的潜力，但如果运用不当也会导致挫折和失败。通过将下列行动付诸实施，企业可以顺利在互联网上呈现卓越的风采。

行动要领 1：可登录且速度快

你是否曾登录喜欢的网站准备做些在线交易，却发现网站出现故障？这就好像在上班时间去公司却发现大门紧闭。当网站罢工，你也随之停业。更糟糕的是，你的竞争对手和你不断增长的不胜其烦的顾客只有一键单击的距离。对于寻求帮助的顾客（很可能已经受挫）来说，一个无法登录或反应迟钝的网站是极其烦人的。顾客无法实现自主在线解决问题，这种情况通常会更糟糕。现在你的公司需要应对三个问题：可操作的网站、饱受折磨的顾客及顾客的原始关注点。

或者，你是否曾因用好长时间来打开一个网站而感到气馁？如果一个网页的加载速度超过了几秒钟，大多数访客不会再逗留。现在互联网可以光速般接入，几秒钟就可以说是太慢了。当今的顾客可不愿等待。

因此，成功电子服务的首要原则就是可登录且快速。当顾客点击你的企业页面，他们就希望可以进入。很多企业花大力气来提供稳定的**冗余服务器**（redundant serves，冗余指的是用后备程序来确保如果服务器一个部分出现故障时，其余部分会接管以保证正常运行）。其目标是 99.999% 的正常运行时间以及快速的网页下载。

行动要领 2：界面友好

友好性和良好的职业道德应该应用于所有客户交流中。不论是面对面，通过语音或是在线聊天，或印刷资料中，语言都应该协调、简单、自信，并传达出强烈的服务意愿。避免嘲笑、生硬的单字回答、不必要的推脱给其他部门及模棱两可。

顾客，特别是在过去的人口统计资料中，面对基于网页的服务应用常感到困惑和不知所措。对于设计和升级网站、培训提供网站聊天和邮件功能的服务代表来说，首要任务是使语言简单清晰。

行动要领 3：简化网站导航

网络顾客服务应该只是点击一下鼠标的事。一旦顾客进入某人主页，只一次点他们就应该能够转入顾客支持页面。并且他们不必搜索整个主页去寻找按钮、选项卡或者超链接。

网站导航应该简单明了，页面间的跳转配合一致。顾客应该总有路径可以返回特定页面，或者通过点击浏览器的返回键退出。迫使顾客停留在一个网站，或浏览迷宫一样复杂的页面，会使好的服务事与愿违。

> 顾客不会忍受导航困难的网站。

行动要领 4：快速响应

现在电子游戏一代希望游戏机、台式电脑和运动跑车都能反应速度超快。刷新电脑屏幕等待两三秒钟以上对于他们来说是无法接受的。

但是网站的这种性能只是快速响应的一个方面，更重要的是对顾客问题的快速响应。再次说明，标准在提高。曾经人们对 24 小时内回复的电子邮件甚为满意，现在这个时间则太久了。如果员工无法立即回应，应自动回复告知顾客消息已收到以及何时能收到详细回复。对于类似在线聊天的动态方式，应保持实时对话那样的沟通速度。面对顾客请求，五分钟或者更长的时间停顿会让顾客疑惑聊天是否已经终止。很快，顾客会在聊天界面中输入"你还在吗？"

行动建议 5：提供无缝的连续解决方案

基于互联网的顾客服务应给用户提供连续解决方案。如果网站的常见问题部分不能解决顾客的问题，逻辑上下一步进展可能是聊天。如果聊天仍无效或过于累赘，与真人进行语音交流会让人乐于接受。通过这个过程引导用户，顾客会感觉离解决方案越来越近。例如，"无法解答您的问题"或"点击这里与客服代表沟通"这样的图标应该很容易找到。

行动要领 6：提供人际沟通选项

随着世界愈加高科技化，更多的人渴望得到高接触服务或非电子化的联系方式。在顾客服务的领域中，互联网几乎是高科技的同义词，与高接触服务或个人服务相对。在某种程度上，顾客会对种类繁多的自助选项或是字节构成的远程交流感到徒劳无益，他们会寻求与人沟通的方式。解决方式如我们讨论过的，可能是提供几种不同的备选沟通方式。但最终，对有些人来说，类似电话这种低科技的方式是最好的选择。一些顾客仅仅需要人际接触——可以和人对话，这类选择应当得到提供。

在网站上显示电话号码。隐藏电话号码，尽管可能推动顾客使用对于企业来说更高效的电子服务，却不言而喻地送给顾客一句"我们真不想和您聊天"。

行动要领 7：注重形式和功能

现在的技术可以保证企业网站的动画制作，256 种字体、1600 万种颜色，但这并不意味着网站必须全部使用。顾客服务网站应该功能齐全并且赏心悦目，但是不必事无巨细或是具备所有功能。这样的"形式"可能会使人迷惑，尤其在顾客想得到尽快答复时。

成功的网站，像那些现代电子游戏网站，是团队努力的结果。平面设计师、可用性工程师、数据库管理员、内容专家和程序员都发挥着作用。形式应当支持功能，保持和当前顾客的技术预期一致，避免单纯为了运用技术而用过于花哨的技术。最具顾客友好性的网站避免了不必要的杂乱，保证网站简明实用。

服务快照

怀尔德的地垫产品网站

埃里卡·怀尔德（Erika Wilde）经营着一个地垫生意网站，网址是 www.StopDirt.com，提供各种工业地板垫和编席产品，包括自有品牌产品，对于有此类需要的顾客来说，她的网站非常易用。当顾客与怀尔德的网站取得联系以获得个性化信息或描述遇见的问题，她会迅速回电话给顾客。她乐观的品格使这种迅速且非常个性化的服务变得更好。这同样有助于她与顾客建立"手牵手"的关系，顾客总会对他们获得的个性化服务的水平留下深刻印象。因此，她借助更优的信息和热情的电话沟通技巧超越了顾客的预期。

在互联网上做交易并不意味着必须放弃其他沟通方式。通常，电话是电子商务的补充，它为传递人性化提供机会。

☐ 运用行动要领评估并提升电子服务效率

科技和顾客期望都是在不断变化的，你的企业必须适应这种变化。下面的行动要领可以将网站服务的效力提升到新的阶段，给予顾客更好的体验。

行动要领 8：追踪客户流量

互联网最好的地方在于企业可以利用合适的软件追踪一切。企业可以利用专业"**网站分析**"（web analytics）公司提供的服务——测量、收集、分析及描述互联网数据，以领会和完善互联网应用（领先的网站分析公司包括 Coremetrics、Unica、Omniture 及 Mondosoft 公司，搜索这些公司，更好地理解它们的服务和软件）。

数据分析可以告诉这些企业顾客登录网站的"**点击路径**"（click path），以及顾客是不是首次访问（点击路径是顾客为登录网站点击过的所有 URL 或网址的记录）。它们可以追踪服务解决和放弃率，网站平均接入时间和频繁请求等。如果企业想知道应该在哪些方面多花时间从而更好地服务顾客，那么它们就应该追踪顾客的足迹，然后应用数据分析，系统性地改善网站。试想这些数据是超竞争环境下导致顾客服务失利的原因。

行动要领 9：设立服务水平标杆

标杆管理指的是保留关于现存服务水平的精确数据。成功做到顾客关怀的网站会设立**标杆**（benchmark）与自身和最优秀竞争对手进行比较，这些数据可用于设立未来目标。典型的被监控服务包括网站正常运行时间、网络聊天咨询的平均响应时间、每天已解决和未解决的客户疑问的数量。这些数据可以自动收集，但是管理需要对数据进行复审，为不断改善制定战略。

行动要领 10：建设学习型网站

如果网站的内容仍和上月一样，那么它只能满足上月顾客的需求。成功的电子服务要求学会下列事情：

- 什么样的顾客服务解决方案可行，什么不可行。
- 什么内容漏掉了。
- 不满意的顾客终止于何种点击路径。
- 顾客提出了什么新问题。

一些商业软件会对网站活动和企业知识库新内容的自动更新进行搜索。不论企业是选用这种软件赋予网站"学习"能力，还是由工作人员进行内容更新，适应性的、动态的网站会让顾客知道企业正倾听并对他们的需求予以回应。

行动要领 11：建立前瞻性的电子商务关系

成功的人际关系需要双向沟通（口头或非口头）。人们有时主动发起对话或行为来建立关系，有时因回应其他人而建立了联系。然而，传统顾客服务主要倾向于由顾客发起，因此大多是回应式的。然而，电子服务给了企业额外的机会获取主动权——拥有前瞻性。为了建立电子商务关系，企业可以简单地给顾客提供电子邮件提醒。"更新通知"就应用了顾客的电子邮箱。产品、目录或内容中每一个部分的变化，企业都可以自动发送适当的邮件给客户。请注意，避免明目张胆的销售，这将给客户带来压迫感而不是为他们关注的问题提供解决方案。

企业应确保事先获得顾客的允许。发送不需要的电子邮件（垃圾邮件）只会破坏客户关系，而非加强。如果顾客确实同意接收提醒，企业也应该在每封邮件发出时允许顾客将它们的名字从提醒名单中删掉。

行动要领 12：留下更好的印象以获得更高的忠诚度

传统人工顾客服务的一个常见模式是，首先为任何不便而道歉（以表关心），然后解决问题（彰显能力），最后打出求和牌（给予安慰），如一份小礼物或顾客忠诚计划中的附加分。最后一步是为了画上一个圆满的句号，让公司给顾客留下积极的印象。在基于互联网的顾客服务中，即使帮助顾客进行自助服务是关注点，但是与客户建立和睦关系仍是有意义的。

> 对顾客访问和使用你的网站表示感谢，这有助于建立商誉和顾客的再次使用。

在顾客注销登录前，企业一定要记得感谢其访问。为了重建商誉（如果顾客遇到过问题），在适当的情况下发出某些和解信号——再次购买的折扣、包邮或是额外服务。你当然希望他们的网站访问过程是愉快的。

☐ 最终思考

当今基于互联网的顾客服务给顾客交易提供了低成本途径。获取常见问题解答，查看订单状态，甚至探究发货单详情，在支持互联网的顾客关怀服务中心上都是很容易完成的。互联网使建立和维护客户关系更加简单。我们都对网络技术充满期待。但是，负面问题同样存在，一些网站比大型游戏机还要复杂和难以驾驭。如果疏于管理，它们只会失去顾客，而不是提供优秀服务。

成功的企业会对它们的网站、博客、短信、在线聊天和电子邮件操作进行周全的考虑。现在几乎没哪个企业可以脱离电子平台仍得到发展。人们只是希望可以通过这些媒介与企业进行沟通。所以，要抓住机会用卓越的电子服务给顾客惊喜。

自我反省

你所在企业能把网站用到多好

既然你已经有机会发掘互联网在建立顾客忠诚度中发挥的作用，现在不妨来看一看你所在企业做得如何。如果你所在企业目前正拥有一个网站，那么占用一分钟时间完成下面的调查。如果你不在这类企业中工作，选择一个你访问过的企业网站，试想自己是企业中的一名领导，并尽可能回答下列问题。

	是	否	不知道
1. 你们的网站是动态的吗（不只是一个发布的手册）？			
2. 在你们的网站上，顾客能否快速找到最常见问题的答案吗？			
3. 常见问题部分是否根据顾客输入进行经常性更新？			
4. 你们是否会在两小时内回复所有顾客电子邮件？			
5. 顾客输入能否自动修改网站内容（也就是说，除常见问题外，他们能否参与信息共享）？			
6. 你们的网站是否有在线聊天或致电选项？			
7. 在你们的网站上，顾客能否轻松追踪请求的状态？			
8. 顾客能否方便地联系到工作人员？			
9. 你们是否监控顾客回访网站寻求信息的频率？			
10. 你们网站中的信息是否以简单易用的格式（包括视频剪辑等）呈现，而不是纯文本？			
11. 访客能否很容易地通过电子邮件、短信或脸谱网之类的社交网站，收到自动发送的更新信息？			
12. 你们的网站能否捕捉并和员工分享有用信息，以便他们理解并适应顾客的关注点？			
13. 客户是否曾由于你们的网站极其实用而赞扬你们的公司？			
14. 如果想最大限度地发挥网站潜力，你们会使用系统的网络分析来做决策吗？			
15. 你是否会追求信息的一致性，从而使电话上给顾客的回答与网站上一致？			
16. 你是否会检查所给建议的准确性，并在必要时作修正？			

> **评分：**
>
> 如果答案"是"的数量大于等于10，说明你所在企业电子服务的健康状况非常好。任何小于这个数的结果都应该提醒你们去重新审视在线顾客服务策略。

重要观点总结

- 互联网是提供顾客服务潜在的有力手段。在很多情况下，企业没能最大限度地发挥其服务潜力。
- 在线知识库使顾客解答自己的问题成为可能。这种知识库最好的地方在于它是动态的，并随着顾客输入的过程不断"学习"。
- 电子邮件为顾客请求提供了延时回答。典型顾客服务的一个重要原则是，告知所有顾客电子邮件已收到，且在两个小时甚至更短的时间内回复——通常小于两个小时。只要真正地及时跟进，一个即刻的确认收到回复信息是可以接受的。
- 在线聊天是对互联网聊天室技术的改进，这种方式使顾客和服务代表间进行双向交流成为可能。博客和社交网站可以提供类似的功能。
- 网站分析和标杆管理（与其他的相比），为网站效率的不断提升提供数据。对象是动态的！
- 与传统顾客服务渠道（如电话联系顾客）相比，互联网自助服务具有显著的成本优势。即便如此，一些顾客仍偏爱与真人进行"人际交往"。
- 电子服务不仅具有成本效益，同时也会带来额外的好处，如改善顾客关系。然而，管理不善的电子服务会使可能的成本节约化为乌有，并导致客户流失。
- 提供成功的电子服务需要注意几个因素：网站正常运行时间、导航简单明了、规范、服务器速度、个性化、恰到好处的网站设计、标杆管理、流量监控、自适应知识库、主动沟通和顾客忠诚度计划。

关键概念

标杆管理	博客	知识库	在线聊天
常见问题	社交网站	在线论坛	网站分析
网页聊天	垃圾邮件	点击路径	电子服务

事实回顾

1. 用你自己的话描述本章应用网站的顾客服务的分类。（如果现在你被聘用）你们企业应当充分利用什么？
2. 在何种程度上"网络化"顾客服务对于所有类型的企业同等重要？识别可能存在的例外。
3. 总结基于互联网的服务有哪些优势和劣势。
4. 为了最大限度地利用互联网服务——通过系统的数据评估——详细列出你希望通过网站分析得到的答案。如果是现成的，这些数据为什么有用？
5. 通过何种方法企业可以使网站更加高效，并逐步提供更好的服务？近些年，顾客对网站的期望是怎样变化的？

实战：探索电子服务世界

1. 选出三个你最喜欢的企业或组织，分别查询它们的主页，调查它们提供的在线顾客服务。它们是否包含主要电子服务渠道，如常见问题、电子邮件和聊天？还提供了什么额外的在线服务？
2. 假设你购买了一件技术产品。带回家进行连接，却发现它无法正常工作。选择一个主要供应商，连接到它的顾客服务网站。对网站进行导航分析，为了解决问题，你需要接入多少次链接？你是否能够实现"自助服务"，或者你是否不得不联系顾客服务代表？如果接受了服务，联系顾客服务代表是否容易？使用电子邮件网上聊天或是电话了吗？
3. 登录一个已经建立的互联网零售企业的顾客服务网站（如 www.amazon.com、www.overstock.com、www.proflowers.com），同时登录一个相对新进入互联网的站点（如艺术工作室或汽车修理店这样的当地企业），记录下从一个网页转至另一个网页所需的时间（如果条件允许请使用秒表）。发送一封电子邮件，看看多久能收到回复。比较两个电子服务供应商的表现（速度），这些企业能满足你对速度的要求吗？
4. 找出一个未在网络平台上提供顾客服务的企业或机构，设计一个方案来创建基于互联网的电子服务。列出主要步骤大纲，你不必把每个细节都具体化，只是企业将部分顾客服务过程转移到互联网上时所涉及的主要决策和步骤。
5. www.archive.org 是一个吸引人的网站，被称为互联网时光穿梭机（Wayback

Machine）或互联网档案馆。你可以回看一个早在1996年的网站，看看当时它是什么样子。

选择几个受欢迎的或者收藏夹里你经常使用的网站。使用时光机看一看过去几年它是怎样改进和变化的。然后描述每个网站发生变化（或未作改变）的五个主要方面。你能找出什么趋势吗？顾客服务中互联网的使用说明了什么？

思考案例

剔除无利可图的顾客

布鲁诺·勒布朗（Bruno LeBron）最近被任命为一家中型B2B咨询公司的技术官。他们公司在其他企业在开设新店、餐馆等时，帮助计划选址。尽管为顾客提供卓越服务一直是公司的核心价值观，但是布鲁诺担心他的员工花费了太多时间为无利可图的顾客或潜在顾客提供电子服务。而且，更多的情况下，员工只是互相闲聊，而不是高效地为顾客工作。"我怎样才能让我的员工只在重要客户身上花费时间和精力呢？"他思考着。

在读过一份关于商业法则[4]和互联网的在线"白皮书"之后，他想到一个办法。就是这样，他心想，我要把一些法则付诸实施，以防浪费太多时间。当他对这个想法深思熟虑后，他让技术人员安装了呼叫控制系统，这样他的员工就会：（1）无法与其他内部员工进行在线聊天；（2）不能处理指定领域外的顾客；（3）只能处理被认定为是高价值的顾客或潜在顾客的来电。"这应该有效，"他想，"我会将胡说八道（他的措辞）最小化，保证员工关注真正的客户和真正的问题。"

问题

1. 你认为在何种范围内布鲁诺的方法会奏效？
2. 实施这种系统可能会存在哪些负面影响？
3. 如果你是布鲁诺的老板，你有何建议？

思考案例

互联网的未来

互联网的未来会是什么样子？很多人曾记述过互联网，它曾被描述为人类最伟大的技术之一。但是，随着时间的推移，技术急速变化。例如，事实上所有互联网用户过去常常使用互联网入口软件上网，如微软IE浏览器或Mozilla火狐浏览器。现在人们通过手机、平板电脑或其他设备上网，使互联网覆盖范围更广，影响更深远。当专家被问及他们是否认为商业开发了互联网的全部潜能时，大多数人认为我们对这种通信技术的应用仅仅是九牛一毛。例如，专家说几乎每天都能看到网络化设备的新产品发布。他们期望看到数以十亿计使用网络进行沟通的设备。这不仅对人际交流或知识共享有巨大的价值，同时也可用于管理和控制各种设备。

设备之间将可以彼此通信，因此娱乐系统可以通过网络进行管理，甚至家庭和办公室设备可以通过智能手机控制。一旦这些设备可以进行彼此互联，这就意味着第三方可以用软件为这些设备提供服务，进行交互和管理。这可以为顾客服务增加一个全新的维度。

问题

1. 实际上，如果互联网可以提供更多的方法使设备间彼此通信，这会对顾客服务产生什么影响？

2. 关于在线维修、配置调整和新功能，顾客可能会持有什么新的期待？

3. 试描述这些"未来主义的"在线服务如何影响你所在或熟悉的企业。请发挥你的创造力。

不断实践以构筑顾客服务战略

让我们再回到那个你选择的案例。你可以选择你现在的公司，具体某个你想去的组织，或者是在第 1 章提到的两个假设组织中的一个：独立汽车销售与服务公司（IAS）或是网络营养品经销公司（NND）。当你构建一个顾客服务战略时考虑以下问题。

战略规划问题

1. 检查你们公司或类似 IAS 和 NND 公司的网站。使用"时光机"，在 http://archive.org/web/web.php 查看网站的进展，写一个能包含这段时间主要改进的报告。

2. 以本章讨论过的思想为基础，设计一个对上述网站进行进一步改善的方案，包括对你推荐步骤的优先级排序。

3. 调查移动通信设备使用的扩张对你选择的企业有何影响。企业怎样通过智能手机或平板电脑的应用,更好地提供服务和提高文本处理能力等。如果你正在就你自己的(真正的)公司作报告,请包含与公司中的人员进行关于技术规划谈话时的发现。他们的优先级是怎样的?

□ 注释

1. The author acknowledges the work of Dr. Christopher G. Jones, Professor of Accounting at California State University—Northridge for developing some of the material for this chapter.
2. Forrester Research data cited by blogger Shawn Graham in "The Dismal State of Web-Based Customer Service," August 15, 2011, www.shawngraham.me.
3. Graham, The Dismal State of Web-Based Customer Service.
4. An example of such a "white paper" is one by Jackson Wilson, "Business Rules and the Internet: The Good, the Bad, and the Ugly." Vendor whitepaper published February 1, 2006, http://callcenter.knowledgestorm.com/search.

第 2 篇

LIFE：洞察力

在我们由首字母缩写组成的单词 LIFE 中，第二个字母"I"代表洞察力（insight）。顾客服务专家（希望包括我们）通过对以下两个方面的了解极大地提高他们建立顾客忠诚度的能力：

1. 顾客可能经历的潜在不愉快消费；
2. 在处理顾客及其需求方面转变趋向。

关注上述两个方面能够阻止顾客不满意甚至是受到虐待的情况发生。

接下来的两章重点在于这些洞察力及专家怎样在我们的公司没有提供最好的服务时，减少对顾客关系的破坏。第 6 章重点介绍识别和处理会影响顾客忠诚度的潜在不愉快消费的方法。第 7 章讨论洞察力可能会改变客户服务格局的新兴趋势。这两章的主旨是刺激思考，并且研究可有效避免破坏我们已建立顾客忠诚度的方法。因此，让我们提高洞察力，以持续提供卓越的客户服务。

CUSTOMER SERVICE

第6章

识别和处理顾客流失

顾客保持得分

学习目标

1. 锐化你洞察糟糕的服务给顾客带来抱怨的能力。
2. 将顾客流失分为价值流失、系统流失和人员流失。
3. 了解顾客流失的降低可能成为最好的广告形式。
4. 理解将容忍区域内顾客移入到忠诚顾客群体中所能获得的巨大价值。

高速公路上的故障

一位跨国旅行者讲述了这样一个故事：

在最近的一次跨国旅行中，我的汽车在托莱多南部的俄亥俄收费站爆胎。当时是周五的晚上6点，气温超过了38摄氏度，而且车流量很大。在后轮像爆炸一样爆破后，我的车子在路中央"跛着脚"躲避快速行驶的车流。我打通美国汽车协会（AAA）热线，一位缺乏同情心的接线员操着单调的声音接待了我。她机械式地让我汇报了我的会员卡号、卡的有效期、地址、家庭电话以及关于我汽车的详细描述、我妈妈的名字、我长孙的名字以及其他类似信息（有一点点夸张，但大体上是这种感觉）。在通话过程中，我一直尝试向她解释在旁边有时速128公里的呼啸而过的大型装备车的公路上等待的危险性。

她问我："你的确切位置是哪里？"我努力告诉她我的大概位置。但那样不行，她需要我提供一个确切的路标。因此，一直到我能够找到一个路标，我都在忍受着38度的高温，我在卡车轰鸣声中朝着手机喊叫。然后她告诉我一辆拖车将于"45分钟或更短时间内"到达，并且要我在看到拖车将近时，跳出汽车向他们挥旗示意停车。这样，才能让他们知道在68路标的中央，那辆爆胎的白色的雷克萨斯是我的。

50分钟之后,我又重新打了一次电话去催。我问道:"那辆拖车今天真的还会来吗?"一个不同于刚才的相对富有同情心的接线员接听的电话,汇报完会员卡号等全部信息后,他告诉我他需要确认一下他们是否接到了我的电话。我持机等待了4分钟。我有些泄气。然后,他简单地道歉"很抱歉让您久等,拖车被调到一个事故现场去了",并承诺拖车会在"25分钟或更短时间内"到达。我继续等待。

故事的结尾还算愉快。拖车司机是一位非常友善的人(他的T恤上写着他的名字保罗)。他立即向我道歉,并解释他接到电话后,从80公里外的地方赶过来。他立刻投入工作,为我修理好轮胎,使我又重新上路。同时我也有一个惊喜的发现:我的新车居然有一个完整的备胎。谢谢你,雷克萨斯!

保罗真是帮了我大忙。如果我尝试着自己更换轮胎,或许会由于螺母的特殊性而将它不小心弄丢。保罗很了解他的工作对象,我甚至在他的大钳子下找到了一种安全感。尽管最初的"45分钟或更短时间"已延长为现在的1小时18分钟,我被从俄亥俄州托莱多来的叫保罗的拖车司机命名为3A级顾客。

1984年,几分钟前的一位3A级雇员差点失去了我这名顾客,保罗的行为弥补了那位接线员电话中的不友善行为。雷克萨斯上配备的备胎,使我朝着成为一名忠诚的顾客迈进了一步。

我们都体验过不尽如人意的客户服务。尽管事实上所有的公司都在努力用最好的服务来招揽顾客,但是客户流失的现象不可避免地会在单个企业甚至有时会在整个行业中出现。

如果我们在教科书中看到这样一个例子,说一个有名的行业为顾客提供华而不实的客户服务,那么只要看看商业航空公司就明白究竟是怎么回事了。由于行李托运、改签、食品的高额售价等名目不清的零星收费(通常是小规模的),均导致不同程度的顾客流失。顾客的牢骚在一个本该愉快的旅行中像喷泉一样涌现出来。

另一个由于服务问题导致声誉受损的行业是有线电视提供商。"有线电视修理工"已经成为了服务不佳、过高收费以及各种烦恼的代名词。当然,用这种粗枝大叶的方式描述整个行业是不公平的。主要为佛罗里达地区提供服务的光明屋（Brighthouse）网络公司普遍享有较高的声誉。尽管它每天都面临着要提供持续优质服务的挑战。一对新近搬到佛罗里达的夫妇听到了许多关于光明屋网络公司的正面评价，他们甚至充满感激地告诉安装工，他们是多么期待贵公司的服务。这个安装工一脸迷惑，好像他从来没有从顾客口中听到过这么高的评价。当顾客打电话汇报问题时，他们接到的是积极乐观的客服中心人员转来的特殊的电话支持。不幸的是，这些修理工（他们中的部分人员是光明屋公司雇用的独立承揽工）并不具备呼叫中心人员所需具备的阳光性格。总言之，光明屋网络公司还是一家不错的公司，尽管他们的服务重点有时没能达到标准。对任何一家公司而言，一个重要的挑战是提供持续的、零顾客流失率的服务。每天，失望折磨着许多顾客，甚至在今天所谓的"服务经济"时代也不例外。

□ 特别注意：识别顾客服务最让人难以接受的事

试试这个：在一群人中（人越多越好），先问他们一个问题，请大家举手示意，"你能够记起你作为顾客所经历的劣质服务吗？"然后再问，"你能够记起你作为顾客所经历的高品质服务吗？"通常，人们会针对第一个问题快速地举手，而几秒钟思考后才会对第二个问题有反应（如果他们有反应）。关键点就是消极的经历——我们在这一章中研究的顾客流失——在我们头脑中根深蒂固地存在，并且会被快速记住。

无论何时，只要你召集一些人在一起，让他们谈论作为顾客所遭遇的不满意服务，你将听到一大堆抱怨。事实上，我们对遭遇低质服务的情况及购买到不满意产品及服务的地点印象会非常深刻。

顾客服务培训课程通常是以让参会者谈论那些令他们气愤的经历并列出一系列的抱怨开始。你会发现这非常有利于清晰地表达个人抱怨，花一点时间列出导致你作为顾客流失的具体事项。

自我反省
我在顾客服务中的不满意经历
快速列出你作为顾客所遭遇的 10 个具体的不满诱因。哪些事情在业务活动

中曾经激怒了你？设想一下服务情景：零售店、服务部、餐馆、政府部门等。尽可能详细地列举出激怒你的事例，不要只是简单地说"服务不佳"或"质量低劣"。

1.
2.
3.
4.
5.
6.
7.
8.
9.
10.

进一步研究发现，下面这些诱因可能会出现在你的列表中：

- 被忽视、遇到粗鲁或不友好的服务。
- 等待时间过长。
- 修理工作没有解决问题。
- 产品有缺陷或部分零件丢失。
- 热卖中的商品无货。
- 商品价格没有标明，需要到收银台确认。
- 脏乱的设施（尤其是餐馆或休息室）。
- 嘈杂的环境。
- 电话需持机等待或需要你在一大串菜单中进行选择。
- 员工缺乏商品知识（试图去"蒙"顾客）。
- 高压销售策略。
- 员工轻视你或使用令人困惑的术语。
- 不能灵活应对你所提的要求。

在上述清单中找到你抱怨的问题了吗？

> 每个人都有作为顾客所遇到的令人气愤的经历。

尽管还有许多其他可能的情况，但多数人会在这里找到相似的问题。

□ 获得洞察力：什么导致顾客流失

知己知彼方能百战百胜。在顾客服务方面取胜的首要策略就是要知道什么导致顾客流失。哪些情况会导致失去（也许永远失去）顾客、合作者或员工？

"什么导致顾客流失？"作者通过研究分析了大约2000种开放式的评论。这些数据从价值诱因、系统诱因及人员诱因三个方面表明企业顾客忠诚度丧失的诱因。我们在这一章将详细介绍这三个方面。下面这10个顾客流失原因占这项研究参与者所有意见的97%：[1]

价值诱因，包括：
- 售后服务不佳或退货不畅；
- 质量没有预期的好；
- 商品不值所付价钱；
- 太复杂或使用方法不易掌握。

系统诱因，包括：
- 服务慢或无法寻求帮助；
- 商业场所脏、乱、差；
- 产品供选择的范围小或可利用性偏低；
- 位置、布局、停车或通道不方便。

人员诱因，包括我们在第2章讨论过的行为因素：
- 缺少礼貌、不友好或心不在焉；
- 员工缺乏专业知识或不能解决问题；
- 漠不关心的表情、不修边幅的打扮或令人讨厌的习性；
- 令人心烦的服饰、穿孔或文身等。

后续的调查和进一步的研究表明，上述分类为探索顾客不满意的根源提供了有益的分析框架。接下来，依次对其进行深入的研究。

价值诱因

如果顾客感觉到接受的产品或服务是低价值的，这将会成为其流失的基本原因。简单地说，劣等产品或松懈的工作态度将让顾客怒不可遏。

低质商品是价值流失原因之一。价值可简单地定义为：质量与所付价钱之比。例如，你在一家折扣店花 0.79 美元购买了一件一次性的便宜商品，如果它们很快就坏掉，你也许不会感到失望。但是，如果你花 79 美元购买了一支金笔（因为它很贵，所以也许可以称其为"书写工具"），结果它在你的衬衫口袋里漏水了，这次会使你十分气愤。

如果你签了一份健身馆的会员及私人教练的合同，但是教练听不懂你的特殊需求，你将会体验到价值诱因。如果你花较大的费用购买了汽车、家用电器、计算机或专业服务等，但是它很快就坏掉了或无法满足你的需求，你将会体验到价值诱因导致的不满。

> 价值是商品质量与价格的函数。

高层领导定义"价值主张"。组织领导者承担着为顾客提供正确价值（避免价值诱因）的主要责任，正是他们决定商品或服务的销售。他们定义营销人士所谓的**价值主张**（value proposition），即企业意欲与顾客的交易的东西。在只有一个人的企业里，企业所有者定义价值的质量／价格公式。如果你经营一个柠檬水站，你要决定柠檬和糖的比例是多少（理想的方法是，根据顾客的喜好来决定）；如果你开办的是汽车销售业务，你需要决定是销售本田或雷克萨斯，还是福特或林肯，你可能需要在新的汽车经销商或专门从事低成本、基本运输的二手车经销商之间进行选择；如果你提供税务策划服务，你需要决定是雇用将数据输入到软件程序中的员工，还是能够指导员工税收筹划的注册会计师。

上述的每种策略效果都会很好，但是在顾客眼中，价值感知（与价值有关的商品质量）将会是不同的。

组织中其他的员工会影响价值，但是组织中的高层管理者承担着确保价值主张正确的责任。价值诱因的减少取决于高层管理者。

系统诱因

说到系统，许多人会想到计算机或电话。但是，在顾客服务环境中，系统这一名词意义要更广泛。这个术语在这里主要是指向顾客传递商品或服务的程序、步骤或政策。系统是我们用于向顾客传递价值的程序。当从这个角度看时，系统也包括以下非技术性的事物：

- 公司位置、布局、停车设施以及电话的便捷性；
- 员工的培训及人事配置；

- 处理顾客交易的记录系统；
- 售后服务及商品退换政策；
- 送货或取件服务；
- 商品展示；
- 顾客跟踪程序；
- 计账及会计处理程序。

> 系统诱因与提供给顾客的商品及服务有关的程序、步骤及政策相关。

管理者对组织系统负有责任。在多数企业中，管理者承担着降低系统诱因的责任。这是因为系统变革经常需要消耗企业资源（如新的位置、重构、附加的雇用及培训，以及增加配送服务），这些都要由管理者来决策。但是，不具有管理职责的一般员工能够并且应该为系统变革提出建议。

> 有权利投资修复系统的管理者必须重视系统诱因。

管理者能够从不同层面的员工中获有益的改革建议，但是最终必须由管理者发起并为系统变革提供资源。

系统有多重要？有些人反驳说大多数顾客服务问题是由于系统错误或不合理的系统应用引起的，而每一个组织都需要通过系统使业务保持持续及有序。反过来也是如此。

新视野

令人注意力分散的网站使价值减少

有时，少即是多。许多企业在网站上增加了过多的铃或哨（或打印的文件等），但是这些将会在一定程度上损坏浏览者的体验。这些具有"过度杀伤力的设计"着实会使用户的工作变得困难，而不是为顾客提供有用的信息，有效性被迫退居二线。

例如，在一个主要城市中，你打开一个必胜客网站时，会出现一个提示你网页正在加载的动态状态栏。好吧。我想我知道是这样的。然后，一个上下跳跃的红色皮球随着餐厅名字的展现随机地出现在页面上。最后，这个网页完全打开。

接下来，迎接顾客的是一张与菜单选项成一体的大幅赞助商照片，当你将光标移到上面时，会发出很大的声音。这种视觉上的商务服务没有一点实在意义。

> 看到这个网站的第一眼时,顾客想要得到的东西显然没有出现。营业时间、电话号码及餐厅地址这三个重要的信息,需要顾客坚忍不拔地多次点击才能看到。
>
> 对于大多数顾客来说,屏幕上爆出的一个华丽的动画(伴着音效)会使顾客的注意力从简单的商务信息中分离,顾客会从这种建立关系的方式中流失。
>
> 资料来源:由 Steven R. Jolly,2012 年 2 月 21 日的博客 "Overdesign Is a Major Customer Turnoff" 改编。http://www.srj.netblog/2012/2/21/overdesign-is-a-major-customer-turnoff.html.

缺少持续性通常也是一种系统诱因。商务咨询顾问迈克尔·格伯(Michael Gerber)认为,系统是商业成功的最关键要素。他引用汉堡巨头麦当劳作为例子。在一本宣传格伯的"电子神话课程"宣传手册中有一段内容,描述了格伯给一位叫默里的客户提供服务的情形,由于每天事务缠身,默里无法让他的公司健康成长起来。格伯将他的这一片段起名为"爱上麦当劳的日子"。他的描述有助于我们更好地理解优秀系统的重要性。

> 与默里的会晤结束时,我已经精疲力竭。几页记录和几小时的谈话内容在我的头脑中萦绕着,并且我开车回家还要走很长的距离。我需要一些时间来整理我的思绪。所以,我推门进了麦当劳,随便吃几口东西并顺便整理我的笔记。

他继续讲述他的困惑,不知道从哪儿开始着手分析他的客户默里的企业。默里很爱他的产品,并且对未来充满着希望。格伯感觉到了什么地方不对劲,但是他无法确切地说出。接下来的事情给了他启示:

> 也许是命运的安排,那天是我第一次同一天光顾了两次麦当劳。突然,我的余光看到一位女士走到了柜台前,年轻的女服务生问她需要什么?一切都很正常。但是,有些事情引起了我的兴趣,那就是她说话的方式及所说的内容。

他继续讲述他从东海岸到西海岸已经去过若干次麦当劳,他接受过各类服务员提供的服务,并且不管在哪里都感觉很舒服,因为他们知道他需要什么,并且感觉能够控制他的体验。他继续他的总结:

在那一刻，我明白了麦当劳成功的秘密。哇！多么令人惊讶的发现呀。我立刻发现这个秘密能够应用于我的工作中……这一秘密的精髓……即他们对每一件事都是系统化操作。不必考虑谁接替谁工作，所有的员工都熟知这个系统……没有犹豫不决、没有困惑、没有难看的脸色，也没有沮丧的表情。这一切都像是上了润滑剂的机器。

格伯的观察展示了有效系统在公司经营中的重要性。明确、有效的系统能够使员工和顾客双方都感到舒服和自信。在系统设计及员工培训方面的失败，将会导致系统无效，并且会导致顾客服务流失。

> 创建和保持持续卓越的系统是管理的一项重要职责。

重复一个重要的提示："系统诱因"的概念要远大于技术方面。在顾客服务的环境下，"系统"包括大范围的因素，从商品选择、公司位置、政策和程序、顾客便利性以及舒适度，到雇用及员工培训，当然也包括技术系统。如你所能想象的那样，系统问题包括五花八门的过失。

> 系统诱因包括的内容远超过技术故障。当企业使顾客感觉不方便时，便会产生系统诱因。

当交易过于复杂、低效或令顾客及员工苦恼时，他们就体验到了系统诱因。客户关于排长队的抱怨、低效率的服务、品种单调、员工不熟练、工作场所零乱，以及指示牌不清楚等投诉都是系统问题的例子。

> 对顾客而言，使事物过于复杂会导致系统诱因。

新视野

当你要求顾客注册时会导致顾客流失

你的企业是"像钟一样的运营"吗？你的会计人员对于一切都运行平稳感到欣慰吗？你的部门经理对于现有的顾客管理感到满意吗？如果是这样，那么请当心！顾客通常会由于企业平稳运营及标准化，但是却不够灵活且受到更多的制度约束而沮丧离开。你目前的方法也许包括对公司有利的政策和程序，但是最终将会使你的顾客受挫。

一个普遍的例子：你要求顾客在你们博客上留言、访问信息及购物之前进行账户注册吗？这样你将会把他们赶走。Blue Research 对 Vanrain 所做的一项调查中发现，86%的顾客会由于需要在网站上注册而感到烦恼，这个比例比上一

> 年同期的调查增长了10%。有14%的顾客会带着烦恼的情绪完成注册,大约超过一半的顾客宣称他们将离开站点不再回来,有26%的顾客直接访问别的网站。
>
> 资料来源:Http://janrain.com/news-articles/customers-turn-when-you-make-them-log-survey-says/,2012.8.16.

咨询顾问罗恩·卡夫曼(Ron Kaufman)给我们讲述了一个他称为"足以让我怀疑是否听得进任何劣质服务"的经历。这就是发生在美国洛杉矶希尔顿酒店的"会议价格"这个事例。

卡夫曼正在安排去美国洛杉矶参加一个大型会议。作为一名飞行常客,他有许多在普通酒店能得到六折价格的优惠券。他打电话给希尔顿酒店。

预订员给了我非常多的帮助。首先,她记下了我的名字,然后是我的联系电话。她确认了我的入住日期、我对房间的喜好以及信用卡号码。她问我是否是希尔顿荣誉客会(Hilton Honors Club member),可惜我不是。她给我注册后,然后告诉我:"现在你已经成为希尔顿荣誉客会,我可以为你提供更优惠的价格,并且可为你安排到更高级的房间。在你到达之前,会为你准备好水果篮。"我很高兴,我的折扣价仅为每晚85美元。

签字后,我说:"谢谢你的帮助,我希望在会议期间一直住在希尔顿酒店。""会议?"她快速地问道:"你要参加什么会议?"

我告诉她我参加在迪士尼乐园举行的美国培训和发展协会的50周年年会。她马上说:"卡夫曼先生,如果你在住宿期间参加会议,你必须按我们规定的会议价格112美元支付。"我笑着对她说,我希望按她刚才给我的会员优惠价支付。"不",她重复说,"如果你要参加会议,你必然使用会议价格。我们已经为参会人员在较低的楼层留出了房间,这些房间是专门为参会人员准备的。"

我的辩解没起作用。她又请示了她的上级,结果他们的意见是一致的。"非常抱歉,但那是我们的政策。"她坚定地说。我屈服于她的坚持。听起来她已经取消了我刚刚的预订,然后转而帮我用更高的价格预订了在同一酒店中的其他房间,接下来难以置信地挂断了电话。

我又打了回去。这次是另一位预订员接的电话,我又重新进行了预订。我用了我的旅行优惠券和刚刚在上一个电话中获得的新的会员号码。这次我闭口不提参加会议的事情!

我到洛杉矶时仅仅支付了 85 美元。我享受到了希尔顿酒店高层房间,以及到达时就送到的果篮。可是并不感谢希尔顿可笑的政策以及不友好的待客程序。

希尔顿酒店营销部的内部存在着深层次的问题,进行收益管理的专业人士已经认真计算了针对国际会议的参会者能够收取的最高收费价格,但是对于参会的人员,他们却还要重新定价。参会人员同时也是思考者、沟通者以及飞行常客……也是现实的顾客!希尔顿酒店,你听到了吗?

要求注册会成为系统诱因。许多企业承认当顾客准备购物时,让他们进行注册是一件令人沮丧的事情。当你进到一家商店,购物前售货员并不会问你的名字和密码。这一常见的线上程序对许多顾客来说已成为系统诱因。

当然,许多顾客承认购物前的注册具有一定的好处。例如,如果你准备在一家网上商店重复购物(例如,你计划在亚马逊网站上持续购物),他们拥有你的配送信息和信用卡号码,会为你的快速支付提供方便。但是,顾客不应该被强制去做这些事。企业应该在对公司的益处(用户数据营销、完成订单的便捷性等)和对顾客的益处(方便使用、快速服务等)之间做一个权衡,至少应该允许选择购物前是否注册。

当企业利益高于顾客利益时,就会产生流失。如果企业仅仅考虑到对自己的好处而要求顾客做任何事情,那么流失率将会很高。

系统诱因包括服务速度过慢。研究显示,排在第一位的流失原因是服务速度过慢。使顾客沮丧的原因之一就是服务速度慢或需要等待。我们生活在高效率的社会里,讨厌那些让我们速度慢下来的事情。

> 顾客会由于服务速度慢而流失。

为顾客解答问题的员工缺乏专业知识以及企业中仅由一人来承担重要工作,这很容易导致服务速度慢;电话菜单编制得过于复杂(按 1 是什么,按 2 是什么等)会使顾客感到烦躁;繁琐的表格填写(例如,每一个表格都要求填写你的全名、地址、社会安全号等)或者缺少方便的停车位等会导致服务速度下降,这些都是系统的问题。

因为企业的系统包括雇工、商业布局、便利性、送货速度、有效的员工培训等，所以企业的系统决定着服务的速度。再一次强调，执行和保持系统有效性的责任存在于企业的管理层，因为决定增加员工、提供附加训练、改变场地、实行新的配送方式，甚至是办公室的重新布置都需要投资。

自动支付会导致系统诱因。企业喜欢让顾客接受自动支付或更新服务合同。在某种程度上，这样做能够为顾客提供方便，但是有的时候会导致顾客本不打算再使用的服务又重新开始。健身会员资格或报纸杂志的续订，甚至慈善捐款等，自动支付会使顾客感到沮丧或失望。是的，你可以让顾客继续使用重新签订的合同，但是这样做会以破坏与顾客的关系为代价。对顾客来说，当核对信用卡对账单时，惊奇地发现在未被通知的情况下进行了不需要的商品的自动支付已经成为一件屡见不鲜的事。

人员诱因

第三种诱因，即人员诱因，通常源于沟通问题。员工的不恰当沟通，无论是语言方面的还是非语言方面的，都会快速激怒顾客。一些关于人员诱因的例子如下所示：

- 员工没有问候客户甚至没有向顾客微笑；
- 向顾客传递了非正式的信息或传达的信息不具有专业性；
- 员工间相互聊天或接电话干扰，无视客户的存在；
- 粗鲁或缺乏关心顾客的行为；
- 高压的销售策略；
- 工作场所又脏又乱；
- 员工衣着不合适或不着边幅；
- 员工有穿孔或文身（尽管这种个人喜好对某些客户来说是适当的）；
- 任何可能会引起顾客感觉不舒服的沟通信息。

所有员工对顾客流失都负有责任

企业任何层面的员工通常都会无意识地成为客户不满的人员诱因。在许多情况下，由于员工错误地理解他们给顾客的印象，从而会引起人员诱因。每一位关注事业成功的人都应当努力学习沟通。即使最细微或无意识的行为，也可能传递错误的信息，从而导致顾客流失。

> 当员工不知于他们传递给顾客何种"信息"时，沟通诱因就发生了。

人员诱因使顾客的感觉大打折扣。当员工表现出不合适的举动、漠不关心的态度或机械化的腔调时（如我们第 2 章所讨论的），人员诱因就会产生。人员诱因包括诸如无礼、缺少肢体语言交流（如眼光接触）、不适当的服饰、专制的老板，以及任何会传递对他们缺少关心及注意的行为。

每一位员工对于减少人员诱因都负有责任。通常员工觉察他们是如何进行行为交流的，训练会帮助他们提高意识，但是最终这些员工会决定他们以哪种方式与顾客或其他同事进行交流。

雇用优秀的员工。因为教授特定的行为通常具有一定难度，因此雇用具有良好的态度及人际交往能力的员工是非常重要的。一些成功的雇主常常招聘那些在其他顾客环境中服务出色的人员。当他们看到某个企业中的员工为他们提供了优质的服务，他们就会鼓励那个员工到他们的企业中就职。一个经营连锁饭店的人与其他人进行业务往来时，会送给对方随身携带的卡片。当这个人销售鞋子或处理账单问题时，他会给他们一张卡片并且告诉如果准备考虑另一份工作时，可以联系他。我们注意到这些人也许并没有经营饭店的经验，但是他们的顾客服务技能是"**可转换的**"（transferrable），他们能够接受饭店经营的专业知识培训。他们带给这份工作的是卓越的服务技能和服务态度。

新视野

B2B 的人员诱因

从麦肯锡咨询公司的一项研究看出，销售代表的行为事实上会使 B2B 的顾客流失。在美国和欧洲对 1200 家公司的调查发现，以下特点对于业务关系具有破坏性作用：

- 过于密切的接触：35%。
- 缺少关于他们自己或竞争对手的产品或服务的知识：20%。
- 缺少顾客所需的产品或服务有效性的知识：9%。
- 销售形式过于夸张：8%。
- 售后缺少对顾客的关注：8%。

提到的其他流失原因包括非持续性的销售团队、反应过慢、接触太少以及缺少单独联系。

资料来源：Adapted from Mckinsey & Co., http://www.cfo.com/article.cfm/4501405, June 2010.

由于人们接受过行为训练，所以一般都会按照原有的模式进行交流。即使经过相当大的努力，变化也只能是微小的。改变沟通行为的最好方式是提高意识，塑造新的行为模式，让人们尝试新的行为并强化所取得的改进。企业可以通过运用脚本或脚本短语以及明确**沟通禁忌语**（communication taboos）中获益——一些不宜被接受的特定的信息、术语或肢体语言行为等。典型的禁忌语包括粗鲁的语言、对其他人（包括竞争者）有失身份的评价，或者不整洁的外表。

公正地讲，有些人可能对他们的行为会对别人产生什么影响并无意识。他们可能是音盲，或者不会交流。训练会提高他们的意识，但是最终这些员工会以他们自己的方式决定如何与其他员工或顾客进行交流。但愿他们会认识到，缺乏沟通技巧对他们的工作或企业的影响。

> 企业会从识别一些特定的禁忌语中获益，包括一些需避免的词语或术语。

这里，我们运用本章开篇所介绍的公路旅行的经历对前面讲述的三种诱因做一个简单的重述：

价值诱因	系统诱因	人员诱因
已经交了若干年会费，但是之前从没有使用过AAA级道路服务。不能确定我的支付是否划算	政策规定"45分钟或更短时间"只是一种安抚，当超过这个时间而服务没有到达时，成为了一种不满的诱因。在允许司机解释他的问题之前，需要更多的信息	不具有同情心的音调，缺乏同情心的表现

在俄亥俄高速公路旅行的例子中，最开始导致不满的诱因（单调的语气、漠不关心的态度、各种信息要求、关于时间的错误承诺）最终被认真服务的员工给弥补了：卡车司机非常友好和可靠，他的工作既熟练又高效，并且有一个良好的性格！

上述这些是讨论的重点。面对不满诱因，企业可以通过识别和分类进行责任的划分，进而解决问题。

顾客少流失就是最好的广告

没有一家企业会在顾客流失蔓延的情况下获得成功。一家典型的公司会由于顾客流失每年失去10%~30%的顾客。像跑步机一样，匆忙地用新顾客替代老顾客是一项需要努力且高成本投入的过程。员工流失——内部顾客流失，通常也是导致顾客流失的诱因。一个有效的方法是保持并建立客户群。

员工和顾客的忠诚像每天举行的选举一样，人员用脚进行投票。如果他们不满意，将会走（有时是跑）到竞争对手那里。当顾客无法转换到另一家企业时（如公共机构或政府部门），他们通常就会在力所能及的范围内进行报复，以大声地进行抱怨开始。如果这些流失的顾客是员工，他们就会以生产次品作为反应，逐渐损害管理者的利益，恶化同事关系，并制造各种恶作剧和反生产活动。

> 顾客用脚"投票"，如果他们对服务不满，会迅速到竞争对手那里。

为了保持持续性的业务，企业必须通过减少流失和超出顾客期望进行积极的口碑宣传。当人们获得超值服务或不同寻常的服务时，他们会向其他人讲述他们的服务经验。坏消息比好消息传播得更快和更远。公司可以生产出最好的产品，但如果它不能对潜在顾客的流失率进行深入调查和提供一个积极的顾客体验，那么就几乎没有人会留意到这个公司与它的竞争者有什么区别。

> 口碑依然是最好的广告形式。

新视野

一些重要数据

口碑营销协会编写了一些有趣的关于线上线下的口碑营销结论，其中一些与顾客服务有特殊的密切关系。

- 你相信吗？59%的美国人依赖面对面的口碑推荐；49%的人认为线上的口碑推荐值得信赖。
- 是什么促使做出消费决定？口碑对于54%的顾客来说是消费决定驱动力；47%的顾客受网上信息驱动；朋友的邮件推荐影响了42%的人；网上查看影响31%的人。
- 人们向其他人推荐的原因是什么？59%的顾客是由于顾客服务而对周围的人推荐一家企业。
- 这些如何影响收益性？27%的客户中高达15%的顾客愿意为更好的顾客体验付款。

资料来源：Excerpted from http://www.churchofcustomer.com/2011/10/14-new-statistics-about-word-of-mouth-marketing.html.Posted by:Julie-Ann at October23, 2011.

☐ 发展忠实顾客

在我们考虑到纯粹的顾客满意与顾客忠诚之间的关系不是很密切时，对顾客不满诱因的思考就特别重要。就算是满意的顾客，对于一项业务的感觉可能是中立的。他们对于企业的**约定**（engagement）就几乎感觉不到或是没感觉，一件最小的事情都可以促使他们觉得不满意。服务水平或许会充分地满足他们的需求，但却不能推动他们持久的忠诚。推动力研究者很久之前发现，满意的员工不是充满推动力的员工。他们满意的原因是因为他们不需要努力地工作，或者是他们在同事面前办事干净利落，而不是他们获得了多少成就。满意的员工并不是充满推动力的员工；同理，满意的顾客不能被假设为受到激励的重要购买者。东西很好，但是几乎没有什么东西可以维持顾客长期消费。

无差异区域

实际上，顾客的重复购买并不是因为满意，而是因为所谓的"惯性"，即已经习惯了和某家公司打交道。容忍区域表明的是，顾客并没有不满意，但他们没有动力成为企业忠诚的顾客。所谓无差异区域是理想服务（被激励，很容易成为企业忠诚顾客）和可接受服务（顾客没有不满意，但也没有愉悦）之间的区域（见图6-1）。

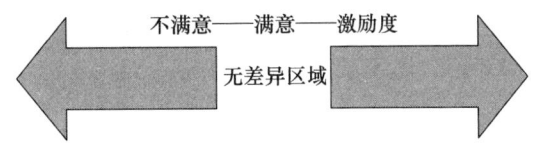

图 6-1 满意与愉悦之间的无差异区域

之后企业的挑战是，超越满意，让顾客愉悦，从而赢得忠诚顾客，这是对顾客感知和期望反应的最好做法。

重视服务补救

即使对有顾客认知的服务人员做最大努力，问题还是会存在。服务存在问题并不总是坏事，我们可以利用这个机会，通过服务补救，提升顾客满意度和忠诚度。当顾客服务很好时，企业并没有什么挑战，但是当服务出现失误时，才是真正检验顾客服务技巧的时候。

为什么服务出现问题对于企业来讲是机会？因为获得潜在流失顾客的回报

（使这些顾客忠诚于你）实际上是很可能的，根据我们的模型，他们很容易被驱动。这听起来很奇怪，但是学者认为，服务出现问题时，如果问题能得到快速而有效地解决，这些顾客的满意度比那些从没有遇到服务质量问题的顾客可能会更高！即使服务失误的解决并没有让顾客完全满意，只要你做了，忠诚度就有可能被维系。而实际上，服务失误问题的解决在加强与顾客的联系中非常重要。这对于打开与顾客的沟通渠道来说是非常重要的。

向顾客展示你有多关心他们，是建立忠诚度的基础。

常言道："人们不在乎你知道多少，而是想知道你有多在乎。"对顾客真诚地关怀，一定要成为一个组织提升顾客忠诚的各种努力的基础。

当服务成为核心业务，顾客忠诚度会提高

拥有"客服部"被认为是多余的，每个部门的存在就是去服务它内部与外部的顾客。当公司提供的服务在整个公司流程所占比重太少，顾客流失率就会提高。当公司想要找到额外的服务，比如特殊的功能与程序，结果将会令人失望。当服务成为内部的行为，它才会开始有意义。

必须将服务看做业务活动的根本，而不是辅助。

顾客很快就会发现公司服务的深度。在顾客眼里，一个公司与其他公司几乎不存在什么区别。很多公司在给顾客的印象中没有做足够的准备，以至于顾客有时不会想到这个公司，更不会与其他人分享这个公司的产品了。客户忠诚的要素——向别人推荐企业——会由于平淡无奇的服务而丢失了。

用三个步骤赢得顾客忠诚

我们如何帮助顾客走出无差异区域而成为公司的"粉丝"？以下三个步骤是我们必须关注的要素：

1. 持续注意观察那些公司或许会进军的领域；
2. 减少或消除价值诱因、系统诱因和人员诱因；
3. 超越顾客期望，以创造正面口碑。

消除或减少顾客流失率的第一步就是必须认识到，顾客流失是一个无法避

免的现象。顾客流失的潜在原因可能是你提供的产品或服务没有价值、系统失误以及在职责交叉地域出现的责任缺失问题。

如果流失了顾客，我们该怎么说？最简单的答案就是把自己当成顾客，充分理解他们的立场，了解到他们被对待的方式，将这些与其他公司的做法进行比较。就像尤吉·贝拉（Yogi Berra）所说："只需通过观察，你便可以获得很多信息。"当你已经意识到顾客流失的可能性时，第二步就是采取迅速、有效的措施来解决问题，越快越好。

我们将会在第 10 ~ 12 章的口碑营销中讨论第三步。现在请思考所谓防御营销的重要性，即尽最大努力来挽留老顾客，而不是努力寻求新顾客。这或许听起来很难，但我们通过努力是可以做到的。人们总能找到导致他们不开心的东西，但他们为什么不开心，原因是什么，了解这些是无比重要的。

> 对潜在流失的洞察是服务改进的根本。

服务快照

莫妮卡的服务态度

莫妮卡任职于一个规模不大的信用社。两年间，她频频获得有效率的出纳员和顾客服务代表的奖项和奖金。她的主管一直认为她的工作很出色，在金融服务机构的工作前景十分光明。当问到她"顾客服务"的技巧时，她笑道，其实她并没有什么技巧，她只是按照自己想获得的对待方式来对待顾客。"我试着设想会使我的顾客生气和不舒服的事情，然后在它变成一个问题的时候改变它。有些时候它就像说'不好意思让您久等，我们今天有一些忙'一样简单。人们开始觉得你了解这个问题。"

莫妮卡异常注意服务细节，因此在她看来，避免顾客流失并不复杂。当顾客靠近她的服务台时，她就抬头看着他们并面带微笑。如果她正在忙着帮助其他人，她也会用眼神沟通来了解顾客，让他明白她很快就会有空。她能迅速且有效地处理事情，同时又不让客户感到急急忙忙。当问到怎样为她的职业生涯做准备，她说当她还是一个小女孩的时候，她最喜欢的玩具就是收款机。她喜欢玩经营商店的游戏，把收到的现金放到抽屉中，她甚至还用熨斗把收到的玩具现金熨平。

> 除了技术过硬,莫妮卡的态度还很友好并且乐于助人。她努力工作对当前的系统和过程进行修改。她知道顾客看重快速、高效的服务,"即使他们当中的一些人喜欢闲聊,那也可以"。她喜欢她的工作和顾客。她说,用专业精神和熟练的服务技能来服务顾客,她感到很荣耀。

□ 最终思考

将顾客从满意的"无差异区域"升级到不但满意而且愉悦和忠诚的新高度,需要我们对顾客有更深层次的了解,需要我们了解到底是哪些因素会导致顾客流失,从而采取有效的应对策略。这些问题可能是价值问题,可能是系统问题,也可能是人员问题。价值和系统方面的问题,需要组织的高度重视,而人员问题则与各个层次的员工都息息相关。

分析潜在顾客的流失是一个持续的过程,不能时断时续。即使是最好的企业也会犯错,当(不是如果)我们犯了错误而使得顾客不开心时,我们将其视为是完善企业价值、提高系统有效性、强化我们与顾客联系的机会,这些补救行为需要我们关注服务的细节(是的,我们又回到了那一点上)。

┆ 重要观点总结 ┆

- 每个人都会遇到服务质量问题,但通常是一些看似小问题的服务细节令顾客不满意,或者是尽管满意了但并不愉悦,无法成为忠诚顾客。
- 减少顾客流失是最好的广告。这能帮助顾客离开"无差异区域",成为被激励的和忠诚的顾客。
- 导致顾客流失的原因可能与价值的、系统的和人员自身的问题相关。价值的和系统问题可以由管理者很好地解决;但每个员工都应当通过提高个人沟通技能帮助消除人员问题,进而为顾客提供优质服务。
- 价值是商品质量或服务和成本的函数。
- 系统不仅仅与技术相关。系统包括使顾客接受产品和服务的任何东西。从系统角度减少顾客流失的策略包括服务程序、服务政策、提升技能、强化培训,以及在设施、布局等各个方面所做出的努力。

- 顾客流失通常是由于沟通问题引起的。有时候员工的一些语言或者非语言行为会传递给顾客不恰当的信息，进而导致顾客流失。
- 服务补救试图在顾客对此次购买经历失望的时候挽回顾客。实际上，相比那些没有遇到任何问题的顾客，那些遇到问题并且得到企业很好解决的顾客满意度会更高。
- 不断识别并且努力减少顾客流失的可能性，为企业建立顾客忠诚度提供了基础。

关键概念

沟通禁忌	人员诱因	价值主张	无差异区域
约定	系统诱因	价值诱因	可转换技能

事实回顾

1. 回顾你自己作为顾客的经历，并且识别出哪些服务细节对你的购买决策产生影响。找出一些你停止购买的例子，是什么因素使你从无所谓到不满意？尽可能地做到详尽。尽可能记住，顾客的不满意通常来自于一系列细小的、几乎微不足道的诱因。根据本章讲到的三种顾客流失的类型对流失的原因进行分类。
2. 用你自己的话描述一下顾客流失的三种类型，每种类型举五个具体的例子加以说明。
3. 我们所提到的"价值主张"是什么意思？当我们在定义价值主张的时候需要考虑哪些问题？对于某个特定的企业，应该由谁来决定这些价值主张是什么？
4. 企业可以采取哪些具体的措施来更好地识别出潜在的顾客流失？如何将顾客流失按照价值诱因、系统诱因和人员诱因进行归类，从而有助于组织领导者？
5. 为什么那些问题得到很好处理的顾客会变得更具忠诚度？

实战

1. 让我们进行一次"神秘购物"。通过系统的方法来观察员工在交易过程中具体的行为，可以让我们对顾客流失产生更加清晰的理解，这就叫做"神秘购物"或者是"秘密购买"。这是一种可以识别潜在顾客流失的不错的方法。在这次的练习中我们将着重研究顾客流失问题。

假设在神秘顾客样本表格（见图6-2）中描述的员工行为对于作为顾客的你来说是十分重要的（这些行为的缺失会使你选择离开）。仿照那个表格来进行一次小型的神秘购物之旅。你可以：

    a. 作为神秘顾客，你需要至少挑选4家相同类型的企业（零售商、饭馆、银行或者汽车销售商等）。你的任务就是作为潜在顾客搜集信息。你可以向银行询问有关账户类型的信息，从电子产品商店得到关于某个电脑机型、设备或者某款手机的具体信息等。之后，你将作为一名顾客来光顾这些企业。

    b. 你需要在光顾的过程中做你自己，不要试图去扮演某个角色。自然地回应店内员工，要保持开放、无偏见的态度。仔细观察该企业哪些地方做得好或者不好，不要带着情绪去观察，不要带着纠错的态度过分强调负面因素。如果你无法记得那些员工是否有一些积极的举动，那么假设他们有。

    c. 你需要在每次光顾之后立刻完成一份评价表（在实际秘密购买过程中，为了能够更加贴合你所要拜访的企业类型，你应该对数据收集表格进行相应的修改）。

    d. 当你完成从4家或者更多的企业收集数据的工作后，你需要编写一个简短的报告来总结你的发现。如果可能的话，你需要识别出顾客流失的关键原因（可以通过分类的方式），并且对此次研究好的地方以及需要改进的地方做出评价。

    e. 编写一份关于如何尽可能减少顾客流失的简短报告，并且提出，如果你是老板你将如何提高员工的服务质量。你需要在报告中着重强调你将要采取哪些具体措施和步骤。

2. 搜索：利用网络找出顾客流失的诱因。采用你偏好的网络搜索引擎，对有关特定类型企业顾客流失的信息进行搜索，总结这些和主题相关的网站的属性和数量。这些网站是如何对那些顾客流失诱因进行识别和分类的？

    看看你是否可以按照价值、系统、员工的不同对这些常见的诱因进行分类？如果你发现了其他一些诱因，这些诱因无法被归到这三类中，那么你可以提出新的一种类型并且讨论为什么他们不适合归入以上这三种类型（你会发现一些诱因可以被归入不止一种类型中）。准备一份一两页的报告来总结你所研究的结论。

神秘顾客样本表

企业名称：_____　　　时间：_____

员工的姓名（如果可以获得）：_____　　任务：（你在购买什么）_____

	是	否
A. 当你进入店铺的时候，员工是否：		
1. 和你进行眼神交流？	____	____
2. 面带真诚的笑容？	____	____
3. 恰当地和你打招呼？	____	____
4. 在你寻求帮助的时候，让你等候过长时间？	____	____
B. 员工在为你服务的时候，是否：		
5. 表现出一种愿意帮助、积极的态度？	____	____
6. 给予你充分的关注？	____	____
7. 为你提供准确、迅速并且从容的服务？	____	____
8. 询问你还需不需要其他一些帮助？	____	____
C. 员工在向你提供或者介绍其他一些产品的时候，是否：		
9. 了解并识别出其他一些产品可能符合你的需求？	____	____
10. 为你提供更多关于其他产品的详细信息？	____	____
11. 询问你的意见？	____	____
D. 当交易结束后，员工是否：		
12. 感谢你的光顾？	____	____
13. 欢迎你再次光顾？	____	____
14. 友好地和你道别？	____	____
E. 在整个交易过程中，员工是否：		
15. 询问你的姓名或者称呼你的名字？	____	____
16. 让你感觉受到尊重？	____	____
每一个选择"是"的答案都记一分。　　　　　　总计：	____	____

总结评论：总结这次购物经历成功和失败的地方？

图 6-2　神秘顾客样本表

思考案例

麦克的薄利多销

德文·麦克格瑞，许多朋友习惯叫他麦克，他开玩笑说自己是在继承家族产业，但事实上，他开了一家出售杂货和家庭主食的仓储式商店。麦克和他的搭档多尼·安东尼奥为了新公司的成立讨论了好久。多尼认为应该开设一家传统的零售型商店，加上吸引人的商品布局、灯光以及好的店铺位置，这样会使他们获得丰厚的利润。这两个人都是最近刚刚毕业于州立大学并且立志建立一家成功的零售商店，但是他们需要就公司的一些关键问题达成一致意见。

麦克说道："这全部都是关于价值主张的问题。""如果我们想要迎合所有的顾客，那么我们的竞争对手将是所有那些零售业的龙头老大。我们不是沃尔玛或者塔吉特百货，我们只是小公司。我们需要给顾客一些不一样的东西，最好的方式就是提供大量的货物，我们的顾客都是具有成本意识的。我们应该坚持'买得越多，卖得越便宜'的哲学。"在经过细致的讨论后，多尼同意了麦克的想法，并且决定按照这个方向发展公司。

问题

1. 如果麦克和多尼坚持这种价值主张，这将会对顾客服务产生怎样的影响？从顾客的角度来说，这种主张的优点和缺点是什么？

2. 当你进入他们的商店时，你将会有怎样的期待？具体说一下，你期望它是什么样的？

3. 他们如何更好地坚持自己的主张？他们应该注意些什么？

4. 顾客服务在全服务零售商中要比在这种低成本化的零售商中更重要吗？给出你的想法并加以说明。

5. 麦克和多尼如何来避免顾客流失并超越顾客期望？

思考案例

汽车检测中心

阿尔西来到当地的一家汽车检测维修中心。在她所在的州，这些检测都是必须的，但过程相对比较容易。她需要填写一份表格，技师就会帮她检修汽车。

上周二，她在开车上班的路上突然决定去检修她的汽车，这样就可以使她能够在月末之前及时更新她的驾照。"真是太幸运了，"当她来到汽车修理站的门口的时候自言自语道，"前面没有人在排队。"旁边的牌子上写着顾客需要在店门口等候。于是她在门口的位置等候了几分钟。她可以看到店内有三名员工，其中两名员工很显然正在聊天，他们边说边嬉笑着，另一名员工正在抽烟。他们都看到了阿尔西，但都没有立即上前询问。

几分钟之后，那个抽烟的人走到阿尔西的车前询问道："你是要检修吗？稍等几分钟。"当他正要离开的时候，阿尔西说道："我还要赶着去上班。"他说："好吧，不要着急，我需要记录一下。"之后他走回店内，走过一张堆满文件的脏桌子，一面还在同另两名员工攀谈着。这时电话铃响了，他拿起电话，好像是个私人电话，持续了几分钟。最后他告知阿尔西让她把车开到第二个车位。

> **问题**
> 1. 如果你是阿尔西，你的感受会如何？
> 2. 如果这个检测站是一个政府机构的话，那么顾客服务真的有那么重要吗？顾客真的没有其他选择，所以为什么不能给予顾客更好的服务呢？
> 3. 本案例体现了顾客流失原因的哪几种类型？
> 4. 如果你是这家机构的经理，你将如何来减少潜在的顾客流失？

不断实践以构筑顾客服务战略

让我们再回到那个你选择的案例。你可以选择你现在的公司，具体某个你想去的组织，或者是在第1章提到的两个假设组织中的一个：独立汽车销售与服务公司（IAS）或是网络营养品经销公司（NND）。当你构建一个顾客服务战略时考虑以下问题。

战略规划问题

1. 创建一个适合你所在企业的神秘购物者评价表格。对在图6-2中样本表格中提到的相关考察项目进行删减，删去不重要或者没有必要的项目，增添和企业本身相关的项目。注意不要使评价表格项目过多，否则会使表格变得不实用并且产生无效数据。最好选取一些最有意义的考察项目，从而使表格方便利用。
2. 通过让一些评价者采用该表格进行评价，记录下他们的反馈，从而提前测试表格的有效性，并且基于这些反馈，对表格进行必要的修改。
3. 确保修改过的表格可以收集到有关你所在企业以及竞争者或相似企业的真实数据。
4. 编写一份有关你的研究发现的报告，其中应包含考量项目的表格。
5. 举行一场报告会，就此次秘密购物的研究成果进行讨论。对顾客流失原因进行分类，具体说明需要采取的措施有哪些。

□ 注释

1. Kristen B. DeTienne and Paul R. Timm, "How Well Do Businesses Predict Customer Turnoffs?: A Discrepancy Analysis," *Journal of Marketing Management*, 5(2), 1996, pp. 3–10.
2. Excerpted from "Don't Let Your Systems Drive Your Customers Crazy!" by consultant/trainer Ron Kaufman, found on his Web site, *www.ronkaufman.com*, 2003.

CUSTOMER
SERVICE

第 7 章

对顾客服务新兴趋势的洞察

通向未来的顶峰

学习目标

1. 除了能够解释顾客跑到其他企业的原因之外,还需要观察顾客的期望是如何变化的。
2. 更好地理解个性化,或称为"一对一"式顾客服务的重要性。
3. 识别未来社会和经济领域的变迁对顾客服务的影响。
4. 在面向个人顾客市场时,应用一些新型的交互式方法。
5. 识别优质顾客服务中共性的东西。
6. 考虑选择新型的交互式营销。

噢,我们眼中的变化

早晨,罗兰和曼迪走进办公室附近的一间咖啡馆去喝咖啡。"看吧,"罗兰对曼迪说,"这里的每个人似乎都被电子产品牢牢钩住了。如果他们没在发短信或打电话,那也一定在上网做些别的事情。这里就像是办公室之外的另一个办公室。在几年前,你能想象这种场景吗?"

罗兰 60 多岁,是曼迪的老板,也是好友。尽管曼迪比他年轻 30 岁,但对于自己事业中所发生的技术变革也深有感触。

"我讨厌让别人觉得我很古板,但是我们这个完全为技术疯狂的世界把我搞晕了。我记得在银行还没有 ATM 自动取款机的时候,我都是走进银行,真实地与人交谈的!过去我们并没有激光打印机或者手机,我甚至记得那个时候大多数电视是没有遥控器的!要想换频道我们必须站起来,"他若有所思地说,"没有人有私人电脑,更不必说——大家怎么称呼它来着?——'平板电脑'。"罗兰一边点咖啡,一边摇了摇头。

随后,罗兰说:"上周我去克利夫兰的时候,曾有一次有趣的经历。在入住酒店时,我是通过一个公用电话亭办理手续的,甚至连前台接待员都没有。我有点怀念那种来自真实的人的友好问候,但它确实让整个流程更加快捷。第二天我与经理交谈,他问我对这种电话入住方式的感受如何。我告诉他,我很欣赏它的效率,但是有些怀念人与人之间的接触。我猜我应该会慢慢适应这种方式的。现在连狗都利用智能手机的 aps 去避开人,我想我也愿意在线办理登机手续、在线选座位、在线查询起飞和降落的时间。"

他们找了张桌子,曼迪说:"技术能够影响顾客关系,这真的很神奇——从个人层面上来说,创建一个属于个人的'顾客反馈圈'是很容易的。我最喜欢的商家似乎都可以轻松分辨它们的顾客并记住他们——尤其是他们的喜好。有的网站根据人们近期搜索记录向他们'推荐'商品,我有一些朋友对此表示很担心。但说实话,我发现那往往是很有用的。"

"而且商家会为单个顾客创造并推送一种私人的、定制化的产品或服务,成本投入是较有效率的,我很喜欢这种方式。对顾客而言,这太棒了,这是个性化的顾客服务的根本。"

"那一定会取决于我们工作时关注什么,这是一种观念,即与特定顾客发展关系,使他们区别于彼此,并在商业关系中把每一位顾客都视为独立的、可辨认的特定参与者。"罗兰说道。

"我们一直在谈论如何让商家表现出'重视它们的顾客',并了解他们是我们最重要的资产。对我而言,这种与顾客相互影响的方式是非常重要的。我相信人们会越来越期待的。"曼迪说。

"如果我们认真对待,真正让商家以个体顾客为核心,"罗兰抿了一口咖啡,说道:"我们最好学会恰当地从每位顾客获得反馈,并予以我们的反馈。人们正在设想一种根据顾客的个人需求来提供定制化的产品或服务,如果我们不满足这种需求,就跟录像机或者电视机缺少遥控器一样了。"

曼迪说:"阿门,罗兰,我们最好更富有创造性,要尽快。"

这本书的大部分内容是按照 LIFE 缩略词的结构展开的,I 在这个词中代表"insight",是"洞察"之意。在第 6 章,我们讨论了观察可能致使顾客厌烦的因素的重要性。在这一章，我们会将视野转向顾客服务未来以及新期望的方向。

"insight"这个词指的是，在顾客服务的大背景下，理解一些关系和行为有所改变的现状。这些变化中有三个方面对顾客服务以及忠诚度有显著的影响——不断提升的个性化程度、详细的**顾客人口统计**（customer demographics）以及越来越高的透明度。

个性化。顾客不会再接受仅被当成公司众多顾客群中的普通一员，也不再接受"一刀切"的理念。他们会要求，并获取个人定制化的产品和服务。成功的公司都会适应这些新的需求，这些公司强大的原因，就是产品与顾客需求的"**契合度**"（goodness-of-fit）上往往超出顾客预期。它们将掌握这种艺术——将每个顾客都看成有特殊需求和喜好的个体。

变化中的人口统计特征。不同年龄层和种族的需求在持续地变化发展，因此顾客服务必须认识到此变化并与之同步。年轻的人们在早期会充当活跃的消费者，随后他们的阅历会不断增加。而在年龄层的另一端，婴儿潮时期出生的人们正改变着60岁以上活跃消费者的情况。全球化的经济需要商业对不断拓展的文化有所认知。个性化理解的要求在顾客和员工的共同作用下一直很复杂。这些变化的人口能够也将会要求有像成功公司那样的洞察力和响应力。

透明度。公司如何做生意不再是秘密。顾客对价格信息、边际利润以及和公司的竞争对手的对比，仅仅上网点击一下就可以做到。企业生意对外保密实际上降低了其可信任度，而开明的公司恰恰相反——变得愈加开放和值得信赖。

日益提高的个性化程度、不同的人口需求以及透明度这三个方面对顾客服务将构成怎样的影响，这就是本章的研究主题。

□ 公司需要"一对一"营销来强化顾客服务个性化程度

科技的快速发展使得当今"一对一"顾客服务成为可能。在过去，追踪顾客的姓名、住址、交易记录和个人偏好是一项既费时又费力的工作。大多数公司所做的远远不止将顾客的信息登记在卡片上，保存在文档里。如今的网络和**销售点电子数据收集**（point-of-sale electronic data gathering）技术已非常普及，而顾客就是这种个性化的对象。我们可以记录每个人的喜好，调查顾客的需求，并适时调整产品和服务来满足这种需求。个性化还促使很多商店在顾客结账时提供优惠券。例如，一位顾客买了6箱百事可乐，扫描仪就会自动出来一张菲多利薯片50美分的优惠券（菲多利是百事旗下的一个分公司）。人们还可以通过邮件接收自己购买产品的优惠券。例如，"男人帮"染发剂公司锁定其注册用户并通过邮件送给他们1美元的优惠券，顾客只需轻轻一点，便可得到这1美元。最近的一项革新更妙，顾客在结账时，通过手机就能把电子优惠券信息传到收银机上。顾客越来越期待类似的服务。

媒体的变革使得企业与其内部员工（内部顾客）以及外界（外部顾客）的交流方式也发生了巨大变革。除了现代媒体明显的速度与效率优势，还有其他很重要的因素影响企业顾客关系，最重要的趋势之一就是个性化越来越明显，针对个人尤其是顾客、同事和朋友的需求定制"一对一"信息的能力越来越强。

> "一对一"，原来个人定制的信息现在可以传向大众。

信息专家很久之前就意识到，我们了解顾客越细致，针对顾客需求的信息越个性化，与顾客沟通建立关系越有效。顾客越发不能忍受地毯式接触，他们期待被当做个人来交流，而技术应用正好可以实现。

我们不能低估**定制化信息**（customized messages）在商业和专业沟通中的作用，例如，企业的营销体系，已经发生了一个重大的转变。从大众营销（向大规模的受众发布同样的信息，期待其中有人回复）到个人营销（向每个人发送独一无二的信息）。个性化最初的想法是伴随着文字处理技术的产生而出现的，这项技术的出现赋予我们这样的能力，拟出顾客个性化的信息并点缀着一般性的语言。今天，邮寄公司已把这种方式当做家常便饭，充分

> 目前，媒体所涵盖的内容远远不止人物、地点的简单汇总。

利用这项技术个性化销售信息、比赛报名表甚至是信封。

然而，公司做的远远不止这些。现在的技术水平让我们很轻易地就能掌握顾客的购买历史和偏好，这让我们能够更好地了解我们的顾客。

成功的电子营销商把个性化推向更高的层次，例如，亚马逊网站自动追踪你买的东西，并向你推荐其互补品。它会告诉你："买过此商品的其他顾客还买了……"电子营销商还会记录你的礼物购买史，让你下次再买礼物送给这个接收人变得更为便捷。社交网站还会蹦出你以前浏览网页时考虑过的商品广告，这样的个性化或许会让一些注重个人隐私的人有被侵犯之感，但大多数人会把这种精

确营销当成现代社会的常态。不提供这种服务的公司其实已处于劣势，它们已经错过了与顾客建立关系的时机。

"一对一"营销让公司顾客关系更长久，并能向顾客提供大量满足其需求的服务，事实上，我们正在一步步朝此迈进。过去的营销手段，如大众媒体广告和垃圾邮件，是为了寻求更大的市场占有率。假如，在整个镇的服装销售中，你的商店营业额占10%，大众营销可能会使你的占有率达到12%或者15%，自然，这个假设基于更大的市场占有率会卖得更多。然而，即使达到目标，你最后也不一定盈利，大众广告的收支比值得思考，或许最后利润反而下降。用传统的营销手段让你花更多的钱使新顾客走进你的商店。

新视野

四种方式深入了解你的顾客㊀

根据 IBM 公司、佩珀-罗杰斯公司的联合调查，我们有四种方式可以增强对顾客需求的洞察力，从而更好地为顾客提供服务。

1. 深入了解顾客的颗粒化属性（如生命阶段的变化），以便于市场和服务机构能够提升专门化服务（颗粒化是指高度追求个性化特征，与把顾客分为大类不同）。对顾客的背景越熟悉，服务才更有针对性。

2. 用企业以往的资料和交易信息整合顾客松散的社会性信息，以全方位地了解每一位顾客。社会松散的信息，包括对顾客定性的评价以及对他的喜恶的记录等。这不同于公司的交易资料，交易资料只是通过软件统计的一些销售的原始数据、退货或投诉的记录、顾客群的统计等。

3. 充分利用顾客的情报信息来进行有针对性的沟通，以强化顾客与公司的持久性关系。不要等顾客联系你，你应主动"出击"。

4. 通过分析和管理好顾客信息平台（一种管理工具，有大量的图表，以使决策者更容易理解，并做出科学决策）增强对顾客的理解，并分析哪个营销手段对特定的顾客群体更有效以及原因。

上述几项工作的中心就是将顾客视为个体去了解，而不是当做一类。我们越理解他们，越能更好地满足他们的需求。

资料来源：These ideas summarize some key findings of research by IBM and the Peppers & Rogers Group as reported in a white paper published in 2012.

㊀ 原书为五种方式，但却只罗列了四种方式，我们在翻译时修正为四种方式。——译者注

"一对一"营销并不是这样,它着重于尽可能了解顾客个体,并做出回应满足其需求。一个男装店可能几乎不做大众广告,然而利润可观,它就是通过保持亲近的顾客关系和个性化服务来实现的,它尽力满足他们所有的男装需求。同样的,一个银行或者信用机构,会通过满足顾客的金融需求来扩大业务。这被称为**顾客份额**[share of customer,有人称"**钱包份额**"(share of the wallet)]并且利润可观。

对"内部顾客"的"一对一"营销

"一对一"原则也适用于内部顾客。那些了解下级偏好、才能和需求的管理者更能与下级建立良好的关系,这对公司来说是共赢的。一个被雇用的员工就像一个接受服务的顾客,激励员工越来越多地需要个性化的刺激和机会。员工,就像顾客,希望参与公司业务,并前所未有地想成为公司运营的参与者,而员工会从中获得满足感。

> 有效的管理者会询问员工需要什么,而不是假定他们需要什么。

若管理层(决策者)和员工之间界限清晰,当公司看到员工的潜力,希望其更大的参与度时,这种界限将会成为绊脚石。参与度高的员工满意度更高,成就感也更强。

在员工福利的领域,好公司经常提供"自助式"福利机制,即让员工在不同的选项中自由选择。有些员工认为孩子"日托"非常重要,而有些没有孩子的员工则会青睐健身会员补助,有人非常喜欢大学进修以提升自己,还有一些员工则认为"弹性工作制"更好。中心理念就是,"一对一"地更好地满足员工个性化的需求。

管理层目前也意识到员工之间的区别,逐渐将其当做独特个体看待,随着管理理论的改革,员工不再被看成可替代的机器部件,而是被当做独一无二的个体。(你能看出中心思想吗?)

> "一对一"式营销建立起新型关系,使得企业从客户业务中获得更大市场份额。

优秀的经理人开始了解员工,理解他们的需求和欲望,就像开明的公司对待客户那样。他们与员工的沟通是全方位的,就像公司不能再告诉顾客需要什么一样,那种自上而下的内部沟通模式也过时了，新的模式是公司管理者了解员工需求，然后想办法满足他们。

> 通过双向沟通了解个体需求成为建立持久关系的关键所在。

当然了，在社会和友谊的层面上，了解并且满足朋友的兴趣、需求和欲望一直都是建立密切关系并且终身维持的主要因素，而信息的双向流动则是关键。

交互式选择触手可及

由于计算机行业的快速发展，今天的交流媒介使大规模的"一对一"关系建立成为可能。这些媒介有如下特征：

1. 对于顾客特殊需求，新的计算机技术确保可以寻找到顾客需求点，并具有高度适应性。信息能够完全为每位顾客量身打造，而不只是对不同顾客服务仅仅体现在形式上。
2. 它们是交互式的，创造双向而非单向的交流。顾客信息反馈变得非常容易。
3. 消费者可以负担得起，而且确实是有效的。
4. 它们让人们的生活更便利、更简单。

技术的确让这个世界变得更小。小镇内和洲际的电话费用，多少年来一直让人难以承受。但像 Skype 这样的网络电话服务的出现，使全球范围内，不同国度间人们的电话费用降得很低，几近为零。为了更好地解决问题，我们甚至能够通过 Net.A U.S. 这样的系统举行会议：芬兰教授可以在美国与他在赫尔辛基的家人进行定期会话，与新加坡和埃塞尔比亚的朋友谈生意。各大洲之间的电话通话已司空见惯，并且费用是可以负担得起的。

网站能够使人们更轻松地使用视频而不仅仅是简单的书面文本或图片。

这些媒介对商人和专业人士是可利用的吗？比起历史上任何时候，答案都是肯定的。即使是小企业或者独资企业也支付得起今天的技术费用。由于能够促进信息个性化电子媒介的快速发展，我们正朝着更有效的"一对一"服务模式阔步前进。

此外，消费者也可以参与到提升或者诋毁公司提供的服务行动中。社交网络让带有图片或者视频剪辑的关于产品和服务的信息传播得更加迅速。过去，消费者可能一直对餐馆晚餐的展示方式感到失望。而今天，精美的杯中之物、盘中之物会鲜艳地展现在脸谱网上。

□ 企业需要了解人口统计特征巨变所带来的新需求

除了技术以外,服务专家需要深刻洞察到影响商业和客户关系的其他显著变化。在社会和经济的舞台上,我们看到大量的人口变化。劳动力正在越来越多样化——由不同经济背景、不同文化背景、不同种族、不同性别的广泛的人群组成。今天的劳动力由更多的非传统的有特殊需要的家庭单位构成,包括单亲家庭、多代同堂家庭和其他共同生活的家庭单位。我们有越来越多的受过教育的劳动力,他们难以忍受不需动脑的重复的工作。此外,消费者也不会忍受和我们做生意百依百顺了。员工期望能够更多地参与到组织决策中去,让他们的投入能够被考虑。这些内部的员工不会主张除了参与机会的任何东西。不能够提供这样的机会将会宣判这个公司踏上利润降低的"跑步机",因为之前的员工悄然离开,公司只能雇用和培训新员工。

这些消费者(尤其是网络一代)期望公司的产品与服务能够包含他们的考虑元素。

消费者本身这种社会条件的转变刺激了新的与众不同的产品与服务的诞生。双职工夫妇的购物更加方便且高效。由于相邻家庭

> 那些能够帮助工作繁忙家庭更有效率生活的产品和服务将大行其道。

的种族有所不同,餐厅里各色各样的服务与食物蓬勃发展。高档快餐和便于带回家的菜系成为繁忙家庭的重要选择。提供给繁忙顾客的膳食准备厨房(如"我女友的厨房""吃饭去了"等)越来越受欢迎,顾客可以准备多个套餐以供将来使用。

政治上、组织上面临越来越多的政府法规,这些法规都超出了社会认知水平,并没有考虑到商界。消费者期望看到各色各样来自不同背景的人们,大部分公司对性别和残疾不再有歧视。此外,对环境的关注,对员工的安全和健康以及良好的情感状况的关注都成为了优秀企业的品质证明。公司关注吸引和留住好的员工(内部员工)有利于帮助它们在市场竞争中获胜。大部分公司关注"绿色"问题:回收并且进行环境友好型包装。总之,消费者期待多种多样的满意度,而不仅仅是对主要产品和服务。深刻洞察这些持续性变化对于企业以服务赢得市场竞争是关键性的。

今天和我们打交道的消费者和员工的构成都与 100 年前大大不同。一些值得关注的社会变化已经发生在最近的过去并且会持续到 21 世纪。

人们更加易变。换工作已经司空见惯，员工的（内部客户）期望也与上一代大相径庭。很少有人离开学校之后与公司签约，然后长期留在那里继续自己的事业。如果企业不能够提供参与机会或者有意义的工作，他们很快就会换工作。

人口老龄化是另一个趋势。我们多次讨论过婴儿潮时期出生的那一代人（即第二次世界大战后，1946～1962年出生的人），随着他们的变老，出现了许多针对这一人口数庞大的消费群体的新型服务。现如今，60多岁的人远比过去几代的同龄人要活跃得多。许多社会学家声称，60多岁的人被称做"新六零后一族"。活跃、忙碌的"老年人"已经引起了许多公司的关注，开始重新考虑制定策略，来应对保持长久活力的顾客和公司员工。

具有讽刺意味的是，从事市场营销的人员一直以来对18～49岁年龄段的人这块"人口的黄金分割部分"很着迷，事实上，这部分市场的增长具有很高的不确定性。美国18～49岁年龄段的人口在未来10年内预期增幅为80万，相比之下50岁以上的人口数未来10年内预期增幅却高达220万。若公司提供的服务对老年一代顾客更有吸引力的话，公司很可能因此而做大。

> 顾客人口统计特征不断变换，把握这种变化有助于公司战略的制定。

所有这些因素都对公司形成了压力，引起它们对自身的警觉，勇于革新并且愿意为适应顾客需求的变化做出相应改变。在21世纪，商业领域并不风平浪静，现在的风景更像是一条浪花四溅的河流，决策者需要警觉且灵敏，否则，如今顾客服务的行情很可能与将来的顾客需求不相匹配。

□ 公司必须清楚：顾客期望透明度和可信度

一本由唐·佩珀和玛莎·罗杰斯所著的新书中提到了一个说服力很强的案例，表明赢得顾客的信任是一个十分有竞争力的优势。在书的开头，作者提到了一件关于USAA的奇闻轶事。USAA是坐落在得克萨斯州圣安东尼奥市的银行保险业公司，主要面向军队人员以及他们的家属。1991年第一次海湾战争刚结束，公司就立即向它的数以千计的曾参战的顾客发放了赔偿金。该公司认为，这些人出国参战时，不再驾车，因此收取他们的汽车保险是不公平的。

没有人要求USAA汽车保险公司这么做，但是它仍然恪守自己的文化价值观，即站在顾客的角度，用顾客期待的方式对待他们。发放出去的赔偿支票中，有 2500 份被送回公司。心怀感激的顾客告诉美国 USAA 汽车保险公司替他们来保管这些钱，并说："在我们需要你的时候在那里就好。"你能想象在这种客户关系中建立互信的价值吗？你能想象你如何能够与这样一个开放的值得信任的公司竞争吗？你能想象受到这种优质待遇的顾客的忠诚度有多高吗？

佩珀和罗杰斯根据这一事件编写了一个案例，以说明"信任"（trustability）的重要意义。信任是一种比信赖更重要的品质。可信

> 赢得顾客信任的公司将从不断增长的顾客忠诚度中获利。

任的公司不仅仅是制定精确的价格，保持优异的质量和可靠性，并且能够说到做到。它们能够在**透明度**（transparency）和公开性方面超出顾客期望。

对顾客服务的专业人员的深刻洞察显示，透明度，即诚实开放，不仅仅是良好的商业行为，而在很大程度上是必然的。人们能够并且将会发现公司希望隐藏或者淡化的大部分事实。人们理解公司盈利的需要并且不会因此对公司感到不快，但是他们不能够再容忍的是公司不公正地占顾客便宜。相关情况里都有这样司空见惯的事例，但是通常是不公平的，如以下政策：

- 手机运营商通过使人们定制最昂贵通常也是价格锁定的业务来获利。
- 健身俱乐部与客户签订长期合同，即使客户的状况并不能长期使用那些器材。
- 对新顾客的特价并不适用于原有忠诚的顾客。
- 变化莫测的价格操纵导致相同的服务价格上有很大的出入，比如不同销路或不同时间下的飞机票价和音乐会票价。
- 公司自动更新订阅和服务，除非顾客明确表示拒绝（尽管出售的是便利品，那种持续的计费，有时顾客早已不再需要那种服务，已经成为不能及时发现或懒得取消服务的顾客的烦恼）。

当公司把利益（或便利性）看得比顾客的需求和欲望还重的时候，顾客对公司信任就会遭受到毁灭性的打击。信任度低下同时也摧毁了顾客的忠诚度，并最终摧毁公司。

□ 有些东西是永远不变的

说完我们已知的关于技术、经济、社会和组织上的变化，我们必须承认追

求顾客满意度的过程中很多方面是始终如一的。尤其是，从顾客角度看，重要的心理和行为方面的因素几乎没有变化。个人和组织的需要大部分仍然与以前相同。基本的关怀感、关注感和可胜任度将持续扮演建立顾客满意度和忠诚度的关键角色。事实上，如此广泛的技术的到来已经重新点燃了人们对于以前那种老式的人性接触的渴望。这也是 Gap 服装公司将产品展示在容易造成衣物混乱的大圆桌上的原因。顾客得以通过接触商品参与其中，而且清理桌子为附近的服务员与顾客互动提供了机会。让人们积极地参与到某件事情里能够促进关系的建立和利润的增长。

即使是在技术型的公司里，人性接触与顾客也能产生共鸣。在网络上购买技术型产品和系统的顾客经常受到挫折，因为他们发现启动操作比预想的要复杂得多。这就让那些提供个性化操作设置的当地电脑零售商找到了契机，尽管它们规模较小，价格也较高。大型零售商也越来越多地提供这样的辅助设备来完善服务，如百思买的 Geek Squad 服务（Geek Squad 拥有超过 11 000 名精英员工，每年保证超过 525 600 分钟的技术支持。1994 年，Geek Squad 由一名学术学校的在校大学生在明尼阿波利斯成立，当时仅有 200 美元及一辆自行车，如今已迅速成长为本地卓越的电脑技术服务商。2001 年，Geek Squad 已在电脑技术服务行业内占据主导地位，获得当年"最佳电脑服务商"的称号。2002 年，百思买收购 Geek Squad，为消费者提供全国性的统一电脑技术服务，为顾客排忧解难。Geek Squad 在全球已经拯救了无数演员、歌星及明星的电脑，甚至被邀请去为美国联邦调查局和中央情报局提供电脑技术支持）。追踪个人手机呼叫服务的网络零售商也可以建立顾客忠诚，尤其是呼叫者有着我们在第 4 章讨论过的活跃的电话技巧。人性接触永远不会被即使是最精确复杂的技术所代替。

顾客对价值公平的需求始终如一

同样的，顾客对价值公平的需求将始终如一。人们希望交易公平，物有所值。通过飞涨的价格、混乱的税率结构、隐藏的价格以及不合理的罚金来盈利的公司不会长久发展下去的。弗雷德里克·赖克尔是《忠诚规则》和《终极问题》的作者，称"**不良利润**"（bad profits）包含牺牲长期的客户关系来换取短期的利润增长的行为。如下是一些"不良利润"的例子：

- 网上购物飞涨的运输费用。

- 更改服务（如手机合同）后的不合理罚金。
- 季节性商品和热门商品（如节假日的航空票价、高价配件）的大幅涨价。
- 复杂的价格方案诱使消费者花更多不必要的钱（标价过高的"劳务合同"或扩展的质量保证）。
- 向信任公司的顾客出售不合适的商品。
- 价格不透明给顾客造成比其他公司商品价格更划算的印象。
- 特殊优惠只针对新顾客而忽略忠诚的老顾客。
- 商业航空公司是自我毁灭的行业之一，它们经营艰难的原因就在于对顾客需求的蔑视，包括对包裹（某些情况下甚至是手提行李）重量苛刻的要求，座位间空隙能更大一些，能稍微提前一点登机，等等。

当公司把短期利益最大化放在比建立持久的客户关系更重要的位置时，不良利润的例子也就随处可见了。不良利润会腐蚀客户关系，良好利润则会创造并且维持客户关系。不将客户放在第一位，当客户感到被利用或被不公平对待的时候，任何形式的关系都会被破坏。与之相反，当交易公平合理时，客户关系会被加强。将来，人们会越来越多地要求完全诚实的服务关系。

满足个人顾客需求和欲望的需要始终如一

你可能听说过某些人口中的超级售货员能把任何东西成功推销给任何人——众所周知的把冰块卖给因纽特人的故事。古老传统蕴含的智慧教会了我们动态的销售技能才是成功的关键。如果销售员能对产品进行生动的演说并让消费者眼花缭乱沉迷其中，那么他们就会买了。这就成功了：交易达成。

在我们这个时代，一项新的游戏规则正在出现。尽管开场和结束仍然是销售过程中的重要步骤，但一个更加重要的元素接踵而至——根据个人消费者的需求和欲望来为其量身定制商品和服务。当今的消费者正面临着史无前例的多项选择。在今天的全球化经济下，消费者有数以千计的地方去购买完全相同的产品。是什么决定消费者选择哪家公司的商品？基于质量、价格、便利性或消费者服务的选择到达了什么程度呢？你怎样决定去哪里买衣服、食品杂货、汽车、电子产品和其他的日用消费品呢？零售商怎样克服消费者在实体店选定商品却到网上购买的困境？作为一个消费者，对你来说最重要的是什么呢？

这些问题的答案没有奥秘。消费者会选择最有价值的商品，最有效率最有

> 当今的消费者面临着史无前例的众多选择。价值、系统和人际的整合将使一项业务从众多业务中脱颖而出。

帮助的系统,最值得信赖并且交易优雅有风度的企业。事实就是如此简单。对于一个企业,要想了解其顾客对于价值、系统、人际的感觉,就必须与顾客建立和维持良好的关系。价值、系统、人际因素将使一项业务在众多业务中脱颖而出。

关系营销的需要始终如一

企业都强调它们的商品物美价廉。事实上,消费者已经习惯以合理的价格购买质量不错的产品,这是约定俗成的事实。他们自己并不容易从激烈的竞争中分辨出不同企业和产品之间的区别。

但是,顾客期待的服务远远低于理想的服务。为什么呢?这是因为他们过去得到的服务就是这样。他们从劣质服务的经历中列出了一系列令人不满的问题。通过积极的方式提供超出顾客期待的服务来建立强大的有竞争力的优势,你能看到这个伟大的契机吗?

> 毫无疑问,自由市场经济下的消费者期待以合理的价格购买优质的商品。他们并不总是期待卓越的服务。

回想一下你童年的时候。你还记得角落里的杂货店或糖果店老板吗?他知道你是谁或者你的父母是谁吗?一个来自杂货店的典型问候就是:"嗨,杰罗姆,看到你真高兴啊。你去大峡谷玩得开心吗?"或者糖果店老板跟你打招呼:"嗨,阿妮卡!上次你在这里尝试了甘草糖,这次是要一样的还是换个口味呀?"这就是关系营销:和你的顾客有"一对一"的关系。每一个企业,无论是《财富》500强企业还是当地的临时保姆,都可以通过一点点培训来合理利用关系营销。事实上,关系营销只会被员工的创造力所限制。

> 关系营销的机会会由于个人的想象力束缚而失去。

充分发挥创造力,超出顾客期望的绝不仅仅局限于能够叫出顾客名字。考虑到其他的可能性,这无疑是一个良好的开端。

区分顾客占有率和市场占有率优先次序的需要始终如一

富有前瞻性的公司正在聚焦顾客占有率而非市场占有率,这是一种经营智慧。让我们再一次探讨**顾客占有率**(customer share)这个重要概念。考虑以下两个互相矛盾的鲜花企业：

- The Flower Bucket 公司的经营者工作非常努力，主要通过大规模营销获得了不错的市场份额。他们计算出该公司已经取得了 20% 的市场份额。换句话说，花费在鲜花市场里的每一美元，The Flower Bucket 都能得到 20 美分。
- 另一家公司，Smell Good Flower 公司的经营者，非常努力地与每一个顶级买家（那些持续在该企业买花最多的人）建立良好的关系。该公司估算自己掌握了 20% 的顾客份额。那就是，每 10 位买花的顾客里，其中有两个是每次都在 Smell Good Flower 企业里消费的。

从长远看，哪个企业能够运作得更好呢？记得吗，Smell Good Flowers 关注的客户，是经常去购买的顾客，是该行业里顶级的买家，是购买鲜花最多的人。因此，Smell Good Flowers 企业的市场营销更加高效——它的顾客是最值得拥有的客户。它了解顾客并通过加强与顾客的关系来扩大企业的鲜花销售业务。该公司赢了。

如果一家企业能够真正争取到那些顶级买家，那么该企业的生存机会就比仅仅有一定市场份额的企业要大得多。经理需要思考顾客将来业务的现在价值。举几个例子来阐明本书的观点：极其成功的汽车零售商教授他们的员工，顾客将来业务的现在价值的重要性。汽车代理商能够轻易地计算出这种潜在的可能性：如果一辆平均水平的汽车花费 25 000 美元，一个人平均买 12 辆车，那么总共花费 300 000 美元。加上服务和零件的价格，代理商的每位顾客在销售中都能等价 332 000 美元的价值。这个数目并不牵强。这其中也没有加上已有顾客可能带来的潜在顾客的影响。

在一场电视采访中，沃尔玛的 CEO 戴维·格拉斯表示，根据他们的计算，每失去一位顾客，他们就失去了这位顾客一生所能在销售中花费的 215 000 美元。一个当地超市消费者的类似计算表明每位顾客每年能够花费 3800 美元，这个数据正随着食品价格的上涨而上涨。在人的一生中，这在销售中能够轻易地增加到 150 000 美元。此外，一位经常奔波在世界各地的商人每年在航空旅行中的花费超过 50 000 美元。这位顾客在航空公司的收入预算中价值超过 100 万美元。这就是我们所说的将来业务的现在价值。

> 通过顾客将来业务的现在价值可估算一个顾客潜在花费的总和。

考虑到这长期的盈利方式，有谁不愿意优先考虑客户占有率而非市场占有率呢？企业已有的客户更有可能再次购买，而争夺新顾客会消耗掉企业的营销预算和精力。提高客户占有率的唯一方式就是建立良好的客户关系并且提高客户满意度和忠诚度。

多亏了电脑数据库，即使是很小的商店也能够收集客户信息并加以应用来保留客户。举个例子，礼品店老板能够给顾客发送温馨提示卡，提示卡内容如下：

> 嗨，雅布隆斯基先生，去年的 3 月 29 日，您为珍妮小姐买了一份生日礼物。这里有一些礼品购买建议，您可以参考这个来准备珍妮小姐今年的生日礼物哟！请您通过电话联系或者网站下单。我们确定会让珍妮小姐在她特殊的日子收到一份精美的礼物！非常感谢您的惠顾。期待您的回信。

当雅布隆斯基先生打来电话时，他只需要告诉礼品店要送什么花就可以了，珍妮小姐的联系地址、电话号码以及可接受配送的时间已经收录在电脑数据库了。此外，消费者的信用卡号码也已经存档并很容易被证实和使用。

思考你如何能够运用这些技术来提供超出顾客期望的服务。为什么不像那个运用数据库的礼品目录公司呢？这家公司执行了一个新的项目，包括下面的服务。它将会：

1. 提前 15 个月储备并满足顾客给亲友定下的礼物。
2. 在规定的日期配送礼物。顾客再也不会错过任何重要的日期。
3. 只有当礼物配送后才会给顾客的信用卡开账单。在五个工作日内为每一个收费的礼物开发票并邮寄给顾客。
4. 在礼物寄出前给顾客发送一张温馨的提示卡，说明礼物是什么、邮给谁。（这样当接收者表示感谢时，顾客知道他在说什么。）
5. 在订购单上提前印好之前几年的礼品名称，将其加在更新目录中邮给所有客户。顾客可以在底部加上任何新的名称。
6. 提供 24 小时电话热线和网站地址以供想改变或者更新礼物的客户使用。

随着数据库的使用，需要的信息都被容易地存储起来；这项服务执行之后，目录储存员工的工作比之前也会减少。一项额外的好处就是经理能够几乎非常准确地看到他们在近期的收益，因此对于公司制订财务计划很有帮助。

为了在这项服务中增加互动的维度，公司在顾客订货单中增加了两个小问题。公司询问顾客希望在目录服务里看到什么，顾客喜欢礼物目录中增加什么样的额外产品。答对了，顾客的偏好和期望就这样显露出来了！

深刻洞察这些瞬息万变的顾客期望对于保持竞争力和服务成功具有关键作用。

> **服务快照**
>
> ### 为最具价值的顾客提供特别的服务
>
> 赫兹汽车租赁公司了解到顾客经常不满的原因是他们总是要排很久的队伍才能够租到车，而顾客大多为商业人士，他们的行程安排十分紧凑，因此经不起太久的等待。赫兹明白，如果不加快服务速度，那么就会失去一大批金牌客户和老客户。于是，赫兹设计了一个特别机制——急需快速租到车的顾客可以注册成为黄金会员。黄金会员能够提前预定租车，而且当他们下了飞机之后，会有大巴在路边接应，将他们送到预订汽车所在地。大巴司机需知道顾客的名字并热情地打招呼，每次也需说明从机场到预订汽车所在地仅需 2 分钟时间。到达预订汽车所在地后，顾客仅需出示驾照和黄金会员卡就能立马开走租借的汽车，不需排队，也没有麻烦的手续。
>
> 赫兹汽车租赁公司的这项首创之举立刻引起了其他公司的效仿。一些公司还为顾客提供不同的汽车以供选择。经常出差的顾客还能在机场享受流线型的服务，同时告诉他们旅店情况并实时更新。你的公司能为最具价值的顾客提供什么样的特别服务呢？也许"黄金会员制"已经为你提供了一些思路。

□ 最终思考

洞察力，是让我们能不断改善服务以达到随时与顾客需求达成一致的关键所在。改变现状并为其预测前景诚然是一件棘手的事情，我们常常会因世俗成见或思考不周而故步自封，所以那句"我们应该跳出固有思维模式"尽管是陈词滥调，但仍是硬道理。即便我们的客户可能自己也不知道自己想要什么更好的服务，我们也需主动为他们不断改善服务。亨利·福特说过这样一句话："如果我问客户他们需要什么样的交通工具，他们会说一匹更快的马。"尽管如此，时刻保持最好的服务质量才是公司可持续发展之道。因此，对客户的潜在需求时刻保持敏感，洞察出他们的倾向，并不断改变业务水准是基本中的基本。

上述的洞察力能够激发人们或公司积极地做出改变以保持竞争力。不过，如果需要做出的改变是技术上的革新，那么一些公司可能不愿意投入太多。它们可能觉得，只需做一些老套的事情也能达到好的效果。在某些商业环境下，技术革新可能显得不那么重要，但是对于大部分公司而言，拥有过硬的技术确实是一件可以为组织加分的选择。除此之外，如果想要破解顾客的想法，洞察力是不可少的，且应该是服务型专业人士需要具备的首要能力。

公司可能需要对价值定位进行一番苦苦探索。公司提供给顾客的服务究竟需不需要改变？原有的服务还有没有价值？对于运营小零售铺或者餐厅而言，也许一直保持不变的服务方式也并非不可。不过，对于所有服务型公司而言，就算是最坚定的守旧派，也必须对顾客要求公司改善的呼声做出回应。耶奥尔德礼品店将主题定位于20世纪80年代，店内一切模式都遵循主题而定，但顾客仍希望自己能够刷卡消费，甚至是网上订货。除非这家店能想出更好的主意以坚持自己的价值定位，否则它必将面临巨大压力。

有些顾客可能会担忧，某些技术会不会冲击到隐私、有没有可能侵犯到个人生活。举个例子，几年前有一个失败促销行为：某公司免费将电脑送给顾客，但是要求能够收集顾客的所有浏览信息，也就是说，顾客将自己的隐私作为价钱购入了该公司的电脑。顾客可能对某些技术有抵触情绪，但一般来说都愿意接受友好的、不拘小节的个性化服务，不论是在当地或是相邻地区的商店。

从高度精细的、经过深思熟虑的、以各种数据支撑的系统，到草草记下顾客喜好，不管你的公司采取什么样的战略，个性化服务并与顾客建立良好关系必然起到了基石的作用。因此，让我们培养洞察力，在将来为顾客提供更好的服务。

重要观点总结

视野——对不断变化的顾客服务行情的监控和了解的能力，是企业成功的决定性因素。

未来顾客服务领域的成功将取决于公司适应多种变化的能力（其中很多涉及技术变化）。这些转变中有一些可能会戏剧性地改变原有产品或服务的特质。其他变化则需要公司在销售和提供服务的方式上做出调整。

公司的"信用度"对顾客而言变得越来越重要。公司若决定降低透明度和可信任度，势必会对顾客关系造成破坏；反之，增加可信任度的举动则会增强顾客的忠诚度。

公司能够运用技术，实现针对私人顾客的个性化产品或服务，而不是仅仅向一个群体销售。当私人服务已经变得可能，技术促进其在更大规模和消费群体上变得可行。

人口的变化也会影响顾客服务的未来前景。当日趋增多的不同种族、年龄和性别的消费群体带来购买力的变化时，顾客期望和需要也会变化，公司应当对这些有所认知。

培养敏锐的洞察力在顾客服务领域中是一项重要的技巧。对于顾客体验满意度的期望值一直在变化。认知并适应这种变化的期望值是提供优质服务的一大特点。

在行情不断变化的商业领域中，有一些是维持不变的。在处理商业行为时，人们总是想要体验关照和相应能力。

关键概念

不良利润	契合度	顾客份额	信任
定制化信息	销售点电子数据收集	价值定位	
顾客占有率	数据采集	透明度	

事实回顾

一些具有突破性的产品或服务确实在某种程度上改变了世界。汽车、电话、网络和其他无数的发明改变了人们传统的生活和工作方式。但纵观历史，商业模式的转变也对我们的生活产生了戏剧性的影响。自助购物、网上销售、通宵航运、7×24小时的营业时间，以及全球化服务体系，如呼叫中心，这些都是例子。回顾一下并列举三个你所知的最显著的转变。对其中每一项转变，请从三个或更多方面描述，这些转变是如何影响顾客服务的。

在众多决定顾客满意度的至关重要的因素中，有一项即是有效的顾客反馈。通过对所有类型的反馈进行系统的加工分析，我们可以更清晰地认知顾客想要或不想要什么。描述当今的公司或个人能够运用顾客反馈使你的洞察力更加敏锐的五种方式。

在你所知的商家中，它们是如何运用"一对一"的交流建立与你之间的稳固的关系的？请描述一个或更多具体实例（注意：这些通常都是些为密切关系和建立忠诚度而做的小事）。

| 观点应用 |

1. 变化的顾客人口统计特征怎样影响你的业务？选择一项业务，写一篇文章，描述出至少三种人口上的变化，对业务绩效现在或将来可能产生的影响。应该如何对业务做出调整来应对这种压力呢？
2. 网络的追踪记录和对信息的调查收集，与个性化服务或"一对一"销售服务这一类概念息息相关。为了利用这种个性化的优势公司在做些什么？针对你的发现写一篇简要报告。
3. 阅读佩伯和罗杰斯的著作《极度信任》中开放的章节，在以下链接可以找到：http://www.extremetrustbook.com。识别公司为建立高信任度采取的戏剧化的措施这些类似的案例或情景。然后在你曾经打过交道，但在你看来变得不再值得信任的公司中举一些例子。这些低信任度的公司局面如何被扭转来提高可信任度（不要忘记在案例中，你既可以选择国内的顾客，也可以选择国外的）。
4. 登录网络，在人口的变化对顾客服务的影响中，看看你能发现什么。写一篇简要报告来回答以下问题：在你的国家、州或者地区内，意义最为重大的变化是什么？网络上的资源对适应此种变化给出了哪些建议？

| 思考案例 |

从未来回归

许多读者永远都不会再见到真正的电报，但绝大多数熟知电报的历史。2006年西联汇款公司发出了它的最后一封电报。科技的巨变残忍而决定性地终结了电报行业的寿命。150多年来，电报象征着便捷性和重要性。它是紧急事务的符号。但如今，西联汇款公司已经在世界范围内停止了它的电报业务。邮件、即时短信以及传真等新技术的出现，使电报失去了生存的空间。于是，西联汇款公司重新配置和调整，使公司主要致力于电汇业务。

从电传打字机和电报，到新技术的转变代表了一些企业顾问称之为"典型转变"的一个方面——这是在商业发展过程存在于其他稳定方面中的一个断层。在更小规模的领域上也有很多类似的例子。想想音乐类业务。现在在世的一些人能够回想起电台和电视的出现。许多人见证了从塑胶唱片，到8轨磁带，到卡式磁带，到碟片，再到现在的MP3和iPod的演变。曾经兴盛的音乐商店已经衰落，或者转型变成专营那些老古董的复古店，如唱片！

尽管曾经是一门炙手可热的生意，影像店也逐渐退出了商业舞台。从录像带电影过渡到数字化视频光盘（DVD）后，它们仍然面临着竞争，包括"红盒子"录像带贩卖机，以及让顾客能够在家就享受到通过电缆、卫星或移动电话等系统点播电影的其他推送系统等。

对历史追溯得再远一些，汽车是另一个断层，一个从根本上改变了经济和社会的断层。当汽车刚出现时，看起来就像是一辆没有马的四轮马车。没有人预知引进汽车的结果。有谁能想到这样一个吵闹的、有气味的、不可靠的机器，最后竟为郊区的出现、家庭的划分，以及超市、购物街的兴起和州际高速公路的出现奠定了基础呢？说到那一点，我们当中谁能勾勒这样一幅图景：有一天汽车用到的电子学比早期的宇宙飞船还要多；谁知道什么时候船上的电子交流系统能够用于求救或者打开一扇意外被锁上的门呢？

问题

1. 在你成年后的生活中，科技是如何演变的？近年来反映这些典型转变的最重要的例子有哪些？

2. 在你的预想中，未来还会有什么变化？创造性地描述这些可能。

案例思考

欢迎来到不同寻常的宾馆

在去圣弗朗西斯科出差结束后回家的路上，迈克尔决定在一家小宾馆停留一晚，远眺一下太平洋的美景。当他到达宾馆的前台时，很快，面前出现了一位衣着得体的女士，欢迎他的光临。在打过招呼之后不到三分钟，他就被侍者引领到了他的房间。房间里装饰有长毛绒的地毯、白色系的寝具、天然的杉木墙壁，以及一个石制的壁炉。壁炉旁还放有橡木、卷筒纸和需要用到的火柴。在房间里换完衣服之后，迈克尔步行来到了餐厅。宾馆的接待员在他办理入住的同时就为他预约好了这家餐厅。迈克尔一到那里就立刻被带领至为他保留的桌位，尽管没有提前预约的人还在等待。当天晚上他返回房间后，枕头已被填充饱满，床已被铺好，并且壁炉里正闪耀着燃烧的火光。床头柜摆放着一杯白兰地，附有一张卡片，上面写道："欢迎您首次入住威尼西亚，我诚挚地希望您享受这里的一切。如果有任何我能帮忙的事，无论白天或夜晚，请与我联系。凯西。"

> 第二天早上，咖啡的香气将迈克尔从梦境中唤醒。当他走进盥洗室时，他发现一个渗滤式咖啡壶，壶边的一张卡片写着："这是您喜欢的牌子的咖啡，请享用！K。"迈克尔前天晚上在餐厅就餐时就被询问对于咖啡品牌的喜好。现在咖啡在他的房间里正煮的沸腾。随后迈克尔听见一阵轻轻的敲门声，当他打开门，他看见门垫上摆放着《纽约时报》。迈克尔刚入住的时候，接待员就曾问过他喜爱阅读的报纸，现在他喜欢的报纸就在房间供他阅读了。
>
> 迈克尔解释道，他每次入住这家宾馆，享受到的服务都是完全一样的。但其实在他第一次入住过后，宾馆就没有再来询问过他的喜好。
>
> **问题**
>
> 1. 在以建立关系为基础的顾客服务类型中，这个案例在哪些方面堪称典范？与你所熟知的其他宾馆对比，它带来的顾客体验有何不同？
>
> 2. 通过了解迈克尔的喜好，这家宾馆的管理部门能够巧妙地将具有共性的顾客体验转化为专属于迈克尔的私人服务。对于一家宾馆而言，它还能做些什么？利用头脑风暴，创造更多可能。
>
> 资料来源：Adapted from a story told in Michael E. Gerber, *The E. Myth Revisited*（New York: HarperCollins Publishers, Inc., 1995, pp.188-192）。

不断实践以构筑顾客服务战略

让我们再回到那个你选择的案例。你可以选择你现在的公司，具体某个你想去的组织，或者是在第 1 章提到的两个假设组织中的一个：独立汽车销售与服务公司（IAS）或是网络营养品经销公司（NND）。当你构建一个顾客服务战略时考虑以下问题。

战略规划问题

1. 你能预测哪些变化会影响你的业务吗？请选出最重要的三个要素，它们能够毁掉你的业务或使你的业务快速发展。
2. 用今日美元价值来测算你的顾客的终身价值。构思一套策略，从而获得更多的"顾客份额"。你会计划何种方针、步骤、行动或改变来维持公司的健康发展与强大呢？

□ 注释

1. Southeastern Institute of Research, Inc. Boomer Project, 2006 (www.boomerproject.com).

2. Don Pepper and Martha Rodgers, *Extreme Trust: Honesty as a Competitive Advantage* (Penguin Press, 2012).

第 3 篇

LIFE：反馈

之前提到的缩略词 LIFE 的第三个字母 F 表示的是"feedback"，意为反馈。反馈是掌握顾客需求、激发顾客与公司互动的积极性的唯一手段。征求、采纳并根据顾客反馈做出改进是第 8 章所讲述的主要内容。第 9 章主要分析如何利用顾客反馈去挽回那些可能流失的客源。

不断获取反馈，使公司发展步入良性循环，也为促进公司与顾客的往来关系打下基础。

同时，反馈也为提高和加强公司与顾客的关系提供了数据支持。

综上，让我们一起仔细思考顾客反馈和挽回客源这两者在我们致力于提供更优质的服务的过程中所起到的重要作用吧。

CUSTOMER SERVICE

第 8 章

获取顾客反馈

顾客也可以是我们的教练

学习目标

1. 清楚地认识到为什么反馈是如此的重要。
2. 明白感知分析反馈能力是成功人士或杰出公司的一个非常重要的特质。
3. 能清楚地认知公司将顾客的反馈按照重要程度分为不同的层次。
4. 认识到 7 种会使反馈表失效的做法。
5. 认识"净推荐值"(NPS)制度并能解释 NPS 为什么是一种很重要的反馈工具。
6. 采取行动来促进顾客反馈,在此过程中不要质疑他们的反馈。
7. 对于顾客的抱怨声,能采取有效措施补救。
8. 用 4 种方法前瞻性地发掘反馈信息。

Pop's Café 非常尊重顾客的意见与建议

安德烈最爱的小饭馆就是 Pop's Café。Pop's 离安德烈的办公室只有几街区远的市中心,它提供最棒的家常菜,还有新鲜烤制的饼干。这家餐馆的老板(没错,他的绰号确实是 Pop)会亲自招待每一位来店里的客人,为他们送上美味可口的食物。有一天,在安德烈用完餐买单的时候,Pop 问他觉得今天的服务怎么样。安德烈半开玩笑地说,他觉得今天提供的饼干没有往日的那么热。Pop 听后立马把钱退还给安德烈。

当 Pop 试图将钱塞给安德烈时,安德烈急忙说:"不不不,Pop,我不能拿回我的钱,因为饼干很好吃啊,而且今天的菜都很好吃,只不过比往日略微逊色一点点。"但是 Pop 根本不听安德烈的解释,执意不收他的钱。日子一天天过去，安德烈经常光顾这家小餐馆，更重要的是，他会经常介绍朋友和生意伙伴来这家餐厅。

餐馆老板 Pop 要顾客百分百好评的这一行为赢得了安德烈对这家店的信赖。Pop 是真的很想收到来自顾客的或好或坏的评价。每当有不好的反馈时（在上述例子中，只是一个很不经意的怨言），Pop 就会立即采取行动，对症下药，完善自己餐厅的服务。

了解并分析来自顾客的抱怨是一个在培养顾客满意度和忠实度方面的至关重要的方针战略。某些组织有一些高人一等的方法来收集顾客的意见与建议。接下来我们将学习一下其中的某些方法，但是要选择哪种方式的话，先决条件是公司或组织是发自内心地想收到反馈，即使有时候反馈的内容并不是那么好听。最明智的公司不会放过任何能收到顾客反馈的机会，特别是能听到对他们抱怨的那种。

□ 为什么反馈如此重要

在一个公司或组织最初的发展阶段，反馈对于任何形式的改进都是起到很大作用的。尽管好的反馈听着很舒服（大家都爱溢美之词），但往往负面反馈才是对我们帮助最大的。我们中的大多数人会说"我很乐意接受各种反馈"，但是无论作为个体还是公司，都需要努力来抚平负面反馈所给我们带来的精神上的伤痛。我们听见负面反馈而感到不舒服是很正常的。有时候，我们会感到受挫，情感受到伤害，

> 多数人应该具备在收到负面反馈后不被激怒且仍能继续工作的心理素质。

或者反馈让我们觉得自己所做的事根本没意义。那就说明在长远的发展规划中我们需要做出改变。

将反馈视为一种教导形式

尝试一下将反馈视为一种教导形式。试想，当教练在教我们某一项技能的时候，他不停地说我们做得不好或是很差时，我们会欣然接受。例如，对于一个高尔夫教练来说，他会纠正你拿或者摆球杆的方式，而且你会很乐意接受这些批

评和教导。事实上，你在花钱买"抱怨"。在我们的生活中或处理各项事务的过程中，上述法则依然成立。我们需要反馈（经常会是抱怨声）来规范我们的行为。反馈会使我们在自己正在学习的某种技能上有一

> 顾客能教会我们如何做得更完美。

定提升。给顾客提供更好服务的能力就是在不断学习中获得的，与此同时，顾客就是我们的教练。

抱怨声往往是很珍贵的反馈信息

顾客不满意的情况时有发生。对于让顾客不满意的因素，我们选择如何去改，以什么方式去改，这就很有可能在赢得顾客的信赖、得到员工的认可方面做出很大的贡献。我们要建立一些开放的交流平台，让那些沉默的对服务不是很满意的顾客站出来说话，以便我们能做一些建设性的工作，减少顾客的不满意度。

当人们觉得他们的意见与建议很有用或者说他们不会因为表达自己的不满而受到惩罚，甚至会被奖励的时候，开放公共交流平台最有效。公司一般以保护顾客的说话权的方式来赢得他们的信赖。

大多数人却觉得直白表达出自己的不满可能会不太好，可能会让商家心里不舒服，或者认为自己会受到威胁。人们一般都想维系一种与商家友好的关系，害怕自己抱怨商家会伤害他们。我们当下要做的，就是让人们知道，我们敞开胸怀诚恳地希望他们提意见，不论是正面还是负面的。

对反馈处理的投入程度

如图8-1所示，一些公司（和人）对反馈收集的重视程度各有不同。尽管我们大多数人能接受来自培训教练或者咨询顾问的意见，但是我们自己可能并不太愿意敞开心胸，广纳谏言。

有些公司会很勉强地向外界获取反馈。它们很清楚应该怎么做，但就是无法全身心投入进去。我们将企业对顾

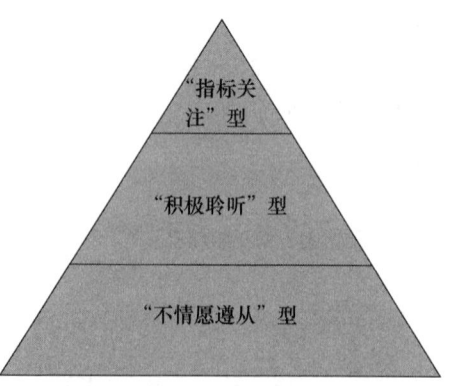

图8-1　企业对顾客意见反馈的反应类型

客反馈信息的反应分为三类：

第一种就是"**不情愿遵从**"（reluctant-compliant）型。这类公司就仅仅是走走形式，给顾客发放反馈表，根本没用心。这些公司既不鼓励顾客做出相应的反馈，也不积极处理综合反馈表。它们根本不做什么事情，也从不为顾客考虑。

> 有些公司对收集顾客反馈持有抵触心理。

第二种就是"**积极聆听**"（active listener）型。这类公司是真正意义上的顾客声音的聆听者，而不是只做表面功夫。它们使反馈这一流程变得很简单，而且积极应对。因此，可以加强顾客和企业分享意见的意愿，这对顾客无疑是有利的。

第三种为"**指标关注**"（metrics-conscious）型。这类公司不仅认真对待顾客反馈，还会在分析的基础上，实时追踪顾客的意见。这类公司用一种指标关注法，搜集尽可能多的数据并将这些数据作为公司决策的依据。它们会不断更新数据库并根据这些数据不断激励员工努力前进为公司再创佳绩做出贡献，改掉一些缺陷，并寻找能更迎合顾客胃口的改进方针。那么，你的公司属于哪一种类型呢？

和顾客互动时抓住要点，完成反馈的收集

大多数公司（即便是那些最不愿意接受反馈的）有某种特定形式的反馈机制，那些机制表面上看起来只是收集处理数据，以便提供更好的服务。其中，最简单的方式就是请顾客填写反馈表。反馈表的设计形式和公司在回收后对它们利用的情况，将直接影响顾客填写反馈表的情况。也有很多公司为顾客提供反馈表，但根本不在意将它们回收起来，更不用说基于顾客的反应，对自己提供的服务加以改进，这样的例子现阶段有很多。它们这样只是做表面功夫，让大家觉得它们确实认真接受顾客的意见——这类公司就属于

> 反馈表的作用十分有限，不建议作为收集反馈的主要手段。

我们提到的"不情愿遵从"型。它们仅仅是觉得自己应该在这方面做点什么，可根本没投入精力和时间。

如果反馈表设计得很完美，而且将其回收并加以分析，我们就可以知道以往趋势，并且可以知道顾客对我们的服务评价。但往往顾客提供的信息量太少，或者信息过了时效，又或者太粗略，以至于对我们没有太大帮助。

> **新视野**

从"净推荐值"中掌握顾客想法

管理阶层长期以来都在寻找一种很容易搜集的数据库,它可以显示他们在处理顾客的问题方面做得怎么样。The Ultimate Question Bain & Company 的顾问弗雷德·莱希赫尔德提倡用一种现在广泛使用的产品来评估顾客的忠实度和长期以来企业获得的成功。

简单来说,莱希赫尔德认为,当前我们需要知道的一件很重要的事情就是,我们的顾客很有可能把我们的企业或组织介绍给他们的朋友或同事。如果能让顾客按照自己的意愿将"想把那个公司或者组织推荐给他人"的程度用 1~10 分来划分(1 分:根本不愿意推荐;10 分:非常乐意推荐给他人),那回收整理出的数据可以反映出他们是持贬低、漠不关心还是褒扬的态度。

评 9 分或 10 分的人,他们就是对我们的服务非常满意,赞赏有加;评 7 分或 8 分的人,只是持无所谓态度,虽然很满意于我们的服务,但不会为我们产品做相应的宣传;如果他们打 6 分或者更低,则说明我们的服务质量不能让他们满意,甚至他们觉得来错了地方。从搜集的这些数据中,我们有了一套新的打分系统——**"净推荐值"**(net promoter score,NPS)。

我们可以通过公式 $P-D = NPS$,算出 NPS(P 指持褒扬态度的人的数量,D 指持贬低态度的人的数量),下面我们将举出一个例子来进一步说明如何运行这套公式。

假设现在有 100 位顾客要投票打分,你得到如下结果:
- 10 分:15 人
- 9 分:20 人
- 8 分:20 人
- 7 分:20 人
- 6 分:10 人
- 5 分:10 人
- 4 分:5 人

忽略打 8 分和 7 分的顾客,把 9 分和 10 分的总人数(一共 35 人)减去打 6 分及 6 分以下的总人数(一共 25 人),这样你得到的 NPS 分数就是 +10 分。这分数正巧是美国公司得到的平均分。

> 下面这个例子又给出了不一样的结果。假设100位顾客的打分结果为:
> - 10分: 2人
> - 9分: 8人
> - 8分: 20人
> - 7分: 20人
> - 6分: 20人
> - 5分: 15人
> - 4分: 10人
> - 3分: 5人
>
> 9分和10分的总人数为10人,6分及6分以下的总人数为50人,那么得到的NPS分数就是-40分。这样的成绩实在是很糟糕,是时候应该反省一下,好好地改善一下服务或产品质量了。顺便一提,这种糟糕的分数是有可能在现实中出现的。一些大银行、航空公司以及股份公司得到的确实是这种低分。对于这些公司,它们需要面临一些挑战去改善服务质量,而它们服务质量的提高将会在NPS分值的提高上直接反映出来。
>
> NPS评分是评价公司所提供的所有服务的最有价值的评测器,而且它使用起来十分方便,也能为顾客如何看待你的服务或产品质量起到了很好的检测作用。

为何企业必须注重顾客的意见反馈

美国消费者事务办公室和其他研究机构的调查都强调了积极征求反馈的重要性,这是基于以下几点原因:

- 通常来说,每四个消费者中就会有一个对典型消费的某些方面感到不满。他们也许不会极端的沮丧,但是与公司的互动部分是达不到百分之百的水平的。
- 只有5%的不满意消费者会懒得和公司抱怨。大量的沉默不语还不如转变成一场战争。他们通常会将他们的生意投资到别处。
- 在过去的几年里,一个不满意的客户通常来说会告诉其他的5个人这个公司提供的服务不好,而这个数据也只

今时不同往日,顾客会散播自己的不满。

是在社交网络和电子传输变得大众化之前所估算出来的。当然,如今不开新的顾客通过简单地敲击键盘就可以将他们的不满传达给成千上万的人。

让我们来分析一下这些最保守的数据:如果有25%的顾客对于你们公司服务的某些方面感到不愉快,但只有5%的顾客懒得去抱怨(然而每个不满的顾客告诉十几个其他人),那么其影响便会是毁灭性的。简单来说,假如一个公司每天为100人服务,他们之中的25人从某种程度上讲感到不满,但公司只听到了一两个人的抱怨。这对管理者来说听起来会是个好消息,但直到他们认识到剩下的23个沉默的人可能告诉了274个其他人(或是通过网络告知了几千人)他们对于该公司的不满!这就不再是个好消息了。

涟漪效应(ripple effects)可能是毁灭性的。只有公司对抱怨采取开放的态度或开始注重这些抱怨,才能将酸柠檬变成甜美的柠檬汁。收集并注重顾客和员工的抱怨是维护顾客的忠诚度的首要和关键的一步。你必须真的想要去倾听人们的意见,并且你一定要让人们能够很方便地给你反馈。躲避反馈,像某些人曾说的那样,像鸵鸟钻地一样,鸵鸟可以将头埋在土里,但那样它总是将它剩下的部分暴露给别人。

虽然这可能听起来很反常,但公司可以并应该多听顾客的抱怨。解决一两个人的抱怨有可能可以保住三四十甚至是上百的客户。除此之外,这些抱怨可以教会公司如何做从而提高它们的业绩。但不幸的是,许多公司奖励那些得到抱怨最少的管理者,就好像这意味着它们的工作做得很好一样。这只可能阻止他们接收到真诚反馈的可能性。

> 倾听更多顾客的抱怨,对公司而言是有益的。

好消息是抱怨得到快速而有效解决的消费者变得越来越喜欢与该公司再次进行商业合作。不满意的消费者在他们的问题得到妥善处理后开始考虑再次和公司合作的意愿从低于10%涨到80%。事情似乎就是这样的,即使顾客的抱怨没能以他们所期盼的方式得到解决。你有可能无法完全地解决问题(例如,顾客抱怨你们的服务太慢,你也无法将时间还给他们)但他们还是会给你机会(也许你可以给客人一份致歉的小礼物)。这一点值得重复,因为它在收集和回应顾客的反馈方面提供了一种全面考虑的基本原理。

当一个组织或公司在员工和顾客之间创造了一种对话程序,那些参与者就会与公司成为好朋友——即使是在抱怨的时候。为了实现这种沟通程序,你需要做到以下几点：
- 让顾客的语音反馈变得更加容易（同时也包括抱怨、建议和问题。）
- 立即而有效地行动。

□ 采取行动来促进顾客反馈

为了鼓励顾客反馈，你可以创造一个良好的反馈氛围，但不要质疑他们的反馈。人的天性使我们对投诉和抱怨有天然的抵触心理。但是，我们应当以一种积极的态度对待投诉和抱怨。设想某顾客向汽车经销服务经理投诉说刚刚保养过的车有一些"有趣的"噪声，此时不要质疑顾客或将顾客拒之门外，而是要积极聆听。

> 避免质疑顾客的抱怨，相反，要有"让我们一块儿解决"的态度。

新视野

顾客意见反馈数据的重要性

分析顾客的意见可以提供宝贵的见解，但是这些见解不是很容易获得的——特别是高质量的非数值数据。收集和使用顾客意见的最佳做法要求创造力和分析顾客的反响。

区别于商业和用户调查，定性分析对于B2B的关系尤为重要。在B2B关系中通常有更多的时间。这是一种不同的关系。公司和顾客之间的互动通常是快速的，在某种程度上讲，顾客的忠诚可以用价钱来衡量。因为存在着许多的选择，且要一对一地处理客户的请求，B2B的关系经常会更加复杂。例如，一个B2B的顾客可能只有一些原始资料或是一些专门的法律服务。在这种复杂的关系中，反馈使非结构化问题得到更好地利用——打开对话框问题。在过去，从业者需要手动解决处理问题。虽然辛苦，但是定性数据为这一领域带来了大量的财富，在这个领域中公司可以发现一些没有被察觉或是没有被预言出来的见解。

新的分析工具正在围绕着"驱动型问题"被构建（这些问题能帮你理解人们给你反馈的原因）。了解消费者的评价有利于管理者将点与点连接起来，从而做出一些改变。

现在，文本分析软件使分析变得越来越有效。收集到更多数量的反馈是为顾客提供更好服务的一种反馈效益。

慎重做出第一反应

顾客投诉时，你所做出的第一反应将会很大程度上决定顾客反馈意见的质量与数量。在这点上，汽车服务生就做得很好。他们的第一反应都是积极正面的，有助于问题解决。

避免防御性姿态和不必要的细节深究。接受事实，顾客的投诉是合理而真实的。不要试图证明甚至是为你的回应辩解，直到你听完了整件事。顾客不关心厂家的货物积压或者供应商的货物没有达到很高的品质。这都没关系。你需要的是承认顾客提出的问题，而不是抗拒。

面对面时，你需要保持眼神接触和使用肢体语言，表现出很有兴趣去倾听。注意避免怀疑、厌倦或者可能使顾客关注度打折扣的面部表情。如果你们通过电话联系，就应避免长时间空白，就如在第 4 章提到的那样。

> 顾客不关心公司的问题，他们只希望自己的问题得到解决。

避免任何可能使顾客觉得具有挑战性的话语。如果你怀疑这个问题可能是由于顾客错误使用产品造成的，你应当等待投诉结束，然后再委婉地询问顾客是如何使用该产品的。问题不在于是公司或者顾客谁对谁错。有效的态度应是合作和解决问题。正如前面所说的，你支持顾客而不是挑战顾客的行为营造了一个良好的问题回馈氛围。如果顾客每次反馈意见面对的都是争吵，那他们将放弃。

新视野

反馈表致命的"七宗罪"

有些公司过于依赖反馈表这样一个简单的反馈意见获取途径，也可能将此作为面对面处理顾客意见的替代选择。再说一次：在很多企业中，这是一个典型的无奈的投诉反馈收集方式。以下是使用此方法有可能出现的 7 个问题：

1. 一般顾客只有在十分沮丧或者十分高兴的时候才会填写反馈表，而处在这两个极端之间的极大范围的顾客几乎不会有兴趣给出有效的意见。

2. 反馈表并不是常常在顾客可及范围之内。有时顾客需要特地去要反馈表，一般他们也不会这么做，除非他真的是十分不满（见上述第 1 条）。

3. 有些反馈表上面问题太多，用多选框，评级太细，与顾客关心的问题不相关。如果餐厅服务太慢，顾客就不会回答一堆关于食物温度、用餐环境、餐厅卫生等的问题。

4. 有些反馈表太过开放。它可能就是个空白表格，邀请顾客填写意见。这需要顾客过多的时间和精力，对表达意见造成困难。

5. 有些顾客填完了反馈表却不知道怎么处理它们。有些反馈表没有预缴邮费甚至地址也没有，而要求顾客将其放置在一个特定的收件箱里。或者更差的，有些反馈表要求顾客贴邮票寄回去！

6. 有些反馈表没有强调你很重视反馈意见，也没有鼓励顾客填写和对顾客表示感谢。

7. 有些反馈表混淆市场调查和顾客服务。除了对服务评级，还询问其他信息，比如你最先从哪儿获得产品信息、年龄、收入、家庭资料、邮政编码等。这些数据可能对市场调查有用，但是不应当作为顾客服务意见反馈表的一部分，除非真的需要。

□ 使用有效的方法处理投诉

你已成功打开想倾听顾客意见的大门。现在，面对顾客投诉，我们能够做什么？两步，带领你成功解决投诉并提高客户忠诚度。

1. 感受顾客的痛苦：神会

我们发现不安的顾客会出现失望、愤怒、泄气甚至痛苦的情绪，并且他会在一定程度上责怪你。一般他会希望你做到以下所提到的部分或全部内容：

- 尊重他们并表示理解。
- 倾听他们的想法，理解并严肃地对待他们的问题。
- 对不满意的产品或服务做出补偿或适当赔偿。
- 了解他们紧张的心情，快速掌握问题。
- 避免更多的不满。
- 对相关人员做出处罚（有时）。
- 保证此问题不会再次发生。

对**投诉**（empathy）表示理解。这是指，如果你是顾客，遇到这样的问题，你会有怎样的真实感受。这样表示理解："我很抱歉使您失望了""我知道这给您造成了怎样的困扰"。回应中小心措辞，诚实面对。你可以说"我以前从没有遇见过这样的问题"，但一定要加上"但我理解您为什么会失望"或者相似的话。

> 真诚的理解就是能满足客户的需要。

2. 全力解决问题

采取一切你能采取的措施处理紧迫的事件。如果产品不可用，就给他们更换。如果员工态度恶劣，就立刻道歉并且尽一切所能恢复客户关系。

服务快照

怎样"拒绝"没有价值的反馈

以下网页文本说明的是如何拒绝对企业没有价值的反馈。我们在"顾客反馈/特殊要求区"找到（注意：公司名称已更改）。[4]

顾客反馈/特殊要求区

告诉我们您在想什么（好或差）

感谢您对 X 公司生产的产品提供当前以及未来的反馈。在您的建议和关注下，我们能够更好地生产出符合用户需求的产品。

*** 以下形式将不会收到回复 ***

此表仅供反馈/特殊要求提交用。请不要用此表格提交有关销售咨询、技术支持或退订要求的邮件，这样您将不会收到回复。

此外，请您重新浏览常见疑问区域（在我们的网页上），因为我们注意到很多的反馈问题都在此区域中出现过。

我了解我的反馈意见不一定能收到答复，但我愿意继续进行这项反馈。

问题

1. 您如何看待公司不回复反馈邮件这个问题？
2. 此反馈页面是否使您愿意与 X 公司合作？

有时候，不同的人对解决问题的同一方案的接受程度也不相同。所以，请不要妄下论断，以为自己知道顾客想要什么。在多数情况下，直截了当地向顾客询问，在他们眼中，怎么做才是最好的方案，也不失为一个好策略。这些顾客通

常会提出十分在理的需求，甚至没有想象中的那么偏激，而是让公司易于接受并乐于去尝试的。因此，只要能满足顾客提出的这些需求，问题应该就能迎刃而解了。

□ 主动获取反馈的其他方式

我们应该把寻求反馈作为每天必须进行的活动之一。不断地进行"**纯粹的倾听**"（naïve listening），对于公司而言不仅是一种战略，更是一种应有的态度。顾名思义，"纯粹的倾听"就是仅仅以倾听顾客的意见为主，以此来掌握那些之前并不了解的顾客需求。我们所要做的就是引导他们向你提出意见，并对此进行解释。我们还需要营造一种氛围，在此氛围之下，顾客知道无论自己说了什么，即使是那些让人不快的批评，也能获得足够的尊重。我们还可以提出一些开放性问题，激发顾客分享他们的想法，以此来获取尽可能多的信息。

> 积极地邀请顾客解释他的感受和担忧。

值得注意的是，在设计**开放式问题**（open-ended questions）时，要避免让受访顾客仅需回答"是"或"否"或者是其他简单的回答，而是要引导他说出更多经过考虑、具有意义的答复。举个例子，一个餐厅老板应该向顾客询问："为了让您更愉快地用餐，还有别的我能为您效劳的吗？"这样就能得到一系列不同的回答，其效果显然要比"您还需要别的吗？"（顾客经常会回答"不用了"）或"一切都还行吗？"（顾客经常会回答"都不错"）这种表达来得好。

新视野

忠诚度测评技术公司™研发的"主动倾听系统"

忠诚度测评技术公司™已研发出一款以互联网网页为载体的"主动倾听系统"（ALS）。这套系统可以视做一种同时面向顾客和员工的意见表达工具，具有一定的独创性。阅读完本文，您可以登录 www.Allegiance.com 网站，观看这套系统的实际操作演示。

忠诚度测评技术公司主要为用户收集四种顾客意见反馈：投诉、赞扬、质疑以及建议。这些反馈直接指向用户的公司，不过提交反馈的顾客可以选择匿名。此外，这套系统还能对顾客的忠实度和满意度进行测评，并即时将结果告诉用户。

在此套系统上提出投诉的顾客还将被询问，为了解决或缓解现存问题，他希望公司做出什么样的努力。通过这样的方式，顾客会被引入一个意见表达的平台，并与公司形成一种联系。这种联系经过长时间的维系，其获得的成果有助于用户公司提高顾客忠实度以及公司自信心的建立。忠诚度测评技术公司出售三种版本的"即时倾听系统"——针对顾客的、针对员工的以及针对合作伙伴的。三个版本各自的设计思路基本相同。用户公司或组织购入此套系统的价格是合理且让人动心的——比公司自主研发一套类似的系统要便宜得多。

通过拥有这样一个中立的第三方作为顾客（或者员工）与用户公司（或组织）沟通的桥梁，就能实现真诚且开放的交流。所有的反馈均可以匿名提交；提交反馈的人仅需向忠诚度测评公司（而不是用户公司）提供电子邮箱地址即可。这种匿名性为那些害怕用户公司"报复"的人（尤其是员工）解除了后顾之忧。

不上网的顾客或员工可以通过电话来提交自己的反馈，公用电话亭或私人电话均可。他们的反馈也会输入网络系统里去。

获取顾客或员工的反馈的时机是十分重要的。俗话说：亡羊补牢，为时不晚。快速地对反馈做出回应，巧妙并有效地采用以下三个步骤：（1）产生同理心（了解和分享的看法和感受，敏锐地体会对方的思想与情绪）；（2）解决问题；（3）提供更多服务以满足甚至超越顾客心理预期。

新视野

鼓励顾客不断地反馈

为了获得源源不断的反馈，可以采取以下的建议：

- **倾听**。不要做出任何的解释或评论。控制好自己的情绪，不要做出过激反应。当有顾客批评你时，即使你觉得他所说的毫无根据或仅是一种误会，也不要向他解释或对他们的批评做出评论。要记住：先倾听，事后解释。自我维护心理太重可能会扼杀好的反馈，也会让顾客认为你更在乎于维护自己，而不是理解和尊重他们的反馈。
- **将反馈视做获取更多信息的机会**。尤其是细节信息。谦逊的提问方式将为你引出更多的反馈。举个例子，请尝试着说："您的建议对我们帮助很大，能不能更详细地说说？对于刚才提到的那方面，您还有什么想法请尽管告诉我们。"

- **做出谦逊的反应**。当然，在获取反馈时，你有权表达出自己的感受，这无可厚非。不过，最好的方式是以类似于"您有那样的经历让我有一点惊讶（或挫败感，或失望），但我完全能够理解您的感受"或者"我不清楚这个时候我该说什么好。我从未想过您说的那些，不过从现在起我会注意的"这样的言辞去回应顾客。注意避免使你的回应听上去像在对顾客个人进行评价。接受顾客的看法并从中获取有价值的东西是最重要的。
- **对提供反馈的人表示感谢**。让顾客知道他们能够提供反馈是十分难能可贵的，并向他们表达由衷的感谢之情。

记得使用以上的这些沟通小技巧，它们能为避免你扼杀可能有用的反馈提供帮助。

除了积极从顾客群体获取反馈之外，公司或企业也应该从其他人群或使用其他方式获得反馈。四种系统的方式如下：

- 焦点小组；
- 探索小组；
- 顾客调查；
- 神秘顾客。

尝试焦点小组

焦点小组（focus groups）长期应用于市场调查中，在了解顾客和雇员的期望中起着举足轻重的作用。虽然有些市场顾问可能不同意，认为焦点小组在操作方面没有什么太吸引人的东西，并且只要有头脑就足以高效运作一个焦点小组座谈。

以下步骤使得焦点小组活动取得最好的效果。

- 为所挑选的员工或顾客制定一个标准。不要只挑选你认识的顾客或者你喜欢的顾客。虽然你可能想通过他们的影响力或者与你花费了多少来评定他们，从而选出更好的顾客。
- 正式地邀请你的顾客或者雇员去参加，告诉他们小组座谈成员将在何时何地见面，同时还有会议将持续多长时间。让他们知道：你试图更好地了解他们的需求并为他们提供更好的服务。

> 焦点小组在市场调研中被广泛运用，同样也可以用于获取顾客反馈。

- 限制你的团队成员少于 5 个或者多于 12 个。每次都须向他们确认能否出席,但做好总有人缺席的心理准备。通常来说,15 个确定的预约能来 12 个参加者。时刻用电话确定是否出席。
- 奖励焦点小组成员。给他们一些东西作为出席奖励。例如,一个公司会给小组座谈成员小礼品、礼物券、一份免费晚餐甚至是现金。这份礼物的最低价值至少是那些参加者一个小时内参与创造所应得的。

利用焦点小组采集顾客意见时:

- 让公司高管为主持会议做好准备。
- 创造一个轻松的氛围让参与者感觉舒服并且乐于给你所有方面的反馈。做到礼貌、向上、开朗和尊重。
- 避免在别人作批评发言时打断他们,并且千万别为你现在做事的方法辩解。
- 把问题留在最后解决。不要质问或者暗中评论参与者的言论。
- 承认团队成员可能表达的言论并且感谢他们在言论上所下的工夫。然后做一个以下陈述:我们很高兴我们做了你愿意做的事儿。我们在这里的主要目的是确定我们可以做得更好来满足你的需求,而我们怎么才能做得更好?
- 保证团队时间是预先确定的;通常一个小时到 90 分钟是团队会议的最佳时长。焦点小组座谈时间太长会让人们失去兴趣。
- 记录整场会议并且整理出会议关键词以备用。当你分析会议结果时,主要分析那些关键词可能会有助于你理解顾客想要什么。
- 在焦点小组座谈会议最后,当然要感谢所有参与者的付出。

对于成功的小组座谈而言,关键是仔细分析你所收到的消息。就算是一个词,对于整个讨论都要仔细记录也是应该的。这可能很耗体力,但只要对于高质量数据进行仔细加工,就可以产生更重要的,且在其他讨论会上产生不了的深刻见解。

利用探索小组收集顾客意见

可以组建**探索小组**(explorer groups)到别的企业那儿去看看它们是怎么运作的。当你听说别的企业有一种管理方法很有效时,派遣一个探索小组去看个究竟吧，之后让他们对所探索到的东西进行分析，以打分的形式来表示它是否能被运用到自己的企业中来。另外，探索小组并不是一定要被派去竞争对手那儿的，也可以被派遣到完全不相关的企业那儿去，因为我们的重点是得到新思路和新想法。

还有一种收集有效数据的方法，就是让探索小组假扮顾客来"探索"自己的企业是否为顾客提供最优质的服务。让探索小组以打电话的形式询问自己企业的一些部门负责人，看看他们是如何对待顾客的，并思考以下问题：顾客可以接受这样的态度吗？他们会有怎样的感受？然后，也可以直接去走访自己企业的某些部门，看看你作为一个"顾客"是怎么被当面对待的。

其实，探索小组就是**观察性研究**（observational research）的一种形式，如果好好规划，那么就会十分有成效。在进行探索之前，先明确自己追求的是什么，然后将探索范围缩小。举个例子，如果你想办一个商品展，那么在为如何办好商品展寻求思路和想法时，可以把重点放在商品展的相关因素上，而不是诸如员工表现等别的因素。如果你有兴趣知道你的竞争对手如何开展培训课程，那么查出课程的具体安排和方案，不需要将定价等其他因素纳入探索范围。

> 派遣员工去打探别的企业是一件既有趣又能获得情报的事。

对于员工而言，探索是十分有意思的。有一些员工会对自己被"指派"去发掘新思路和视野的过程十分享受。等探索小组打探完消息后，记得一定要认真聆听他们的建议，并决定是否将探索到的思路应用到自己的企业。

利用顾客调查搜寻意见反馈

顾客调查（customer surveys）就是系统地提出一些问题来让顾客回答，从中获取被访者的想法（如果受访者是随机抽取的样本，那么就可以大致反映顾客总体的基本情况）。选择受调查样本对于结果的准确性而言至关重要。**随机样本**（random sample）就是指所有顾客都有同等几率被选中参与调查。

分层随机样本（stratified random sample）是指先给所有顾客进行分类，然后对其中一个分类的顾客进行调查，这个分类中的所有顾客同样也是有同等概率被选中参与调查。举个例子，某银行决定对高资产人士（那些资产超过 300 000 美元的人）进行调查，来收集他们对银行服务的意见。

> 为了高效地获取反馈，顾客反馈调查问卷必须谨慎地设计。

从人口学考虑，调查到所有人是不切实际的，所以我们要从不同的分类中选出随机样本进行调查。如果运用了正确的选择机制和以数据为基础的分析，那么调查样本就能精确地代表同一个分类所有顾客的想法。

当你正在设计一个顾客满意度调查的时候，你要问顾客什么问题是十分重要的。怎样问、什么时候问、隔多久问，也同样重要。然而，进行顾客满意度调查最重要的是你怎么对待顾客给出的不同答案。

顾客调查问题的小技巧。你可以运用一系列的技巧来询问顾客对你的企业、你的产品还有你提供的服务是否满意。下面有几种方案可供选择：

- 在他们离开你的店面之前进行一个面对面式的采访。
- 对在家或在工作单位的顾客采用电话调查的方式。
- 将调查表电子版发送到顾客的邮箱，并要求他们填完之后发还。尽量使用私人邮箱地址以避免被当做垃圾邮件，并注意调查表设计得简短一些、方便填一些。
- 将调查表发送给顾客让其手写，并以回寄问卷调查的形式，将调查表寄给公司。
- 让顾客登录网页在线填写简单的调查表。当然，公司需要送顾客一些福利（如一些电子折扣券）来让顾客更愿意花时间来完成调查表。

什么时候进行顾客调查？进行顾客满意度调查的最佳时机就是在顾客消费不久之后，尚记得消费经历的时候。如果太迟，得到的结果可能不太精确，因为顾客可能已经忘记一些交易时候的细节，将你的公司和别的公司混淆，也可能会凭空粉饰一些回答来应付你。

在满意度调查表中问些什么？曾经有一些主张，认为在调查表中其实只需要问一个简单的问题就行了，比如"您是否还会再来光顾？"NPS发明者在早些时候倾向于只用这样一个问题："您愿意将我们公司推荐给他人吗？"

这两个问题都是最基本的问题，是在调查表中必须出现的问题，但我们如今需要改变这些基本问题的形式来获取更多信息。像那些只需回答是与否的问题（参照开放性问题那一段的描述），对顾客而言，随便应和一声"会的"来回答"您是否还会再来光顾"实在是太容易不过了，可能他们心里不是这么想的，但也会回答"会的"。之所以进行满意度调查，是因为你想要为公司做出改善，向顾客预期的理想型方向发展，所以这样设计问题是不行的。

你需要先问一些调查顾客满意度的基本问题：
- 您对此次消费（产品质量）的满意程度是怎样的？
- 您对我们的服务质量的满意程度是怎样的？
- 您对我们公司整体的满意程度是怎样的？

然后问一些和"顾客忠诚度"相关的问题：
- 您再来光顾的可能性是多少？
- 您将我们公司的服务/产品推荐给他人的可能性是多少？
- 您将我们公司推荐给他人的可能性是多少？

如果你为受调查顾客回答这些问题设置了一些选项，那么你就得确定它们是否囊括了所有可能的选择。对于调查问卷的问题设计超出了本书的内容范围，然而，KISS（keep-it-simple-surveyors）原则依旧是个不错的指导方针。

> 确保调查的简单、简洁，不要让回答者负载过重。

还有一种选择就是不问顾客任何问题，而是用一系列陈述性的句子来让顾客以"同意—不同意"进行梯度评断。例如：

请在符合您情况的分数上画圈：1=非常不同意；2=不同意；3=一般；4=同意；5=非常同意

1. 商店选址在便利的地方。	1	2	3	4	5
2. 银行出纳员普遍友好。	1	2	3	4	5
3. 当我需要和经理谈话的时候，他随叫随到。	1	2	3	4	5
4. 产品价格公道。	1	2	3	4	5

注意，确认给出的陈述性语句中只存在一个变量。举个例子，避免给出"商店引人注目且员工秩序严明"这样的句子，因为顾客可能同意前一点而反对后一点。同样的，"公司产品和公司服务的价格公道"可能会使那些认为产品价格公道而服务价格太高的受访顾客无从下手回答。

以下三个考察顾客忠诚度的陈述性语句可能会为你提供一些思路（同样也是运用1~5分梯度来表示顾客是否同意）：

- 我对 _____ 公司觉得满意。
- 当有需求的时候，我倾向于继续来 _____ 公司进行消费。
- 我将会推荐 _____ 公司给我的朋友。

如果除了这三类问题之外,你不再做别的调查,那么你也能获得相当可靠的信息来分析顾客的忠诚度了。

当然,你也可以用别的关键问题来对顾客喜好进行深度发掘。举个例子,如果你怀疑,排队等浪费时间的事情对于顾客而言是不是一种潜在的不满原因,那么直截了当地问吧。使用"我能快速地获得服务"这个陈述性句子,让顾客以"同意—不同意"进行梯度评判。同样地,任何你听到的可能导致顾客不满的因素(如价格、系统、人员等)都值得一问。

有些企业还会在调查问卷表上腾出一部分空间来让顾客填写对自己企业的评论。这种开放性的提问也十分有效,同时也能够让顾客觉得该企业十分重视他们。

进行顾客调查的频率是怎样的?对于这个问题,最好的答案是"将频率控制在既能获得有价值的信息,又不会让顾客厌烦的程度上"。现代技术让我们获得顾客反馈的渠道变得更多,但有时候也会导致"**反馈疲劳**"(feedback fatigue)。顾客每一次消费完后,公司都将反馈表通过电子邮件发给顾客,或者通过电话询问来寻求反馈,诸如此类行为很可能会让顾客厌烦。这样十分恼人,而且可能导致你获取到扭曲的信息。如果你公司的顾客反馈比例(填写调查问卷顾客占总顾客的百分比)有所下降,那么可能是你引起了顾客的反馈疲劳。这样的情况如果出现了,那么暂停一下你的顾客调查吧。

> 避免过度频繁地进行顾客调查,因为这可能导致顾客的反馈疲劳。

除此之外,进行顾客调查的频率应该和你与顾客接触的频率挂钩。如果你是卖汽车的(或者其他类似的只需经历一次消费的产品),那么在顾客消费之后作顾客调查是十分正确的。但如果你是卖那些小玩意儿、可能每隔几天都能见到相同的顾客的商店,那么频率过高的顾客调查就容易引起顾客的反感。如果你察觉到了你的顾客调查频率引起了反馈疲劳,那么直接问问他们是不是如此也不失为一个好策略。令人舒适且真诚的交流可以加强公司和顾客的关系。

完成顾客调查后我们应该做些什么?怎样对待顾客提交的调查问卷是最最重要的环节。收集完信息却不进行系统的处理等同于浪费公司的时间和精力——"不情愿遵从"型公司就会这么做。

将从不同顾客那儿获得的反馈进行系统的整理,并从中看出一些趋势。如果从你对反馈的分析中，发现了自己公司的不足之处，那么按轻重缓急将这些不足之处进行排序。首先处理顾客投诉的一些方面，在这一过程中，可以研究一下顾客所给出的建议来更好地改进自己。

最后，寻找一些方式来告诉人们，你和你的公司十分感谢顾客给出的宝贵反馈，并且已经根据他们提出的不足之处开始着手改善。这样会使得顾客认为自己受到了你的重视和尊重，并乐于再次光顾你的公司，也乐于再次做出反馈。所以，使用你的企业报纸或者其他形式的沟通手段，来告诉顾客你的感激之情，并向顾客展示自己公司所做出的改善已具体落实到哪里，同时也向顾客传递这样一种信息：为了满足顾客的利益，我们不断地改善自己。

利用"神秘顾客"方法收集产品或服务信息

神秘顾客（mystery shoppers，有时也称秘密顾客）是被雇用的评估者，他们作为顾客来联系公司，并评估他们是怎么被公司对待的。通常，一个神秘顾客对于独立调查机构是一个契约工作者，这种机构受雇于零售公司、饭店和相似的商家，提供对于商家的顾客服务的客观评价和对商家其他方面可能的评价。

神秘购物与众多提供此项服务的公司已经形成了一个大行业。如果你用谷歌搜索"神秘顾客"，你将会得到超过 200 万个搜索结果。其中许多为公司提供神秘顾客服务，另有很多为招聘人们从事神秘购物工作的广告。没错，你购物也能获得报酬。

神秘购物帮助你从顾客角度更好地了解你的企业。

神秘顾客能帮助公司了解其顾客所经历的，可以通知公司它们需要改进的地方。有了正确信息，生意就能有一定起色。顾客调查结果可以用于丰富雇员培训内容，改进商业运营，提高产品质量，并使得本公司选址与其他公司的选址情况比较有了科学的依据。

神秘顾客的报告也会发现公司所取得的成就，而不仅仅是发现问题。顾客调查结果被用于帮助识别出商店地址和那些有着杰出顾客服务贡献的雇员应有的奖励。神秘顾客甚至在某个尺度下被允许奖励雇员。对于一个顾客来说，给一个雇员一份单据让他花一天时间去做一件有益的事是十分令人满足的。

神秘购物面临的一个挑战是可靠性问题，即每次的观察结果一致吗？例如，对不同的秘密购买者来说，对消极服务或者混乱的设施的感知是一样的吗？虽然公司在培训这些神秘购买者时费了很多时间和精力，但在评价体系中，依然有许多主观的东西。例如，一个神秘顾客对某项服务特性打分为5，另一位的分值则可能是3。谁是对的？并且，如果一个人的言语极度反对另一个人，一个管理者怎么把批评言论传达给雇员？神秘顾客可能会指责接待员无礼，但接待员可能会否认，如何判断谁是对的？

让我们看看最新、最前卫的神秘购物：使用数码影像。几家公司现在提供针孔相机检查并且用真实画面来记录真实经历。例如，一家名为"人类联系咨询网"（www.HumanTouchConsulting.com）的公司，记录了上千个交易（包括很多快餐店）来收集影像连续镜头。实际上，它们每一个都不再是影像本身，而是已经成为了记录和储存在电脑里的数码顾客服务形象了。评估通过网络流播在48小时内反馈给神秘购物的顾客组织。服务过程通过安装在评估者衬衫纽扣上的相机镜头拍摄。评估者使用绑在他的衣服里的小电脑来记录画面和声音。

这种科技的魅力在于特殊的相机消除了顾客的主观判断。一旦拍摄了下来，影像就可以在几天内被剪辑并全通过互联网发送到客户组织处。餐厅里的高层人员就可以与员工坐下来一同观看录像。高层人员可以很简单地问：你认为你和顾客相处得如何？然后坐回去，倾听员工阐述。员工得到的好处显而易见，有力的数据——这种反馈他能够用于提升服务技能。

隐藏摄像被广泛用于提高神秘顾客的准确性。

利用影像作为手段的神秘顾客能够及时发现餐厅、停车场和柜台区存在的问题，并及时给出没有偏见的卫生状况反馈，而这些问题（卫生状况）恰恰是导致餐饮业顾客流失的重要原因。总之，通过这种方法，管理者和雇员可以得到独特、详细与客观的反馈。

最终思考

获取和利用反馈是成功的关键。如果，由于某些原因，你无法将这一章中的理念付诸实践（也许你没有组织权威），那么，这里有些你可以做的事情：挂一个意见簿（complaint log）来了解顾客的想法，好记性不如烂笔头。至少要养成一个大概记下收到的反馈（尤其是抱怨的）和解决这些反馈所采取的措施的习惯。自愿地在员工例会或与员工的非正式交谈中描述你所收集到的这些想法。邀请其他人一同讨论如何改善这种情况或是头脑风暴一些其他可行的举措。

创建一个文档（电子或纸质实体的）来收集你的笔记和评价。时不时地看一看收到的反馈以及为了给顾客提供更好的服务所采取的措施。这样做有助于我们聚焦收集反馈的重要性并保持不断改进提供的服务。

要点总结

- 很多人不喜欢那些令人尴尬或伤人的消极反馈。有意躲避这些是人类的天性。
- 反馈是一种训练我们的形式，它能教会我们在我们所从事的领域做到更好。一个爱抱怨的顾客是我们的好朋友。
- 公司在收集反馈方面各有不同可分为："不情愿遵从型"（它们仅仅是为了收集反馈而收集反馈）、"积极聆听型"（它们开放并且能接纳不同的观点）和"指标关注型"公司（它们系统地处理反馈）。
- 对于一些组织，增加一些听取到的抱怨的数量可能会是非常有效的策略。如果收到的反馈的数量很少，那么可能是有些东西阻碍了客户反馈。
- 反馈表是一种相对贫瘠的收取用户反馈的方式，当然反馈表比什么都不做要强。反馈表的设计对于收到反馈的质量与数量有着巨大的影响。
- 计算 NPS 是一个十分简单的过程，它很好地提供了有关满意度的指标。
- 我们对顾客的抱怨的反应将会决定我们是否能够被这个特殊形式的"教练"青睐。我们的第一次应十分重要。不要对投诉和抱怨做出偏激反应，而是虚心接受批评。
- 四个系统的方法来积极地寻找反馈：焦点小组、探索小组、顾客调查和神秘顾客。
- 当客户调查这种手段被细心地设计并管理客户的随机样本（或分层随机抽样）时，它能够起到很大作用。重复调查是有用的，只要客户没有生气。
- 反馈疲劳是一个相当新的但越来越普遍的问题。当人们过于经常地被要求填写反馈表格（通常是在线或通过电子邮件）时，他们会十分反感。
- 小组座谈从客户和潜在客户那里收集非结构化的意见。探索小组评估其他公司所做的事情。
- 在神秘顾客和你做生意的时候，可以用观测研究技术反映出客户的体验。这个最新的方法使用隐藏摄像来收集异常有力的数据。

- 无论组织多么权威,你都可以在意见簿上保存简单的有利于提升服务质量的笔记。在组织内部,要构建起分享这些内容的机制,以更好地提升客户对组织的忠诚度。

重点概念

积极聆听	探索小组	神秘顾客	随机样本
意见簿	反馈疲劳	纯粹的聆听	不情愿遵从
顾客调查	焦点小组	净推荐值(NPS)	涟漪效应
同理心	指标关注	观察性研究	分层随机抽样

自我测试

1. 用你自己的方式描述许多公司无法获得足够的消极反馈的原因。
2. 组织如何能够对反馈更加开放?哪种方式的员工培训能够有所帮助?如果你是老板,你如何向你的员工阐释反馈的重要性?
3. 解释净推荐值的概念。为什么这种指标很重要?管理者如何利用这些数值提升服务?
4. 描述对待反馈的三种反应。选择三个你熟悉的公司或组织并描述它们是哪个等级。
5. 描述一下有关小组座谈的好处与坏处。它们如何发挥作用?它们会犯什么错?
6. 探索小组的好处有什么?它们会犯什么错?
7. 总结一下正确的调查有哪些重要的构成因素?调查在哪些方面可能出错?数据为什么可能是扭曲的?
8. 客户接受问卷调查的频率遵循什么样的规律?
9. 神秘顾客是什么?他们的反馈是如何提供有用数据的?利用这种反馈技术时,管理者应该避免什么?

实战:获取顾客反馈

1. 假设你有一家零售商店。设计一个反馈表以便收集有用的反馈。描述你将如何运转这个系统。谁会获得这些反馈表?你会如何鼓励用户去使用它?你会避免什么?
2. 关注一个你现在工作的组织。这个组织可能是个企业、教堂或者公民团体、学生组织抑或是班级。写一篇简述,描述在本组织中反馈的接受程度。领导人是否渴望并愿意接受反馈？他们是否用机制来收集反馈？组织是"不情愿遵从型"、"积极聆听型"公司，还是"指标关注型"公司？

3. 选一个公司或组织，调查一组顾客（可用大学一个班级），创立一个简单NPS选票，并邀请至少10名客户来完成它。计算净推荐值。和其他相似组织相比，你怎样看待这个数据？证明你的结论。

4. 为一个组织计划并组建一个小组座谈。描述你是如何准备它的，邀请正确的参与者，实施调查，并处理结果。这件事结果如何？你学到了什么？你下次将做一些什么样的改进？

5. 访问 Allegiance Technologies 的网站（www.allegiance.com）。看看他们的"即时倾听"系统的描述和功能演示。然后用谷歌搜索一下"顾客反馈系统"，看看你能找到什么。这些系统之间相比如何？基于这项调查，你将会为你的组织选择哪个系统？

6. 访问人类联系咨询网的网站，它提供有关公司评价经验的数字评价视频（www.humantouch consulting.com）。写一个有关这种方法的利弊的简述。在网上寻找提供相似服务的公司并作对比。

思考案例

对反馈的恐惧

一个商业杂志中关于对顾客服务的一篇文章开头的引文写道："去了解客人对我们的真实看法的最大障碍就是恐惧。我们害怕听到我们的客人说我们的产品或服务十分糟糕，或是我们是令人讨厌的人，我们从来不应该存活于世。"

达妮卡是一家中等规模的技术公司的营销经理，她读到了这个开头并认为这说得太对了！我们应该更积极地去收集和利用好的反馈。我手下太多的员工害怕收到反馈。他们似乎在避开那种令人痛苦的反馈——然而，如果我们想要发展我们的业务，我们恰恰需要这些反馈。

达妮卡是一个很好的业余高尔夫球手，并且她知道教练指导的价值。自从她雇用了教练罗伊——一个脾气很坏但总能在她犯错的时候快速地指出她的错误的人，她的球技有了戏剧性的提高。有时候罗伊会显得很烦人——他是如此的拘泥于细节——但他的帮助使她在球技上的障碍越来越少。达妮卡想：也许我需要像打球一样去关注顾客的反馈，虽然偶尔会觉得痛苦，但却总会很有用。

> 她所读的文章讲述了一个澳大利亚的啤酒公司通过利用顾客的反馈来做公司决定从而取得了很大成功的事情。他们甚至让顾客来帮助决定营销计划并为他们的新产品命名——经营决策通常由执行委员会决定。从某个方面来说，啤酒公司将它的所有权从公司转交给了顾客——这种做法为该公司赢得了很好的口碑。
>
> 另一个例子，讲述了一个玩具零售商每周发放调查问卷给其600万的用户群，向他们询问近期的购物体验，甚至包括了洗手间的卫生状况！公司的建立者将公司戏剧般的成功归功于其注重收集顾客的反馈。
>
> 达妮卡想：哇，那就是我想在公司看到的情景。我们应该更积极地去收集客户的反馈，只是等待它的到来是充满危险的。为了了解客户的想法，我们必须去询问。
>
> **问题**
>
> 1. 在这一章中这一事件是如何强化这些思想的？反馈如何像找教练训练一样？
>
> 2. 如果达妮卡的大部分客户只通过网络和电话与公司进行交流，那提高反馈收集情况的最好办法有哪些？请具体说明行动计划。
>
> 3. 假设达妮卡的公司不愿意收集顾客的反馈，员工也都是走走过场，没有对公司十分的忠诚。她应该采取什么办法去让公司变得在收集反馈方面更有进取心？

不断实践以构筑顾客服务战略

让我们再回到那个你选择的案例。你可以选择你现在的公司，具体某个你想去的组织，或者是在第1章提到的两个假设组织中的一个：独立汽车销售与服务公司（IAS）或是网络营养品经销公司（NND）。当你构建一个顾客服务战略时考虑以下问题。

战略规划问题

1. 考虑在本章提及的赞成和反对的三个层次反馈的接受程度的议题。选择一个"不情愿遵从型"公司、"积极聆听型"公司或者"指标关注型"公司，并介绍一个案例。

2. 为实现组织的成功，你将实施怎样的机制以收集有价值的顾客反馈意见？

3. 开发一个有效的顾客调查机制以便最好地反映公司的需求。使其足够详细以便收集重要的数据，同时不会增加顾客的负担。找一群与你的顾客相似的人群去填写你的报告来预先测试你的服务。要求他们反馈有关这项统计调查的清晰度、易用性和整体效益。

4. 如果分数比你期望的低一些，就用开放性的问题征求员工意见，从而激励他们变得更加忠诚。确定两三种能够明确采取的行动，来提高员工的忠诚度。
5. 你认为，你所在公司员工对负面反馈意见的接受度如何，请进行简单的描述，内容包括你的个人感受，你和其他人怎样屏蔽富有价值反馈的，等等。注意，一定要非常详细。

□ 注释

1. Fred Reichheld. *The Ultimate Question* (Boston: Harvard Business School Press, 2006), p. 21.
2. These U.S. Office of Consumer Affairs statistics are quoted in [no author] *The Customer Service Manager's Handbook of People Power Strategies* (Englewood Cliffs, NJ: Prentice-Hall, Inc., 1999), p. 3.
3. Ibid.
4. *http://www.dataviz.com/eforms/feedback/generalfeedback.html*. Downloaded March 3, 2006.

第 9 章

挽回可能流失的顾客

建立信任和维持关系

挽回顾客的重要意义

平均而言，企业每五年就会失去一半的顾客。这个事实让大多数人感到震惊，包括绝大多数顶层高管，他们几乎不会注意到顾客大量流失的原因，更不必说解决办法。因为他们并不权衡顾客流失意味着什么，不做什么努力去挽留他们，也未能从顾客流失中得到启示用以改善自身。

另一项研究结果也令人不安。数据表明：不满意的顾客会一直表达他们的不满长达 23 年之久。你能回忆起只因多年前一次不悦的经历就再也不会消费的品牌或企业吗？据我所知，因为 30 年前的邮轮泄露事件，有些人拒绝购买埃克森美孚公司的石油；也有人因为他们的爸爸在上一代拥有的是残次品，就拒绝考虑此类汽车品牌。而且我打赌，你们能够想起一家多年未去过的餐馆，只因为在那里有过一次糟糕的经历或者吃坏了肚子。

没有公司能承受自己在市场中声名狼藉数十年之久，也没有公司在每五年就流失一半顾客的情况下还能强大，尽管那是多数行业的平均值。管理者都会认同这些，但令人惊讶的是他们几乎不去关注如何解决顾客流失的问题。大约 80% 的营销预算用于增加新客户群，即使用新顾客替换掉一个流失的顾客比维持一个现有的顾客的花销要多 3~5 倍。公司若做出些简单努力去留住已有的顾客，结果反而能戏剧性地变好。**顾客挽回**（customer recovery）——做出努力，让不满意变成满意。

☐ 了解顾客挽回

当顾客遇到服务质量问题时，能否留住顾客会极大地影响公司的盈利水平。

调查表明，为挽回顾客投入的努力和金钱，一定会有回报。许多组织的研究结果表明：为保留顾客，每投入 1 美元，会获得 2 美元的回报。

此外，有研究表明，在民航业，通过良好服务补救留住的顾客会更多地乘坐该公司的航班，这与我们在第 8 章中讨论的"采集顾客好的反馈"的基本原理是一致的。一位被保留下来的顾客会变成更有价值的顾客。

相反地，未被挽回的顾客会造成很多负面影响。综合各种不同的调查得出如下结论：

- 在网上看到其他顾客给公司差评，60% 的网购者会停止购买或避免与这些公司打交道；
- 在有过不愉悦顾客体验的人群中，79% 的人会选择将此告知他人；
- 有 85% 的人想要分享他们糟糕的经历，从而警示其他顾客；
- 有 65% 的人想要劝阻他人，不要在他们厌恶的品牌那里消费；
- 有 76% 的人表示，他人的言论会对他们的消费决策造成影响。
……

当公司未能前瞻性地力图挽回流失的顾客时，它们便错过了一个巨大的机遇——修复被破坏的顾客关系。问题的起点，是许多公司甚至不知道它们失去了多少顾客。来自 loyaltysolutions.com 网站的服务专家吉尔·格里芬发起的一项全国范围的调查发现，高达 50% 的市场和营销领域的管理者无法认定公司年度流失顾客的比例，而认为自己知晓公司顾客流失比例的人表示，平均比例在 7% ~ 8%。也就是说，他们的公司每年会流失 20% 甚至更多的顾客。

> 没有闯劲、不去争取流失顾客的公司会错失良机。

另一项全国性调查也显示，43% 的销售经理和 47% 的市场经理表示他们从未与**流失的顾客**（defection interview）交流过，如此便使得公司失去了获悉顾客流失根本原因的机会。即使有些公司与流失的顾客进行过交谈，它们也没有了解到真正的原因。研究表明，最近流失的顾客往往不愿告知公司他们离去的原因。也许他们认为解释为什么离开是很尴尬的事情。他们会用一些简单的托辞来代替，例如，"我要搬家了"或是"我不再需要您公司的产品了"。通常而言，等一到两个月再去寻找真正的原因会更好。除非有很高的灵敏度，否则，想从与流失顾客的交谈中获得准确的信息是很有挑战性的。为了获得诚实的回答，你还需要获得流失的顾客的信任（很有可能刚刚被破坏）。

美国新泽西州帕拉姆斯市根据营销绩效发起的一项研究发现，与开辟新市场相比，公司在流失的顾客中赢得订单的机会要大得多。调查发现，平均每一个公司都有这样不变的定律：

- 60%～70%的可能性成功对"活跃的"顾客重复销售；
- 20%～40%的可能性成功对流失的顾客进行销售；
- 仅有5%～20%的可能性成功对潜在顾客进行销售。

如果你重获顾客，他们就进入了公司的第二生命阶段。这种"**第二生命周期**"（second life cycle）的顾客（挽回的顾客）至少能在四个层面上，显著区别于他们本身在"第一生命周期"的表现：

1. 挽回的顾客已经熟悉你所提供的产品或服务。你不需再告知他们你能够提供什么。

2. 对于这种特殊的顾客，你很可能已经掌握了他们比任何新顾客更多的关于喜好的数据，并能提供更有针对性的服务。

3. 这类顾客也许对公司努力重获他们的行为感到受宠若惊。这种情况下带来的销售额，往往比最近出现的新顾客能够带来的更高。

4. "未来发展阶段"和"新顾客阶段"的长度在第二生命周期内要短于第一生命周期。顾客会很快适应与你交易。

> 挽回顾客并不是件简单的事，但是却可以带来巨大的盈利空间。

我们在第6章中已经讨论过尽量减少走弯路的重要性。这些努力是值得的，但是现实表明，我们无法十分确定地预知（更不必说预防）顾客每一种可能的抱怨。简言之，不满意的情况一直都会存在。但我们为此选择做的事，长远来看能够培养顾客的忠诚度。这通常不容易做到，但是挽留顾客能够带来巨大的利润。若想有效解决顾客的抱怨，拥有正确的态度以及掌握本章中我们将要讨论的相关技巧是第一步。

□ 挽回顾客要保持健康心态

> "顾客永远是对的"也许并不是一句好的格言。最好去考虑一下"双赢"，而不是想谁对谁错。

最好的态度来自想与顾客达成双赢关系的期望。在谈生意时，双方都希望自己感觉良好。"顾客永远是对的"这种态度并不必要，问题并不在于顾客或卖家哪一方是对的。正确的态度是合作和解决问题，这样才能够赢得忠诚的顾客。

除了寻求一种解决问题而不是追究责任的态度外，如果将服务补救视为一种**机会的态度**（attitude of opportunity）而不是一项痛苦的杂事，它会以最优的方式解决问题。虽然如此，我们中的绝大多数更倾向于不听取顾客的抱怨，这是天性，但考虑到顾客的不满的确会发生，接受这个机会，迎接挑战的态度是很有益的。顾客的抱怨也是巩固彼此关系的良机。这些顾客关系中的绝大部分值得公司挽留，尽管偶尔——我强调的是偶尔——我们也需要放弃那些长年抱怨的顾客，我们会在后面的章节讨论到这一点。

> 永远将顾客抱怨视为修补关系的良机。

若要把它当成机遇，首先要理解抱怨其实是用以改善自身的触发器。若没有消极的或需要改善的反馈，也不可能积极地做出改变。而且，这些消极的反馈中，大多数是以抱怨为表现被我们所知的。

没有人喜欢听到抱怨，但这些的确是有可能实现改变的良机，没有理由抵触。我们应该谨慎地记录抱怨的数量和得以解决的数量。更重要的是，顾客的抱怨一定要被交代到恰当的公司部门去解决，从而降低再次发生的概率。请记住，越来越多的抱怨往往是成功的标志，而不是失败。通常，喜欢抱怨的顾客都是最忠于这个品牌的人群。英国航空公司发现，抱怨的顾客中87%的人都不会流失。

公司若想改善自身，对外界的防御性是一大敌人。为了在顾客服务领域获得成功，我们需要尽力去减少自身的防御性，并把注意力集中在如何让不满意的顾客变成我们的挚友！

> 抵制顾客意见是企业实现改变的最大敌人。

新视野

应对麻烦顾客的行为建议

当你的产品或你的服务让顾客失望时，他们情绪的低落很容易变成强烈的不满，并很可能想要把这些不满发泄到你这里。在着力于解决问题前，要首先处理好这些情绪。

这里有针对处理顾客的人性化需求的五点行为建议：

1. 不要让他们先来找你。顾客可能偶尔使用煽动性语言来诋毁或做出情绪化的评论——不要上当。他们本就情绪不高，因此这些言论可能并非出自本意。给他们留些余地。集中注意力去不作防御地、积极地听取他们的意见。不要把他们偶然不和谐的言论太过当真。

2. 聆听—聆听—再聆听。冒着白费口舌的风险，运用一下我们在第3章讨论过的关于聆听的理念。表现出你在聆听。顾客想要知道的是，你是否在意他以及你是否关注他的问题。

3. 不要一直说抱歉。"抱歉"是一个被过度使用的词汇。任何人做错事时都会使用，这就失去了它原有的意义。你有多频繁地听到这句话？——"很抱歉，请告知我细节，我会为您处理"与"我道歉，因为……"相比之下要好很多。而且，如果你一定要表示歉意，那么确保你说的是一句包含道歉的完整的话。例如，"史密斯先生，我很抱歉您没有如约收到信息"（在比较麻烦的情况下，使用顾客的姓名也不失为一种好的方式）。

4. 移情领会。物理研究得出的结论表明，移情是一种本能，是人脑的直线思维。我们会本能地体会他人的感受。在对待顾客时，移情并不一定要达成共识，它仅仅意味着对顾客的语言和思想的接纳。最基本的表达就是"我理解你的感受"。显然，这必须是一种真诚的回应，如果你不真诚，顾客会意识到这一点并且会觉得受到了轻视。移情的表达可以这样："我能体会您的愤怒"或"我懂您的意思"。在此重申，这种回应必须是真诚的。

5. 建立密切的联系。有时在对顾客移情的表达中加上一句，把自己也包括进来，这是很有用的，比如"我能体会这种感受"或者"我也不喜欢一直等待"。这会表明你站在顾客的立场，并且达到建立联系的效果。一些顾客服务领域的人员对这种方式的回应表示担心，因为他们认为下一个问题就会是"为什么你们不改进呢？"其实，对于大多数顾客而言，如果你表现得很通情达理并且关心他们的感受，他们不会再提出一些过分的要求。

如果他们确实这样问了，那么坚持理解他们的感受，并告诉顾客你们在此种情况下会采取什么措施，例如"我会把这件事上报给经理"或者"我会尽我全力保证不会再发生这种情况"。

> **新视野**
>
> ### 应对麻烦顾客的行为建议
>
> 下表列出了一些词语，描述你在面对麻烦顾客时可能出现的情绪，选出最符合你心情的 5 个。看完这章后，再回顾一下这 5 个词语，看看在应付这些情绪方面是否有更好的想法。小组讨论，交流其他人是否有类似的情况，请教他们的解决之道。
>
> | | | | |
> |---|---|---|---|
> | 害怕 | 自信 | 愚蠢 | 宽慰 |
> | 生气 | 困惑 | 受挫 | 难过 |
> | 焦虑 | 满足 | 乐意 | 愚蠢 |
> | 无动于衷 | 心烦意乱 | 犹豫不决 | 不舒服 |
> | 无聊 | 渴望 | 屈辱 | 心神不安 |
> | 冷静 | 狂喜 | 高兴 | 渴望 |
> | 谨慎 | 兴高采烈 | 紧张 | |
> | 舒服 | 兴奋 | 自豪 | |
>
> 最符合我的心情的前 5 个词语：
>
> 1._____
>
> 2._____
>
> 3._____
>
> 4._____
>
> 5._____
>
> **问题**
>
> 1. 当你视其为机遇的时候，你怎样控制这些情绪，把不良的转化成积极的？
>
> 2. 多大程度上，这些情绪是自发的、无理由的？你有可能试着去控制它们所反映出来的害怕与不安吗？举例说明你可能做的。

□ 提高自己的挽回顾客的能力

为了减轻我们的负面情绪波及那些正生气的顾客，我们需要提高我们的**挽回技巧**（recovery skills）。正如题目所说，我们要尽力挽回那些潜在可能丢失的顾客。通过应用以下方式，我们可以更好地做到。

感受他们的痛苦

提高挽回能力,第一步是要认识到,那些烦躁的顾客易于表现出失望、生气、灰心丧气甚至是痛苦,而且他们还会在一定程度上对你发火。通常,他们想让你做到以下列出的部分几点或者全部:

- 聆听他们的麻烦,严肃对待。
- 理解他们的问题及他们心烦的原因。
- 分担他们的紧迫感,让事情迅速解决。
- 对他们的不满或者麻烦给予补偿。
- 消除更深层的不便。
- 尊重且耐心地对待他们。
- 看到有人因为这种问题受罪(偶尔)。
- 安慰他们这种事再也不会发生(在他们身上或者他周围)。

也许你不用在每个情境中都需要做到以上所列的各个要点,但通常这些心烦的顾客需要你做到其中一些,总而言之,感受他们的痛苦。

认清问题后全力解决

确定你对顾客的忧虑及需求有清晰的理解和把握,适当地问话来更好地阐明顾客的问题,但不要质问。一些话,诸如"稍等,我看一下"或者"您能告诉我发生了什么吗",可以向顾客传达出一种信号:你很感兴趣,并乐于提供帮助。

> 询问清楚他们忧虑的事,但不要用审问的态度,否则会使顾客产生防御情绪。

一旦你对问题的本质有清醒的认识,尽快解决它,顾客将会很感激你为尽快解决其问题所做出的努力。如果一个东西需要调换,立即换;如果一些产品需要修理(或再次修理),那把它放到第一位;如果送货时间需要重新安排,立即着手调整并且与顾客确认。分担他们的紧迫感,他们会感激你做的任何事,尤其当你可以很迅速地做。

做得更多一点:提供"象征性补偿"

听起来虽然有点宗教味道⊖,其实我们正在做非常接地气的事。象征性补偿简

⊖ 象征性补偿的原文为"symbolic atonement",意为象征性赎罪,故作者说有宗教味道。——译者注

单来说就是为顾客做一些事来弥补他们的损失。要有关心的态度,这完全出于自愿,你不会从中得到任何回报。这通常不能修复问题,但它表明你在努力。正是你的这些"额外的事"才能让顾客平息怒意,然后解决问题。

这种补偿是象征性的,因为,很多时候,你不能完全弥补顾客。例如,如果一个人向你抱怨他连续等了 15 分钟,这让他很烦,但你不能真的还给他 15 分钟,但你能象征性地向他表示你很理解。再如,一个顾客退换一个残次品,你不能弥补他所花费的时间和精力,但你能以送他一些东西来感谢他跑来耗费的体力。

> 对于顾客遭遇的麻烦提供象征性补偿。

我们还能做些什么来补偿?本书的第 10 ~ 12 章将会深入探讨这个话题,其间,将为您呈现一些象征性补偿的例子。下面举一些例子,或许可以帮助您更好地和那些怨声载道的顾客相处。

- 对要运送或者要修理的货物提供接送服务。汽车公司经常外出接送有缺陷的汽车返厂修理,而不需顾客亲自送来。
- 送给顾客一些商品或者礼物来消除他们的不满。这礼物或许很小,但这种理念会受欢迎。像餐厅对排长队的消费者提供免费甜点,或者多送顾客一套副本来弥补打印工作的些微拖延。不在于礼物多贵重,有这份心才是最重要的。
- 赔偿顾客为退货而产生的一些花费,如停车费等(电子商务经销商经常支付所有的退货邮费来减轻顾客的不满情绪)。
- 承认顾客的不满并感谢顾客能给你一个机会纠正。一个真诚的道歉能帮助你走得更远,要注意道歉的措辞要真诚且平民化。例如,可以说"真不好意思,您得等",而不要说"公司对此耽搁表示歉意"。表示歉意时可以说"我们能理解那有多烦……"或者"我也特别讨厌这种事,对您所经受的表示歉意……"
- 坚持到底,确定顾客的问题已经被解决了。不要假定,除非你亲自处理然后和顾客一起已检查确定。

或许有些事你没有权力做(即使有些事其实并不值什么),但你可以去向你的老板争取。和顾客站在一条战线可以减少很多麻烦。如果一切顺利,在帮一个不开心或者发飙的

> 如果你知道怎么解决问题却没有权力做的话,站在顾客一边,去向你的老板争取。

顾客解决问题之后，你会获得一种真正的满足感。

服务快照

MarketingProfs.com 挽回了一个丢失的客户

几年前我在网上订阅了一份叫《市场专刊》的时事通讯期刊，几个月过后，我发现它对我当时的研究并没有太大用处，就决定把它退了。我注意到信用卡里每月还会有小额的扣费，但也没有太在意。直到有一天，我想登录它的网站，但系统却不让我进，我就给出版商发了一封邮件。令我惊讶的是，我很快就收到了一封友好的、人性化的回复。更出乎我意料的是，这明明是我的过失，他们却把责任揽了过去。下面是我最初的邮件和他们的回复。

我最初的邮件：

发送：《市场专刊》

主题：来自一位用户的意见

我每月都被扣钱，却登录不了这个网站。我试过有一会儿了，但我现在就需要登录。

他们的回复：

（我在一小时内收到下面这封来自"客服"的邮件）

主题：《市场专刊》登录问题

你好，保罗：

看来你几个月前点了我们邮件里的"退订"链接，那我们肯定是将您从我们的会员名单中除去了，但是事实上并没有成功暂停扣除月订购费，我也不清楚到底是怎么回事。

我希望我能退您那些钱，但是由于我们的信用制度，我动不了90多天前的交易，我会做以下事情来补偿您：

1. 恢复您的会员身份，您的密码仍然是xxxyzz；
2. 我取消了您的月付费状态，所以付款暂停了；
3. 将您升级到了高级会员（正常是199美元/年）。

现在，您可以浏览网页上的任何内容，包括我们的网络研讨会。您会继续接收新的期刊，还有接下来的研讨会公告。我们下一次研讨会在周二，主题是关于搜索引擎最优化。

> 您可以点此阅读研讨会内容：
>
> http:/www.marketingprofs.com/newsprem/library/default.asp
>
> 您的高级会员身份将会在明年的 2 月 12 日到期。希望您对这样的解决措施满意，对于您的老会员身份出现的故障我们深表歉意。
>
> 如果还有什么需要我做的话，直接与我联系。
>
> 您真诚的，
>
> 雪莉·瑞恩
>
> 客户服务主管
>
> www.MarketingProfs.com
>
> 会员热线电话：（888）572-7934
>
> 没什么说的，《市场专刊》所做的这件事每个细节都无懈可击。他们回复迅速，解释并解决了问题，并且用高级会员的形式给了我"象征性补偿"。做得好，雪莉！

追溯问题起源并从不同的情境中学习

当你解决了一个顾客的困境后，要追溯问题起源，并着眼于提升自己的技能。思考你怎样运用了你的补救技能，然后问自己以下几个问题：

- 顾客抱怨的本质是什么？它主要是由什么产生的，价值、体系或者误会？
- 顾客怎么看这个问题？谁应该受到责罚，是什么激怒了顾客，是什么让他如此生气心烦？
- 我怎么看这个问题？顾客需要负一部分责任吗？
- 对促成这种状况改善的顾客，我应该说什么？
- 我说了或做了什么使情况恶化吗？
- 对顾客我是怎么表现我的关切的？
- 再来一次的话，我会做的不同吗？
- 我认为这个顾客会再跟我/我们合作吗？为什么？为什么不？

对你的回答做详细的笔记，这样能提升的你的自信和专业度。

如果顾客仍不满意，反思自己的行为

或许你可以时常很专业地解决麻烦的顾客，却并不是永远。人们并不都是和蔼可亲的，也做不到一直理性，所以有时候你也会很心烦。和顾客打交道时，我们从事着被研究者称为"**情绪劳动**"（emotional labor）的工作，也就意味着我们要做一些不喜欢做的事。例如，我们的工作要求我们积极向上，充满激情，即使我们感觉很糟（总会有低谷期），职业素养要求我们尽量避免自己的情绪波及他人，这些都可称为"情绪劳动"。

以下列出一些需要牢记的几点：

- 如果你在尽力使你的顾客满意，你就已经做了你能做的。
- 别当真。心烦的顾客说的话经常不是他们的本意，他们只是在撒气，在倾吐负面情绪。如果这些问题是由于你的过错造成的，解决它们并在这个经历中吸取教训，下次做好。如果你控制不了局面，尽力做你能做的，但不要气急败坏。
- 别向你的同事复述这次经历，也无须在脑海中回顾。做过就过去了，一遍遍地回顾并不会使情况好转，反而会让你更烦躁。然而，你可以咨询别人遇到此类问题时的解决方法。

提升服务技能需要长期的实践积累，回顾自己的优点和不足在提升技能方面很有效果，它会让你在以后更好地处理问题，注意从你的成功和失败中汲取经验和教训。

新视野

处理四种类型顾客的抱怨

通常公司会遇到至少五种不同风格顾客的抱怨。每种类型来源于不同的观点、态度和需求。思考以下几种顾客抱怨的定义，考虑你会怎么应对以及没有有效处理的后果。

温顺型顾客。一般来说，他们不会抱怨，在与公司发生矛盾时，他们经常保持沉默，但倾向于向那些觉得聊得来的人抱怨。

我们的做法：认真征求意见和建议，并且恰当地解决这些问题。在小的不快变成大的投诉之前摸清他们的脾气。

攻击型顾客。与温和型顾客截然相反，这种顾客很容易发火，言辞激烈且滔滔不绝，他们从不介意在很多人面前捣乱。

> **我们的做法**：仔细听，确定你清楚了来龙去脉，承认问题存在并且告诉他我们会做什么来解决问题，以及何时做。别发生正面冲突，缓和你的语调，避免攻击性的言辞，那只会火上浇油。攻击型顾客不喜欢听借口或者问题产生的原因，所以跟他们交流没必要拐弯抹角。
>
> **情绪突变型顾客**。追求产品的高质量并乐于为之付费，抱怨时通情达理，除非受攻击型顾客的影响。
>
> **我们的做法**：他们对结果感兴趣，所以我们需要做的就是弥补不足，认真地聆听，适当地询问来深入了解他们的问题。常问"还有吗"，然后改正过失。和攻击型顾客很像，他们对原因也不感兴趣。
>
> **"敲竹杠型"顾客**。他们不在意投诉是否得到解决，其最终目的是从公司获得一些小便宜。他们不停地重复"你们做得的确不够好"，任何补救工作对他们来说只是徒劳。幸运的是，这种人并不常见。
>
> **我们的回应**：一定要客观。用精确的数据来佐证你的回答，确定你提供的解决方式一定是公司在正常情况下可以做到的，在"我们做得的确不够好"之后要思考"我该做什么来处理？"。

□ 对付偶然出现的"魔鬼顾客"

德国有句谚语："固执是愚人的能量之源。"有时，我们会遇到"魔鬼顾客"，他们提出的问题可能是真实的，但他们是**习惯性投诉者**（chronic complainers）。我们要与这样的顾客划清界限，因为他们会提出无数不合理的要求，占用我们的时间，给我们造成"繁重的情绪劳动"。

以下是对付这种富有挑战性顾客的一些基本行动要领。

行动要领 1：确定对方是个"牢骚满腹者"

对付这种顾客的第一步是确定你遇到的确实是个"牢骚满腹者"，当你尝试过正常的调节手段发现都不起作用的时候，参照以下标志。

- 他们经常把错误归在某人身上，在他们的世界里，是不会有意外出现的，一定是谁犯了错，当然那也可能是你。
- 他们从来不承担一点责任，不承认哪怕一丁点错误。他们认为自己永远是清白的，是别人不称职和过失的承受者。
- 他们爱指点其他人应该做什么，喜欢定义别人的职责。如果你从一个人的口中听到的都是别人应该做什么，听到类似"他们经常、从不、必须、不能做什么"等词句的时候，那他应该就是个"牢骚者"了。
- 他们喋喋不休。正常人发牢骚的时候会不时停下来喘口气，但"牢骚者"几乎不停，似乎他们在说"还有"的时候就够喘气了。

行动要领2：知道该怎么应对他

当你确定你面对的确实是个"牢骚满腹者"（幸运的是，他们真的很罕见）时，试着做下面的事：

- 积极倾听，识别无休止的牢骚背后的不满本质，然后改用你自己的话叙述他的主旨观点，即使这需要打断他，也没关系。比如说，"抱歉打断一下，您刚才说包裹没有按时到，这使您非常生气是吗？"
- 向他求证事情真相，阻止他夸大或者笼统概括的趋向。如果他说"我打了一整天电话，但你们一直不接"，询问他打的次数和具体时间。
- 千万别道歉，虽然这是惯常做法。因为这种人的目的不是解决问题，就是想发泄怨气，你道歉的举动更会被看做是尽情发泄的邀请。相反地，你要做的是问类似这些问题："我们会延长您的保修期，您看这样行吗？"或者"如果……您看什么时候给您回电话合适？"
- 强迫他们摆出解决措施，尤其当他不同意你的方案时。另外，试着将谈话限制在一定时间内，可以说"我10分钟后必须和某人联系，您看在那之前我们能怎么解决这件事呢？"这样的拒绝可以让对方停止发牢骚，进入解决问题的状态。

行动要领3：暂停、冷静和反省

与顾客打交道的工作人员神经高度紧张，需要不时休息。情绪劳动很累，它的困难不仅仅在于处理投诉。拉斯维加斯赌场的发牌手频繁休息，因为经理知晓他们面临的压力。这些发牌手服务的人可能情绪波动很大（高涨或低沉），他们需要保持头脑清醒以防情绪枯竭，否则会影响他们工作的精确度。工作人员在处理完投诉和棘手的问题后或许会有极大的成就感，但他们付出了如此高昂的情绪代价。

应付完这样一个客户，休息一下，抽身出来。冷静后，回过头反思整件事，吸取经验教训。对于已发生的不要过分苛求自己，那没有任何好处，只要学到经验就好。

☐ 处理抱怨信件和邮件

目前，顾客基本不写信，正是由于这种行为很罕见，所以当他们这么做的时候，意味着事情很严重。信件使顾客的不满具体有形，所以回复他们并记录很有必要。

邮件投诉则越来越普遍，是顾客青睐的一种方式。虽然这也需要"写"，但它很便捷。写邮件对一些人来说也并不容易，因此，我们需要尊重顾客耗费的精力，认真回复。

> 尊重投诉的顾客所耗费的时间和精力。

尽管如此，数不清的信件仍然石沉大海，你可能也有过这样的经历，信件从人间蒸发，电邮消失在网络空间。当公司这样做的时候，只会激起顾客更大的不满。

所以，对于投诉信件和邮件，最好的解决方法就是：回复。

如果你选择用电话的方式来答复你的顾客（这会让他们惊喜），确保你手边有信件原稿，便于你掌握他们写出的具体要点。如果你选择用信件或电邮的方式答复，确保内容传达出友善的态度、解决问题的姿态以及展示专业化。

积极运用你在面对面处理顾客时的经验，使自己变成一个好"作者"，尤其要注意的是，要对顾客的感觉、利益、希望、需求很敏感，否则会在你处理问题时产生不必要的阻碍。信件或邮件是谈话的实物版，所以信件措辞得当很有必要，一封写得很差劲的信件会在接下来扰得你不得安宁。

新视野

那有多困难

（谢伦·比恩纽，执行顾问）

回复一封邮件，简单答复一下，说句谢谢，有多难？

你发送邮件后有过"无疾而终"的经历吗？除了垃圾邮件，你的邮箱空空如也吗？你在工作时有过不知所措的感觉吗？接着读，准备好同情我的遭遇吧。

你内疚了？看下去吧，为了你的事业。

能有多困难

一个著名的作家发邮件询问她出国前的展示培训的具体事宜，我迅速回复了，随后她同意了我们建议的时间和安排，然后便渺无音讯，接下来的邮件她也没有回复过，回复一句"谢谢，我决定做其他事了"很难吗？

我在一个网络方面的午宴上结识了一位女士，后来她给我发邮件，询问有关我的训练程序的事。我立即回复了，其中给了她一些选择，包括对训练人的建议。我花了一个半小时来研究她的问题，修饰我的答复，她连确认收到信息的邮件都没有回复一封，说一句"谢谢"很难吗？

让我们数一下需要按几次按键：

1. "回复"
2. t
3. h
4. a
5. n
6. k
7. s
8. "发送"

（英文"thanks"的意思是"谢谢"）

现在呢？还很难吗？

送出结婚礼物、生日礼物后或者举办晚宴后，你多久才能收到感谢信？更甚者，多少人对你的付出从来都不答谢？

一个大型国际电信公司的人力资源部经理打电话说他们有"沟通问题"，他们请我对其公司沟通现状做一个细致的"审计"，流程最后，我递交了一份报告，里面有一些建议。前两条是最重要的：

1. 回拨未接来电；
2. 回复邮件。

> **我们如何学习**
>
> 通过观察。但别把观察当成你的借口，这样就更没人写"感谢信"了。观察做得好的人，观察成功人士，观察那些你和他们在一起感觉很舒服的人。他们通常是回复你的、认可你的、称赞你的、感谢你的。
>
> 我经常听到其他的借口，像"她让我觉得低人一等，因为她每件事都做得很好"，或者"他让我觉得不舒服，因为他能记住关于我的那么多东西"之类的。他们背后做了多少功课才记住关于你的事，他们付出多少努力才能把事情做得很好，你想过吗？
>
> 做成大事业很困难，从头开始做好事也不容易，记住一个生日、送一张免费的电子贺卡需要下点工夫，但相较之下容易很多，回复一封邮件更是简单，张口说两个字"谢谢"几乎不费力。
>
> 如果看过这篇文章后，你对我的观点有所触动，那么请开始回复，对别人表示感谢，试着表达以下语句："了解您并和您打交道是件很开心的事"，"我们对您耗费的时间、所作的一些努力表示感谢"，"您如此尽职尽责让我们感觉很好"，"您如此真诚待人，我们会更加努力"，"谢谢您"。
>
> 资料来源：Sherron Bienvenu, PhD Communication Solutions Newsletter June 2005. See www.ChinUp.net. Reprinted with permission.

☐ 运用人际沟通技巧使表达更恰当

让我们回顾一些人际沟通技巧，看看哪几种适用于给顾客回信。下面是 6 种基本的可以用来增强关系的人际技巧，最首要也是最基本的一点：人们的个人利益。

行动要领 4：牢记人们只对自身利益感兴趣

人和已知的其他生物一样，受欲望、需要和利益的驱使，做事的基本动机就是利己。这种利己主义或以自我为中心的做法很正常，除非极端情况下把利益看得比人还重，一般不会对其他人造成伤害。在社会中生活，人们不会明着表达，但是在每个人的心中都会有一个声音在悄悄地问："这对我有什么好处？"但在服务行业中，员工在表达观点或希望他人做某事的时候，必须站在对方的角度去想"**这对他有什么好处**"（WIIFM），这种利他主义在说服他人和人际交往中是最基本的，也是做好服务工作最基本的前提。

人们做事最重要的动力来源于自我利益。

当人们写作或者说话时，语言会反映他们的利己主义。人们说或写的 1/5 的词语是我或者第一人称：我、我的、我们、我们的。

我们可以利用顾客天生的利己主义来了解他们的需求。

重点在于当服务者意识到顾客的这种需求后，可以把这种利己主义转化成优势，聪明的沟通者会在回信中表达出对对方意见的关切和感谢。

行动要领 5：运用"以顾客为中心"信息沟通方法

以顾客为中心的沟通者把他人的利益放在第一位。为他人考虑，表现在信件中，是语言表现对方的角度。恰当地表达并不仅仅在于选取几个关键词，一个好的"以顾客为中心"的信件在字里行间表现出写作者是否真的以对方的利益为重，利己主义者总会把自己的利益放在首位，而以顾客为中心的回复者就能表达出顾客真正想看到的东西。

一个危险的信号就是在你的信件中大量出现第一人称：我、我的、我们、我们的。相比之下，第二、第三人称更能传达出客观和以顾客利益为重的意味，如，您、顾客等。

站在别人的立场上进行沟通就是他人而不是自我优先。

我的意思可不是写信时避免所有的第一人称，在一些情况下这是不可能做到的，那会使你的信件词不达意或过分冗长。再说，第一人称也不都表达出以自我为中心的意思。例如，"我希望您能喜欢这件产品"，这句话以"我"开头，却没有影响"顾客为重"的主旨。相比单纯避免第一人称，为顾客利益考虑的口吻贯穿全文更重要。

看下面的例句，思考"顾客导向性视角"和"自我为中心视角"的不同：

自我为中心视角	顾客导向性视角
在我们划款前,需要您在确认单上签字	为了您的安全着想,我们只能在您签字以后才能划款
我从事销售行业 22 年了	我 22 年的从业经验会让我更理解您的需求
我把这份报告返给您,您再修改一下	为了方便您用最新的视角更新这份报告,我们将回传给您
给您看一下人寿保险方案	作为一个年轻的父亲,想为家人上人寿保险,但家庭有孩子并且资金紧缺,我们有为您这样的家庭量身打造的方案,您一定会对感兴趣
我需要您把这份申请表填好给我	在您完成这份申请表后,我们会……

站在收信人的角度揣摩语言,传达出为他人着想的意味,这是人际交往中最重要的法则。

行动要领 6:不要和一群人谈话,一个一个来

比起和一群人交流,个人谈话能让我们更清晰地表达自己观点,更好地修饰自己的语言。例如,一个有称呼的私人商业信函,可以增强关注度。和收信人是"亲爱的顾客""亲爱的同事"比起来,有具体收信人的信函更能传达真诚。

避免"地毯式口吻"——把大家当成一个团体而不是个人。

地毯式口吻会让个人觉得湮没在一堆里人,没有存在感。思考下面表格中的"地毯式口吻":

地毯式口吻	人性化口吻
我们很高兴收到那么多订单,说明我们的产品得到了肯定	订单的小册子今天将会到达您的手中,感谢您订购
我们将会非常感谢那些按时付款的顾客,他们的及时付款让我们可以为其提供更好的服务	非常感谢您的付款,这让我们能够为你提供价格更低、更好的服务

努力站在个人的角度表达观点,一个方法就是通过直接称呼或者"说的就是你啊"这类话语。我们每天都会在电视和广播节目中接触到类似的事例。广播员"个性化的"表达,让正在收听的几百万人觉得他在对自己说话。在某种程度上,直接的称呼向你的收信人传达出你的意见是如何满足他们的需求的。

行动要领 7:向人们传达积极的信息

积极的语言通常能比消极的语言传达更多的信息,轻松的口气效果更好。不要告诉一个人什么不对或他不能做什么,而要强调积极的一面——他能做什

么。如果你说"商品售出后概不退钱",它只能传达出消极的意味,它没有说你能做什么,只是规定了顾客的义务。换句话表达:"我们会给您换货直到让您满意",传达明确的积极的信息。

积极的话对耳朵来说是享受,然而很多消极语言还是在客户服务中盛行:

> 我们很抱歉地通知你,我们不能……
> 我们收到了您的要求……("要求"一词对大多数人来说,还是存在消极的暗示)
> 你丢了保修单……
> 抱歉我们不能允许……

这里有个案例更好地阐述积极和消极语言的不同影响:某地的民间组织向某公司请求借用培训厅,公司经理给其回复。为了不那么强硬地拒绝,经理决定借给他们会议室用,虽然会议室没有他们想要的那么大,但总比没有强。不幸的是,经理对话技能实在是有待于提高。她如下写道:

> 我们很抱歉地通知您,我们不能让您用我们的培训厅,因为我们已经在您之前答应了比尔兹顿女士投资俱乐部的请求,这家公司与我们有长期的使用协议,他们每月的第三个星期二都会使用。不过我们可以让你们用会议室,座位只有25个。

回顾整篇信息,带有太多消极的词句(抱歉、不能、只有25个座位),使得积极的语言(可以使用会议室)被淹没。

机智的回答能使事情变得更积极:

> 比尔兹顿女士投资俱乐部那天已经预定了我们的培训厅,不过我建议您使用我们的会议室,那里有25个座位。

在这篇回复中没有消极的语言,两篇回复都传达出一个意思:表示拒绝,提供另一种选择。但是后者能帮助公司建立合作关系,并树立良好商誉。

让我们看一些积极和消极的句子吧,请注意这些句子的语气(斜体是消极词汇)。

消　极	积　极
您下订单的时候忘了写消音器的零件号码	为了送到您想要的消音器零件，您能检查一下附带卡上的零件号码吗
很遗憾，您不能赊购	由于时间原因，我们只能现金交易
您错了，因为我们的协议第三条明确写道……	在阅读我们协议的第三条后，您就会明白了
下周三之前我们不能送到	我们会在周三送到
您不能在员工停车位停车，您必须停在指定的顾客停车位	您可以把车停到我们的顾客专用停车位

服务快照

像对待罪犯一样对待顾客

下面的公告被张贴在亚特兰大汽车旅馆的信息栏中，讨论关于消极的语言。

如果房间里的东西丢了！！

25 英寸电视 =275 美元

遥控器 =7 美元

咖啡机 =25 美元

无线闹钟 =17 美元

吹风机 =22 美元

冰桶 =6 美元

熨斗 =28 美元

熨衣板 =25 美元

地毯 =25 美元

床罩：国王式 =75 美元；王后式 =65 美元；宽大式 =55 美元

床单：国王式 =18 美元；王后式 =15 美元；宽大式 =13 美元

微波炉 / 冰箱 =290 美元

电话 =30 美元

网线 =7 美元

问题

1. 这份公告向客人传达出怎样的消极信息？

2. 对于一个便宜的电视机来说，你不觉得 275 美元的罚金太重了吗？

行动要领 8：避免主动攻击型的语气

主动攻击（abrasiveness）是一种听起来让人感到颐指气使或吹毛求疵的态度或语气。你可以问"自我反省"中列出的问题，来判定自己性格是否是主动攻击型的。

性格是主动攻击型的人所倾向的交流方式容易令人恼怒。请审视自己，是否有强烈要去控制或者主导别人？或者有对别人言辞强烈反应的倾向？如果产生怀疑，那么重要的是让自己的语气变得温和。

> 主动攻击和果决是不同的，果决是令人愉悦的直截了当。

要记住：主动攻击和果决的一个最大区别在于，果决是以谨慎、合乎常理的方式表达情感、发表评论，同时不会对他人构成威胁。例如，果决的人会说"关于你说的话，我有理解上的障碍"而不是说"你根本没讲明白"。果决的人会说"那些人总是延时付款，造成了额外工作和收入损失"而不是说"像你这种欠债鬼真令人恼火"。的确，果决可以定义为"令人感到舒服的直接"。

自我反省

你是主动攻击型性格的人吗

- 你是否经常指责他人？当你管理他人的时候，你是否带有"把他们整顿好"或者"将他们赶紧弄利索"的命令语气？
- 你是否具有强烈的控制欲？几乎每件事情必须经过你的批准？
- 遭遇攻击、挑战和拒绝时，你是否能做出快速的反应？
- 你是否强烈地渴望与人辩论？你们之间的讨论是否时常演变为一场争执？
- 在同等人之中，你是否自视甚高？你的行为是否让别人看得出来？
- 你是否易发怒，容易发脾气？

行动要领 9：得体、果决但不咄咄逼人

很多人把果决与咄咄逼人混淆。**咄咄逼人行为**（aggressive behaviors）类似于挑衅，具体行为包括：

1. 咄咄逼人的人以一种优越的姿态同人交流。他们自认为懂得最多，为达目的必须不惜一切。他们将交流视为胜负决斗，要么如愿以偿，要么成为败者。

如果他输了，别人则是赢家。他们不明白各方在决策和妥协中可以互利共赢。

2. 咄咄逼人的人可能说话委婉、巧妙行事或者奸诈狡猾。有时候，他们可能不会直抒胸臆，而是伪装感情和身份，通过这些伎俩来达到目的。

3. 咄咄逼人的人将自食其果。他们终会遇到对手。由于缺乏真实性，谎言交织成网且越来越错综复杂，最终连自己也迷失其中。正如说谎成性，他们最终也不知道对谁说了什么。

4. 咄咄逼人的人会使用很多判断性和情感性的术语作为强调。他们认为振振有词的言语清晰可懂，却未意识到这会造成理解上的障碍。而情感性的语言几乎总可以产生情感共鸣。

果决行为（assertive behaviors）的诚实性和真实性避免了这些问题。果决行为是以下述观念为基础的：

1. 一个人应该对自己的想法和能力有高度的自尊。果决的交流者知道它们的价值，他们付出的时间、努力和才华应该受到尊重。他们确实承认并尊重他人的能力，但是他们不愿名列其后。

2. 尊重他人。应该看到他人一系列的经验并且意识到向他人学习。组织头衔或者社会地位并不能保证人们提出最好的主意。人们需要借助他们来获得更多的信息。

3. 很多问题都能找到双赢的解决方法。交流的目的在于产生理解，而不是击败别人。冲突和挑战不需要以胜负的方式来表现。一个新奇的、深入的、具有创造性的迂回往往能找到解决办法，实现共赢。

4. 直接中肯的观点表达最能促成共识。果决者通过影响、聆听和协商获得成功，而不是一味的操控。

5. 诚信和率真的关系排除了报复和不信任的想法。交际游戏编织的丝网上，交流没有因此变得复杂。开放赢得开放，率真赢得率真。人们与果决者相处更感到舒服，因为他们可以信任。

6. 充满主观感情的语言效果不佳。强烈的、判断性的语言妨碍了问题的解决和理解的产生。中立、描述性的语言效果会更好，它们不会让听者感到拐弯抹角。

有的人果决，有的人咄咄逼人，也有的人在与顾客沟通过程中表现得消极、被动。他们的交流效果甚微是由于他们的冷漠，他们选择脱离特定的讨论小组。不能将消极和果决混淆在一起。

> 新视野

打消顾客的敌意

如果处理得有技巧的话，愤怒和敌意的反应经常遵循一定的模式。这种模式被称为**敌意曲线**（hostility curve），如图9-1所示。透彻地理解敌意曲线的每个阶段尤为重要：

1. 大多时候，大多数人是理性的，处于理性阶段。这一阶段中，你可以通过推论向他们阐明事理。

2. 当愤怒的事情发生，或者特定的事件激怒了他，曲线就会上升，他开始发怒，可能变得暴戾，通常会显现出敌意。一旦人们超出理性阶段，让其恢复理性便毫无作用。

3. 曲线上升阶段没有持续进行。如果没有进一步的刺激，怒气就会耗尽，敌意程度开始下降。他可能对把事情弄得一团糟而感到尴尬。

4. 这一点上，你可以说一些安慰的话，比如"在那么大的压力下，事情难免变得糟糕，令人失望"，或者"我知道，这种经历一定让你感到沮丧"。另外，你可以通过非语言行为进行安慰。安慰并不意味着认同他的行为，而是让他知道你能理解他的心情。

5. 你的支持性评论往往会帮助还有敌意的人平静下来。于是，他回到了理性阶段。

6. 一旦回到理性阶段，你可以提问他愤怒的起因。人们处于解决问题的心态，是当他们处于理性阶段，而不是敌意曲线峰值时。

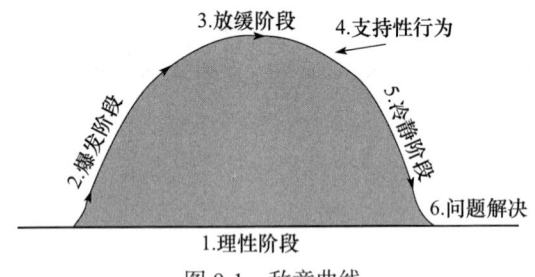

图9-1 敌意曲线

问题

1. 为什么在解决问题之前帮助沮丧的顾客平静下来很重要？

2. 你怎样通过敌意曲线以最佳的方式帮助他？你具体可以说什么？你应该避免哪些言辞和做法？

□ 最终思考

顾客投诉给了企业挽回顾客并重新构建忠诚度的机会。当然，投诉者可能会生气，让你感觉不舒服，但他们也会成为你最好的朋友。与别人不同的是，他们会指明道路，提高和完善你的服务。这些都是竞争战场上宝贵的情报。利用好它，挽留住可能流失的顾客，以此来提高你的服务质量，赢取职业生涯的成功。

运用好人际关系和沟通技巧的原则，来挽留住可能流失的顾客。

重要观点总结

- 留住顾客需要拥有解决问题的积极态度，而不是"顾客永远是正确的"这样过于简化的思维。
- 顾客争议解决重点不在于谁对谁错，而在于各方怎样通过合作来解决顾客的问题。
- 顾客投诉提供了巩固关系、建立顾客忠诚度的机会。
- 挽回顾客的技巧对于职业的成功是必要的，时常在商业中得到应用。
- 挽回顾客技巧的要点包括：感受顾客的"痛苦"，尽最大努力来解决问题，然后做出额外的"象征性补偿"。
- 在尽最大努力解决顾客的问题后，回顾这段插曲并从中吸取教训是很有用的。
- 间发性、习惯性的顾客投诉，就是要弄清他的动机，然后让他提出一个可以接受的解决方法。
- 有效的沟通需要利用人际关系原则。例如，接受者自我利益、接受者中心论、个人疗法和正面信息。
- 主动攻击是建立顾客关系的阻碍，而果决可以使问题得到更好的解决。
- 三条行动建议详细地描述了应付执拗的投诉者的措施。
- 六条行动建议运用了人际关系原则，可以强化挽回顾客的能力。

关键概念

主动攻击	语气随意	流失的顾客	消息
咄咄逼人行为	习惯性投诉者	情绪劳动	挽回技巧
果决行为	顾客挽回	敌意曲线	第二生命周期
机会的态度	顾客印象	读者个人利益	

这对他有什么好处（WIIFM）

自我测试题

1. 与顾客出现争议的问题，重点不在于谁对谁错。更重要的是什么？
2. 挽回可能流失顾客的三大步骤有哪些？
3. 习惯性投诉者有哪些显著的特点？
4. 哪些人际交流原则适用于我们的书面交流？
5. 比较果决行为与咄咄逼人行为的异同。
6. 用你自己的语言描述适用于顾客忠诚度维持（或修复）的人际交流原则。

理论实践：消除怒火，挽回顾客

阅读下列案例，找到另一人来扮演生气顾客的角色。练习采用建设性的方式回应顾客的忧虑，挽留住顾客。如果可以，请拍摄下你们的扮演过程，观看录像确认口语和非口语行为。

活动进行前，请你仔细阅读情景描述的语言。关于语气有哪些问题？怎样更具建设性地表达双方的观点？扮演过程中，请参考图 9-1 "敌意曲线"。

思考案例

生气的旅行者与生气的汽车旅馆经理

汽车旅馆经理的故事

一个来自遥远城市、看起来脾气很倔的家伙刚刚住进你的汽车旅馆。此人如政府衙门里的要员一般，神气十足。他粗鲁又充满优越感地对前台服务员吆三喝四，抱怨自己以前总是住在万豪酒店或者是丽思卡尔顿酒店，而现在却被困在这样一个破旅馆里。看完房间后，他冲进你的办公室，大声抱怨说空调不制冷。你刚刚花 475 美元重新装修了那个房间，空调一定是被他用拳头砸坏了，错误全是他的，而不是旅馆的。你决定不放过这个家伙。

旅行者的故事

由于耽误了行程，前不着村后不着店，你只好住进一家破败的汽车旅馆。你满身是汗，极度疲惫，心想要是不用到这些"兔子不拉屎"的地方出差该多好。正是 8 月中旬，天气很热。你急切地用遥控器来开空调，空调嗡嗡地响了响，接着发出了嘎嘎的响声。你拿拳头捣了捣空调，嘎嘎声没有了，但也几乎没有冷风了。你乱骂了一通，冲进了旅馆经理的办公室告诉他，他的旅馆太烂了，管理太差了。你要求他立即去你房间为你修理空调。

问题

1. 在数分钟的案例角色扮演后,让另一位角色扮演者告诉你他的感受。

2. 对你们各自认为最冒犯的言语和行为进行讨论。哪些语言和行为促使你寻找解决问题的方法(如果有的话)?

3. 如果你是这位经理,你会怎样处理这种情形?

思考案例

留住顾客的做法是否正确

谢莉是位活跃的网购者。最近,她和她的丈夫搬进了新家。她网购技术娴熟,屋里的新家具大多数来自网购。她善于搜寻降价的高质产品。她为卧室买了一盏台灯,它与网上的看起来一模一样,并且很快就到货了。这架刷镀的金属台灯带有一个笛状香槟酒杯似的小球,与房间完美地融为一体。

房间里的一些小组件是必需的。可是,谢莉开灯时发现这盏灯没有调光器。她确定她像往常一样仔细地读过产品说明书,说明书中包括调光器。之后,她联系了零售商,对于"网站上的该产品有误"的措辞表示感到失望。

零售商给予了迅速的回复。一位员工回复了她的邮件,对产品欠佳表示抱歉,并向她承诺尽快联系厂商,了解更多的信息。一个小时内,零售商发邮件给谢莉,称厂商拒绝更换调光器,因为电灯自身有开关。厂商还表示没有必要退换产品,言下之意就是该顾客特别烦人。

然而,零售商对客户维系很在意,通过邮件向谢莉解释网站上的产品介绍的确有误。他们进一步地更改了产品网页介绍,给谢莉提供选择:退回产品(含邮费)或者给予50美元的补助。这50美元可以在五金店购买调光器或者小灯泡的电灯。零售商再次表示抱歉并希望与谢莉继续往来。

问题

1. 假如你是谢莉,你会有什么样的感受?

2. 零售商与缺乏变通和责任感的厂商之间有什么区别?谁更有可能建立顾客忠诚度?

3. 该企业为维系客户采取的态度说明了什么?

不断实践以构筑顾客服务战略

让我们再回到那个你选择的案例。你可以选择你现在的公司,具体某个你想去的组织,或者是在第 1 章提到的两个假设组织中的一个:独立汽车销售与服务公司(IAS)或是网络营养品经销公司(NND)。当你构建一个顾客服务战略时考虑以下问题。

战略规划问题

1. 在本章的开头,我们提到"绝大多数顶层高管,他们几乎不会注意到顾客大量流失的原因,更不必说解决办法。因为他们并不权衡顾客流失意味着什么,不做什么努力去挽留他们,也未能从顾客流失中得到启示用以改善自身"。你作为企业的领导,如何来改变这种情况?请写出行动计划,一页即可。

2. 请写一份政策说明,介绍你们公司对客源挽留的态度。请用简单的句子和要点形式概述,以便于你和你的员工记住。可以以如下形式开头:"我们以企业的名义,认为……"概述中包括企业为挽回客源流失采取的措施。

3. 调查近期的客源流失情况。通过手机、信件、电子邮件或者近期客源流失的案例等方式交流。邀请顾客参与对话,鼓励他们坦率地表达他们的抱怨,透露选择离开的原因。整理编写他们的回复内容并与同事讨论:如何采取措施来挽回客源?如何避免类似的客源流失情况?将其规划为系统的日常活动。

4. 搜集流失客源的信息后,让你的同事或部门员工对客源流失数量进行预测。预测是否准确?如果不准确,如何帮助他们理解客源流失对企业的影响及外延含义?

5. 召开会议,动员全体员工努力做好客源挽留工作。在此过程中,你的员工如何能够有融入感?为了支持员工的努力,你该如何调整奖励制度?

☐ 注释

1. Ongoing survey results show varying numbers but all indicate similar consensus: As we have said repeatedly in this book, unhappy customers tell others about negative experiences which, in turn, impact the company's reputation and likelihood that others will do business with them. The data cited here are from Don Pepper and Martha Rodger's *Extreme Trust*, © 2012, p. 51.

第 4 篇
LIFE：期望

LIFE 中的第四个字母是"E"，代表期望（expectation）。成功的服务、与顾客构建可持续关系的关键就在于了解顾客期望。心理学研究表明，企业超越顾客期望，顾客会给予企业回报，这种回报就是与企业建立长期关系。

接下来的三章将聚焦我们应怎样超越顾客期望。第 10 章研究的是能够强化顾客感知价值的观点和方法。第 11 章讨论了在信息易获取和信息质量方面怎样超越顾客期望。我们今天所购买的大部分产品或服务，信息都是不可或缺的组成部分，通过这些信息，顾客才能获取这些产品的价值，这无疑为企业提供了超越顾客期望的良好机遇。第 12 章探讨了企业在便利性和及时性方面怎样超越顾客期望，这可能是导致顾客关键的要素。

学完这几章，你将知道如何为顾客提供 A+ 服务，即能够让顾客愉悦的服务。研究表明，让顾客愉悦，是构建顾客忠诚的基石。

CUSTOMER SERVICE

第 10 章

让价值超越顾客期望
通过为顾客提供 A+ 服务价值构建顾客忠诚度

学习目标

1. 确定顾客心目中 A+ 服务价值的构成要素。
2. 理解内在价值和关联价值会影响顾客对你或你们公司的忠诚度。
3. 运用七类行为方式,深化顾客感知价值。

在不寻常的地方发现价值

若干年前,《华尔街日报》曾撰文赞扬韩国水原市的公共厕所系统,此文带动了水原市旅游热潮。该市对公厕系统引以为豪,公厕已成为一个旅游项目,每周向游客开放。公厕位于韩国传统阁楼建筑中,顶部为木质材料。顾客可以使用加热马桶坐垫,检查水池并且拍照。角落里播放着小提琴曲,墙上挂着小幅乡村图画……其他的东西还包括花束(有真有假)、自动旋塞、残疾人滑行通道门以及太阳能供暖。人们向客人演示乐器,包括用笛子吹奏维瓦尔第的"四季"或者是韩国宫廷音乐,也会模仿鸟儿的叫声。

这种服务是顶级的,它阐释了一个重要的观点:感知价值具有高度主观性,顾客只有体验了才会得到。长期的耐用性和效用往往被视为最终价值,但企业一般无法等待这么多年,直到顾客认识到这一长期价值。企业所能做的是,给顾客体验,强化顾客的感知价值,就像水原市那样,通过提升顾客感知价值,进而带动该市旅游业的快速发展。

☐ A+ 服务价值的定义

低价值主要表现形式包括客源流失,这可能源于系统低效和员工技能欠缺相反，附加价值，更准确地来说，感知附加价值是建立顾客忠诚度的一种方法。我们可以通过给予顾客超过预期的服务（称做 A+ 服务）———一种被强化的感知。

市场营销学者把**感知价值**（perceived value）定义为"与竞争对手相比，使用本产品或服务利得与利失之间是否平衡的一种主观感知"。该定义不仅强调了既得利益，而且强调了顾客因获得利益产生的损失或投资。两者之间的差异可能是正值，这表明顾客感知有价值；反之，则感知无价值。该定义有几个要点：其一，价值是主观感知的，这意味着价值具有个体性，因人而异，你发现的价值对于我可能没有价值，反之亦然；其二，价值源于收益和成本（利得和利失）之间的某种平衡。

更简单来说，感知价值可以定义为产品或服务相对于其成本的质量（我们的收益）。例如，如果你购买了一件过时的便于携带的照相机，它价格不贵，花费了 10 美元不到。照片拍摄质量比照相馆差一些，你可能不是极其失望。相对于成本而言，相机的质量符合预期，因为你需要快拍而不是专业写真。然而，如果你花费 900 美元购买多功能的豪华专业相机，你就会对相机拍摄的画质有更高的期望值。如果照片拍摄不如前一个相机，你就会因此失望。那么，你会产生相机贬值的感知。

同样，如果你付给孩子一笔钱让他整理草坪，他没做好，因为他是你的孩子，你觉得无所谓，依然会认为物有所值，或者说认为自己孩子有了学习经历，反倒物超所值。但是，如果你雇用了一位专业除草工人，价格挺高的，结果效果不佳，你的感知价值或许会降低甚至消失，因为考虑成本，你并没有实现预期。你希望物有所值，你付出的越多，你的期望就越高。

认识感知价值的边际成本

商业历史上有很多高价商品遭受贬值的案例。曾经，海狮油属于高感知价值商品，电报属于重要服务，"大哥大"风靡一时。市场发生改变，过时的产品变得一文不值。有时，即使运营良好的公司，产品质量也会下降，顾客慢慢会意识到这一点。如果不能及时觉察并回应顾客感知价值降低（与 A+ 服务相反）问题，一家公司可能会倒闭。

历史上曾有过的案例：20 世纪 80 年代和 90 年代初期，美国大众汽车公司（VW）发现，其销售量下降了 90%，从 1970 年的 500 000 辆到 1993 年不到

50 000辆。其间发生了什么？

大众汽车的竞争优势主要来源于微型汽车。当时其他竞争对手，特别是日本厂商，正致力于与顾客建立沟通，积极听取顾客的意见和反馈，研发更有吸引力的汽车。此时，大众汽车的方向盘是无法调整的，而日本轿车生产企业则已经开始着手研究可根据乘客身高等因素进行调节的方向盘；当大众汽车还为其收音机质量沾沾自喜时，竞争厂商已经根据顾客需求，开始研发立体声收音机。有些看似细枝末节的设计，如杯架、电动锁，并不是汽车的核心功能，但那些善于听取顾客意见的公司，却由此建立起自己的竞争优势。大众汽车在这方面做得很不够。结果是，顾客开始认为大众汽车在贬值。到20世纪90年代初，大众汽车处境艰难。幸运的是，大众汽车吸取此次教训，做出重大改变。90年代末，大众汽车重返最成功和最具创新意识的汽车制造商之列，目前公司实力雄厚。在为忽视顾客需求付出惨重代价后，大众汽车终于苏醒了，从而没有遭受灭顶之灾。

《今日美国》刊载的一篇关于试驾方面文章认为，尼桑廉价的汽车阐释了期望提高的过程。表面上，汽车的基本功能是将人从一个地方转移到另一个地方，但事实上，我们还有更多的期望。关于尼桑新款颐达（Versa）车，文章前几段叙述较为客观（毫无疑问，目的是为了吸引读者）。在负面评价中，作者感叹"仪表盘吱吱作响""后座硬得像公园长椅一样不舒服"。批评一片哗然，尼桑美国大区总经理坚持认为颐达是"无瑕疵的汽车之一"。作者在之后的文章中承认，该款车基本配置齐全，具有诸多优点，之所以做出上述描述，只是因为这款车太便宜。

颐达所面临的挑战不是来自其他低价的同款汽车，而是来自价格相当、配置良好的二手车。约有1/3的文章关注了该款汽车所谓的重要部件，而不是购买后带来的驾驶乐趣。这些重要部件包括动力车窗、电动门锁和电动后视镜等。这些部件在以前都属于奢侈品，因为它们不属于汽车的基本功能。但现在人们的期望值提高了，缺少这些特性都被视为缺乏感知价值。

公司需要意识到，感知价值标准在不断提高，人们需求并期望物有所值。那些看似精明的营销商可能在短期内把销售做得很好，但他们所做的是所谓的交易营销，而不是关系营销。如果顾客感知你的产品或服务根本没有价值，你与其建立长期关系的可能性为零。为顾客带来提供良好的核心产品或服务价值还远远不够，附加价值将成为企业之间竞争优势的主要来源。

> [新视野]
>
> ### 葡萄酒、软木塞和感知价值
>
> 葡萄酒制造商知道螺旋瓶盖比传统的软木塞效果好且价格便宜。然而，把瓶塞更换成螺旋瓶盖几乎不可能。这或许是因为顾客将螺旋瓶塞与劣质酒对应，整个饮酒过程也离不开软木塞。
>
> 这种感知价值如何得以改变呢？
>
> 1. 如果螺旋瓶盖价格变得特别高，上述的转变就可能出现。例如，给瓶盖涂以彩釉，如果彩釉瓶盖成为收藏品，上述转变就会实现。螺旋瓶盖的需求度的变化，反映了其感知价值的改变，是一般产品打破"低廉"印象的例子。
>
> 2. 我们也可以反其道而行之：软木塞的葡萄酒一般12英镑，螺旋瓶塞的一般10英镑。将两种葡萄酒以相同的价格出售，人们会产生这样的认识：软木塞在饮酒中并不重要。
>
> 3. 另一种途径就是通过教育宣传，告诉人们软木塞会变质、漏气，然而螺旋瓶盖没有这样的缺点。这一方法可能没有上述两种方法有效，但可以相互结合。
>
> 彻底改变顾客感知价值模式几乎是不可能的。因此，需要从不同的角度来建立新的感知价值模式。
>
> 资料来源：Edward de Bono, "Perceived value: When Considering Value, Perception Can Be as Important as Reality," http://www.thinkingmanagers.com/perceived-value.php. Download 2006.03.20.

□ 深入认识内在价值和关联价值

价值感知的基础建立在顾客对内在、外在或关联要素的看法之上。理解上述要素，才能为顾客创造 A+ 服务价值体验。

产品自身的内在价值

内在价值来自于核心产品或服务本身。产品或服务是否满足了顾客的需求，完成其任务？在一些情况下，产品的这种价值不会立即显现。我们认为，产品似乎因为发挥了作用才具有价值，但其真正的外延价值在一段时间内或许没有表现出来，特别是其耐用性。例如，一位顾客买了一辆卡车，可能直到他在无须修复卡车情况下行驶了几十万英里后，才能完全发掘产品的价值；同样，法律文件的内在价值只有交至法庭才能显现；房屋油漆活的质量只有在房屋多年安然无损的情况下才能体现。

第一次购车的人或许对车基本的运输功能感到快乐（正如一位少年得到他的第一辆车），但是这种快乐随着他期望的增加而减少（如期望额外的动力车窗和电动门锁）。据报道，一个人因为他的新车不像旧车那样配有外部温度计而感到十分失望。这一显著的缺点（从长远角度来看）令车主恼火，不久后他就出售了该车。

在顾客服务培训期间，你的作者要求参加者描述内在价值超出预期的产品或服务。回答经常提到一些非常值得信赖的产品，如约翰迪尔（John Deer）草坪拖拉机、索尼电视、卡比（Kirby）吸尘器、某些家电以及工匠（Craftman）工具。公司同样也宣传其内在价值。丰田（Toyota）曾经发布一系列电视广告。广告中，一辆工作10年的卡车停在山顶上，司机下了车。司机对着镜头称：这辆车他已经驾驶了30万英里。言下之意，就是鼓励你购买一辆新车，它的长期价值会超出你的预期。最近，福特和雪佛兰也在广告中吹鼓各自汽车的寿命，甚至从老用户那里搜寻证据。由此可以看出，具有高度内在价值的产品能够经久不衰，同时建立品牌信誉。

价值体现在无形产品和服务中。服务提供者对细节的准确把握和关注体现了服务的价值。公共事业部门，电信服务提供商或者金融机构给顾客提供持久、准确、易读的汇报，堪称A+级服务。一家修理店服务又快又好，成本合理，就建立了**内在价值**（intrinsic value）的优势。该公司联系方便，故障维修回应迅速，顾客认为其具有高度价值。

相反的情况则会立即形成持久的负面感知价值。电子产品黑屏、手机服务中断、有线电视质量问题则会展现给顾客一种不可靠的形象，乃至对整个产业产生不良影响。这里有一个案例：数年前，纽约市波兰航空公司机票预约中心的电话出现故障。航空公司于上午9点拨打了电话公司的维修热线。11个小时后，机票预约中心下班了，维修人员才抵达。截至维修好，中心的电话服务已中断33小时。没有电话，航空公司就不能正常工作。毫无疑问，11个小时的反应延误是不可原谅的。很显然，电话公司的服务缺乏内在价值。

一个经常引用的案例就是捷蓝（JetBlue）航空公司严重的服务过失。由于2007年年初一场超过6小时的暴风雪，6架满载乘客的捷蓝航空客机在肯尼迪国际机场滞留。虽然其他航空公司遭遇了类似的滞留事件，但捷蓝事件的曝光直接导致公司创始人和首席执行官的下台。这类的服务灾难和顾客损失有个人原因。

　　劣等价值的服务对顾客关系具有巨大的破坏性。优异内在价值具有哪些有竞争优势呢？

　　信用卡公司提供不同级别的服务。我和我的合伙人谈论过，他们更倾向于美国运通卡和发现卡。这些产品存在更高内在价值的原因：其一，它们给航空公司提供里程奖励和现金返还；其二，当顾客拨打它们电话时，它们可以及时接通人工服务。其他信用卡不受顾客青睐，是因为出现问题时，信用卡公司的服务热线让顾客不停地转接，顾客既感到恼怒又觉得浪费时间。及时接通人工服务能增加内在感知价值。[4]

　　在另一个的案例中，一些银行通过为主要客户（不管是个人还是企业）提供私人理财顾问服务实现服务内在价值。银行会向每位贵宾客户派遣一位私人银行管家，他们会主动与客户会面，了解客户的金融服务需求。对于很多人而言，拥有私人银行管家是一种额外价值。

产品的关联价值

　　关联（外在）价值［associated or（extrinsic）value］是核心产品以外的价值。它与产品相关，却不属于产品核心价值。关联价值不仅仅在于汽车是否能够行使驾驶功能，或者互联网服务提供商是否能良好运营，它包括所有与企业相关的客户体验。

　　价值是感知上的。根据定义，个体存在感知上的差异。对于公司为提供外在价值做出的努力，一部分人觉得感动，另一部分人不以为然，甚至认为是一堆垃圾。

　　顾客关联价值的发现需要企业创造条件。企业增加外在价值的途径如下：

- 包装；
- 承诺和担保；
- 产品适用性；
- 产品体验印象；
- 独特性和共享价值；
- 企业信誉；
- 附加品。

本章接下来将介绍每种途径如何来为顾客创造 A+ 服务体验，进而提高顾客忠诚度。

☐ 增加感知价值的 7 种途径

我们可以创造性地运用如下技巧，增加感知价值，从而建立顾客忠诚度。当然，这些途径在效率方面存在差异。如果公司重视顾客忠诚度，那么就可以明智地将每个途径作为持续的提供 A+ 服务价值过程的一部分。

通过包装创造 A+ 服务价值

假设你去一家五金店购买电动钻孔机，你发现一堆钻孔机有着相同款式，但只有一套没有包装。那么，你选择没有盒装那套的可能性有多大呢？可能性为零，是吗？毫无疑问，你会买盒装的那一套，即使知道回家后会把盒子扔掉。盒子的包装增加了该产品的感知价值。

一位商人偶尔会将他认为有用的书籍赠送他人。有时候，他将一本书原封不动地送人，偶尔也会写上友好的祝福或者将其包装。作为礼物赠送的书的价值从而得到增加。其实，核心产品都是相同的，即书本身。包装或者个性化的祝福增加了那本书的感知价值。

> 包装能强化顾客对产品或服务的感知价值。

这个案例阐明了第一部分提到的"细节"原则，细微的差别增加了产品的外在价值。

即使你销售非实物产品，也不要忽视必要的包装。包装的增加会具有强大的作用，而且完全出乎你的意料。但是，我们怎么包装无形性产品呢？这里有一些例子：

> 一位成功的保险销售代表将一个装有顾客保单的漂亮文件夹送给客户，这个文件夹也可以用于存储其他重要文件。他采取进一步的措施，把顾客的名字刻在了文件夹上。这个文件夹他的客户使用了多年，产品继续发挥着关联价值。

如果客户仅仅收到票据用来汇兑（有形性产品经常涉及人寿险一类的服务），请考虑将这些文件包装得具有吸引力或者实用性，或者增加一些与服务相关的有形的东西。一家手机公司送给它的优质顾客一个旅行礼品包，其中包括一个保温杯、星巴克咖啡和一些零食。金融和教育机构为了感谢顾客，经常赠予与无形产品相关的物品，例如，学校会分发皮质活页笔记本、移动硬盘和各种文具。

大型百货商店和店铺早就意识到精美礼物包装的价值。顾客喜欢包装，如你所见，他们一见到包装好的礼物都会表示赞赏。任何组织都可以通过提升包装水平，增加顾客的感知价值。

服务快照

冰岛的维克羊毛制品商店

在冰岛做咨询工作期间，阿尼给他的女儿买了一些当地产羊毛制品作为礼物。在一些商店里，他受到了无微不至的服务，但服务情况大同小异，有雷同化感觉。之后，他来到位于首都雷克雅未克的一家名叫维克羊毛（Vik Wood）的商店。那里，服务员极为友好，而且有一系列的做工精致的针织手套可供选择。阿尼挑选了两双手套了和其他小物件。服务员收完钱，把每个礼物用系着彩带的手工布袋包装好。其实，小布袋的材料来自工厂织品的余料。包装价格不高，却让阿尼感到物超所值。其他商店是用普通的塑料袋包装的。维克羊毛制品商店提供漂亮的羊毛质地购物袋，这超出了顾客的期望。

通过产品担保创造 A+ 服务价值

你是否认为，终身保修的产品比仅仅保修 30 天的类似产品更具价值？多数人会这么认为。杰克是销售录像带和 DVD 培训课程的老板，他曾经告知顾客，销售的录像带在 30 天内保修、包退换。如果顾客对产品不满意，他们可以 30 天内退货并全额退款。之后，开始考虑强化这种价值意识，把保修期调整至终身保修。如果顾客认为产品不能满足他们的需求，可以获得全额退款。

> 长期质保或终生质保比短期质保有更高的感知价值。

杰克发现，无限的担保并没有改变产品的退货率。事实上，30 天的保障期内，他已经通过设定目标日期支持退货请求。产品使用了 25 天以上，顾客就感到做决定的急迫性，有时候他们决定退货。终身保修排除了立即行动的动机，因而降低了退货的可能性。

如果你的产品内在价值较高,那么是短期质保,还是长期质保或终生质保,退货率应该是相等的。

诺德斯特龙公司(Nordstrom)推行无条件退货的政策,获得了广泛的好评。曾经有个顾客在诺德斯特龙公司退掉了一套轮胎,而诺德斯特龙其实并不销售轮胎!这个老生常谈的故事产生了难以置信的影响。这个传奇故事登载在1982年的畅销书《追求卓越》(*In Search of Excellence*)上,此书由汤姆·彼得斯和罗伯特·沃特曼共同撰写,吸引了百万读者的眼球,这些读者也正是诺德斯特龙要迎合的顾客。该公司受理了顾客的无理请求,但是带来了大量的广告宣传。可笑的是,一些国家政府规定禁止终身保障的承诺。美国的目录邮购公司LE简洁的座右铭让顾客感到安心:全程担保。在德国,一些目光短浅的竞争者把LE公司告上法庭。他们声称,这种产品担保属于不公平的广告宣传,法庭认定,这项产品担保政策"在经济上是行不通的",这会造成不公平竞争。

这是一个思想狭隘、不理解A+服务价值的经典案例。LE公司通过德国一些报纸和杂志上的一系列广告反击这项禁令。一个广告中,家蝇在飞,标题是"保质期一天";另一条广告展示了一台洗衣机,上书"保修6个月"。芝宝(zippo)打火机和特百惠家居用品等也曾遭遇过类似的禁令,公司被迫放弃了终身保修的政策,但也从这一公共关系事件中获益匪浅。芝宝在英国报纸上登载广告声称:"这么好的承诺却被德国政府禁止了。"

公司在质保方面可以斤斤计较,也可以大度而开放,后者将有利于构建A+服务感知价值的优势。当然,偶尔也会有顾客钻质保政策的空子,从而使得公司付出代价。但慷慨的产品质保给多数顾客带来了惊喜,超越了顾客的期望,并收获了顾客的忠诚。

你可以用慷慨来感动顾客,也可以在质保问题上斤斤计较,但后者会使你丧失与顾客建立长期关系的机会。

最后,产品质保赢得了信任。公司通过提供额外的产品质保增加了产品价值,反映了公司对顾客公平交易的信任。那么,会有顾客钻这项保障政策的空子吗?或许会有。例如,顾客使用产品很长时间后来要求退款。不过,其成本远远低于建立客户广泛信任的正面价值。伸出信任的橄榄枝,顾客将会与公司建立信任。最终,这种信任带给公司的是巨大的无形价值。

通过产品适用性创造 A+ 价值

产品适用性（goodness of product fit）是指合适，但不一定是最好。个性化不是纯粹地把人分类，它允许现实关系的建立。一位 13 岁的女读者写给某一商务杂志编辑的信中提到了个体分类的不利。女孩经常读该杂志，其中一篇名为《女孩力量》的文章描述了她这一年龄段女孩的喜好。女孩对此做出回应，表示一点都不喜欢文章推荐的风格款式。她也批评《十七岁》（Seventeen）、YM 和《青少年》（Teen）等杂志与该商务杂志如出一辙：女孩被分为一个群体，她们想的东西比男孩多一点，包括购物、化妆、衣服。

> 将每个顾客都视为独立的个体，而不是人口统计意义上的群体，由此来提供产品适用性。

将产品适用性的概念上升到新的层面，那么批量定制就是现代化生产的产物。企业根据顾客的需求生产产品，一些服装制造商可以根据个体的尺寸定制牛仔裤。互联网成了客户订单的大众媒介。现在，汽车制造商已经将客户汽车定制作为一项日程安排。例如，福特公司可以让顾客选择定制。Golfsmith 网上商城（Golfsmith.com）根据调查问卷为高尔夫俱乐部顾客定制高尔夫球杆。普通人能在网上以合适的价格定制服装、音乐 CD 甚至个性化的维他命。很多经济学家认为，如果不进行批量生产，高昂的成本会使企业失去市场商机。

当企业提供产品特性"菜单"供顾客选择时，他们能够营造**产业亲密度**（industrial intimacy）。"亲密"来源于对顾客具体需求和个人需求的理解。最终，只要公司能盈利，顾客的需求得到满足，重点就应该放在顾客身上。

通过现代技术来进行顾客关系管理，给企业以无限的机会来提供个性化产品，建立更深的产业亲密度。客户关系管理（CRM）软件公司能够处理大量的数据，为顾客个性化的需求提供具体建议。我们现在考虑一个案例：

假设你在一家金融服务公司工作，如商业银行或者信用社。如果你们使用 CRM 软件，当顾客来访时，你们会早已对其非常了解。例如，乔治通过电话咨询抵押贷款问题，你们的员工就会在系统上输入该客户的账户。CRM 这一精准的智能系统能分析不同类型的数据，呈现出一系列可供员工使用的对话脚本，或许还能推销附加产品。

这个软件系统收集关于客户或者类似客户的众多信息加以分析，系统也收集了客户的汽车品牌与价位、车龄等信息。通过系统数据，我们可以了解到，乔治55岁，最近离了婚，子女成年了，债务几乎清偿，他的别克汽车使用了4年，从雇主那里获得一大笔工资后最近换了工作。如果你是家金融机构，你是否想获得这样的信息？答案是肯定的。

所有这些数据都建议可将附加产品销售给乔治，这样一来，就有利有建立更深的关系。企业通过提供完全符合顾客需求的产品来实现 A+ 服务价值。这是一种超越顾客期望的好方法。

一家抵押贷款公司使用 CRM 系统，极为成功地提高了附加产品的成交率。系统的推广给客户代表提供了具体的付款期限，使得成交率达到38%。[6]

CRM 通过各种方法收集数据没有任何意义。但是，一些顾客对于被迫把大量个人信息提交给公司感到犹豫。一家超市推出优惠活动，如果顾客同意超市读取他们的身份证信息，就能获得折扣。这遭到了一些人的反对，因为他们不想随身携带身份证或者对只有登记才能打折感到反感。企业必须谨慎考虑，不能"把孩子连同洗澡水一起泼掉"。一些形式的 CRM 有助于给单个顾客定制一些产品，同样也有利于创造 A+ 服务价值。

一些高级的 CRM 产品正变得便宜且易于购买。尽管是小型公司，也可以通过收集适当的个人信息，了解客户需求、欲求、偏好以外的东西。CRM 系统反映了最先进的依靠技术建立深层关系的手段。不过，即使是手工记录消费者偏好信息也能增加顾客价值。

为了提供 A+ 价值，你们公司需要推行一对一的顾客服务。以处理人口统计数据的方式对待顾客，这并不是顾客所喜欢的。因为人们拥有独特的个体需求和喜爱。A+ 价值是个性化的价值，它要求你们提供的产品和服务能够满足个体顾客的需求，而不是大规模群体的需要。

通过难忘的消费体验创造 A+ 服务价值

人们对亲身体验过的事物，比听说到的和看到的，更容易记住。很久以来，销售人员在接受培训时通常会被告知：在牛排销售过程中，"卖的是煎牛排时的嘶嘶声，而不是牛排本身"。其含义是指产品附有的情绪体验是促成顾客做出购买决定的主要动因。与顾客关系相关的体验通过感情纽带，加深了这种关系。

人们往往已经忘记了他们究竟看到或听到了什么，但体验带来的情绪变化可能会长久存留心间。

许多孩子庆祝生日都会去查克奶酪餐厅（Chuck E Cheese）。这些比萨餐厅之所以吸引孩子们，是因为它们与传统餐厅极其不同。虽然食物差不多，但给了孩子更多体验的机会。各种激动人心的声音和情景，创造了类似嘉年华那样的氛围。为顾客提供体验或许是经济价值的最高层次。

> 新视野
>
> ### Chick-fil-A 饭店里与爸爸约会的夜晚
>
> 下面讲的是通过难忘的消费体验创造 A+ 服务价值的故事。2 月的情人节那天，Chick-fil-A 饭店重新装修，换上了新台布、新蜡烛和精心准备的菜单。父亲只把他们的女儿们带到这里，准备给予她们一段特别的经历。
>
> 饭店经理创意十足，给他们准备了惊喜。一些店开辟出了专区，另一些店员工们穿上漂亮的燕尾服，还有一些店则为顾客提供豪华轿车服务（女孩们可以在停车场驾驶豪华轿车）。多数商店给牵着女儿的父亲送上玫瑰，由父亲献给女儿，他们都将得到特别的服务。晚上，你可以得到餐桌服务，而不需要在前台自助服务。
>
> Chick-fil-A 饭店极尽细节，让服务体验令人难忘，口耳相传。例如，当父亲就座，女儿因别人拉开椅子为她让座而笑吟吟时，餐具就已经摆放好了。除此，没有其他特殊的服务了。只是女儿和父亲相互提问，进行着有趣的对话。
>
> 很多女儿发现，自己的父亲没有她们所想的那样冷酷，这种体验超出了预期，引发的感情也会成为永恒。

如今，在发达国家，顾客对有形产品的需求大多都能得到满足（或许不全是喜爱的，但一定是他们需要的）。人们从经济快速发展中受益，他们开始拥有各种豪华轿车、品牌服饰、平板电视，喝着象征时尚的咖啡。毫无疑问，现在西方文化里的中产阶级的生活质量超出了几世纪前的贵族。尽管时下经济开始下滑，工资缩水，人们依旧可以享受着娱乐、旅游、邮轮、温泉和健身中心等美妙的服务体验。

一些公司很聪明，它们通过体验来与顾客产生联系。公司的核心产品致力于为顾客创造难忘的体验，这样的例子包括在饭店娱乐和在书店的咖啡厅聊天。体育赛事将产品登在背景屏幕上。顾客从赛事本身获得价值，与公司的关系也进一步发展。大型的咖啡厅也不只提供咖啡，对于一些人来说，也是办公和会面的

地方。丹尼斯·怀莫尔是一位市场咨询师兼作家,她在提供无线网的星巴克写完了一本书,该书最近出版。丹尼斯在书中写道:

> 当我问人们星巴克的目标顾客是谁时,人们不会说自己是"喝咖啡的人"。的确,星巴克卖的是咖啡,但他们的目标顾客不是只喝咖啡的人,而是我。我现在正在星巴克写作,我买了巧克力杏仁饼、一瓶水,而没有点咖啡。我买的是水,因为收银台后面的黑板提醒了我,这样会帮助第三世界国家的孩子得到纯净用水。我表示支持。

稍后将讨论更多关于共享价值增值问题,例如,我们现在讨论的支持纯净用水。

需要注意的是:当通过顾客体验创造外在 A+ 服务价值时,不要让核心产品变质。好莱坞星球酒店(Planet Holly Wood)是 20 世纪 90 年代中期风靡一时的连锁饭店。后来饭店开始走下坡路,原因非常简单,人们到饭店是为了吃饭,光有奢华、光鲜体验是没有用的,如果饭菜质量很次,那么顾客会毅然离去。这家饭店的问题在于它几乎忽视了它的核心产品。只有核心产品保持高品质,体验才能增加感知价值。

> 如果核心产品出现问题,再好的附加价值也没有意义了。

通过独特性和共享价值创造 A+ 服务价值

感知价值的增加源于企业的独特性和创新性。独特性多数来自于组织的文化和个性。本杰里(Ben & Jerry)冰激凌通过创始人自由主人的政治观和对佛蒙特州的公民责任感体现了其文化(参观冰激凌工厂是该州最著名的旅游景点)。这一主题一直贯穿于企业的历史,成为书籍、文章、电视和杂志津津乐道的话题,直到后来该公司被一家大型食品集团收购。

尽管民航业近年来的不景气困扰了很多航空公司,但美国西南航空公司(SWA)依然与顾客构建起了良好的关系,继承了创始人赫伯·凯莱赫(Herb Kelleher)的优良传统。从创建之初的无名小卒成长为航空业的巨人,很重要的原因是其内部顾客(即员工)流失率非常低。SWA 根据态度是否积极乐观来雇用员工。特殊的面试过程和新员工定位都是基于帮助他们融入企业文化来定制的。新员工积极地参与寻宝游戏,在规定时间内找到企业定位问题的答案。例如,值得大书特书的是，SWA 是 21 世纪几家为数不多持续盈利的美国航空公司。

同样，其竞争对手捷蓝航空公司也拥有一大批忠诚的内部和外部顾客（公司创始人，前首席执行官戴维·尼尔曼曾在西南航空公司工作，从中学到了不少构建顾客关系的好经验）。本杰里、家得宝和众多的高科技产品公司也致力于构建良好的顾客关系，它们会定期邀请内部顾客分享组织文化和共享价值，从而通过内部顾客为外部顾客提供 A+ 服务价值。为了表示公司重视对他们在工作、生活方方面面的支持，捷蓝订票中心的员工可以在家中努力工作（弹性工作制），这从侧面反映了公司重视员工，工作生活两不误的承诺。位于北卡罗来纳州 SAS 软件公司给员工发放诸多福利（包括健身、幼儿托管、保健和乡村俱乐部的折扣），以最大程度地减少员工跳槽，整个行业类似公司的跳槽率高达 20%，SAS 员工跳槽率要远远低于这一水平。

顾客经常不遗余力地支持与他们的**价值理念**（value）相同的企业。拉什·林博（Rush Limbaugh）、肖恩·汉尼提（Sean Hannity）等脱口秀主持人和新闻评论员保罗·哈维（Paul Harvey），被认为是许多知名品牌的推广者，因为与他们持相同观点的观众会增强他们对企业的价值感。离心离德，他们就有可能背叛企业。2009 年，很多企业受到政府大规模救助，一些消费者觉得这种做法没必要，有悖于公平，声称他们将不会购买这些接受纳税人救助企业的产品。

> 当公司能够与顾客实现价值共享时，顾客会感受到额外的附加价值。

政治团体、宗教组织、民间机构、校友会和慈善团体经常共同宣传或支持一些组织。这种民间组织与企业关联的形式包括与信用卡公司建立伙伴关系，把组织的标识印在信用卡上，把曲棍球队的队标印在手机上以及购买女童子军曲奇饼干。这是共同合作、共享利益、共创事业的机会，可以加深与员工的感知价值。从自身角度看，顾客提高忠诚度也会让自己感到快乐，他们会经常光顾那些能够反映他们的理念和偏好的企业。当地的一家小书店，环境宜人，员工友好且乐于助人，员工对书的推荐能力足以和大型图书零售商相抗衡。尽管大型国际图书集团折扣店具有价格优势，但它们仍无法和这家高度个性化的小书店竞争，因为小书店提供的是 A+ 服务价值。人们一定会为额外的外在价值支付额外费用。如果能提供"大家伙"无法提供的更高的价值，"小家伙"也一样可以与那些规模大、价格低的"大家伙"进行有效的竞争。

利用企业信誉创建 A+ 服务价值

与信誉极佳的企业交易时,顾客会感到获得了额外价值。价值的评判标准就是顾客对公司或机构的**信誉**(credibility)。违约和欺骗行为会毁了一个企业。当然,这也包括感知上的失信。你会觉得,你解释的政策和保障条款顾客会有不同的解读。你觉得你说得明白,她却认为那些条款吹毛求疵。简化定价和限制条件易于顾客理解。

> 你需要与顾客清晰沟通,以强化企业信誉。

为了简化收费,一些企业简化服务或者成捆销售服务,一些航空在这方面做得也不尽如人意。无数的限制性条款和巨大的价格差异损害了公司的信誉。在任何一架指定的飞机上,与其他乘客相比,有的乘客需要多支付 10 倍的费用。你可能对 300 美元的费用感到满意,然而你身旁的乘客由于订票时间等因素需要支付 1000 多美元。简言之,航空公司的收费体系令乘客难以理解,导致了信任的缺失。可以理解是,航空公司辩称现行的收费体系是必要的(耗费心思通过复杂的定价模型实现收入的最大化),顾客的失望仍是个现实。透明、合理的收费才能重塑该行业的可信度。

> 复杂的票价和不公平的感知,损害了航空公司的信用。

航空公司必须做好工作,避免"会员旅客"计划式的挫败发生。从营销的角度来看,这样的项目是成功的,但成为了顾客恼怒的祸根。"会员旅客"项目总是具有迷惑性,被认为不可信。这些项目通过鼓励乘坐同次航班积累里程,然而承诺的回报只有凤毛麟角。顾客经常发现,累计飞行多次后,之前承诺的免费机票或升级服务舱并没有兑现。而且,免费航班的飞行里程有航空公司决定。乘客需要飞行 65 000 ~ 80 000 英里以上才能免费得到一张单程经济舱机票,可航空公司的广告大肆宣传 25 000 英里就可以,原先承诺的回报贬值了。

> 别让忠诚激励的价值贬值。

航空公司没有公开说明每趟航班仅仅以供少数座位作为回报,也没有提到截止日期,特定的舱室没有升级,以及其他限制条件。简言之,它们肆意承诺,经常难以兑现,毁坏了公司信誉。实际上,作为旅行回报的座位平均占 6%,即 100 个座位中只有 6 个用来奖励会员旅客。供过于求使得"会员旅客"的积分贬值。据预计,人们不需要乘坐飞机,只需使用银行卡就赚得 60% 的航程积分。航空公司与信用卡公司建立关系,现在不得不减少座位的数量,因为航空公司不能从这些座位中盈利。

人们为了获得"会员旅客"的免费座位,在数月前就开始订票。结果,航空公司声称票已售完,网上一查,发现还有不少余票。航空公司坚称,它们没有给乘客兑换免费机票设置障碍,但是客机的乘客数量记录显示,免费座位的需要远远超过了有限的奖励座位。

你们的企业可以从航空公司的案例中吸取哪些教训?认真思考"会员旅客"项目的陷阱,诺言难以兑现会伤害企业的信誉。

遵守承诺对建立顾客的信任至关重要。这里有一个真实的案例:数年前,马希以相对低的价格购买了一辆使用了6个月的二手车。经销商自诩为"谢绝讨价还价,提供全面服务"的汽车财团。令她失望的是,经销商只给了她一把车钥匙,但他们曾承诺会再给她一把,这只是因为他们丢了备用的钥匙。在重复地打了几次电话后,她放弃了。马希把车开到另一家经销店,买了车钥匙,还装上之前缺失的配件,如CD自动换片装置和全套车主手册。他不得不去另一座城市的营销店购买其他配件。从原营销商获取任何东西,都难以实现。

经销商以为马希放弃找他们,他们便获胜了。殊不知,他们会为失去信用而付出沉重的代价!每有机会,马希就把她的遭遇告诉其他人,包括她在大学所教的一整班同学。经销店虽然区位良好,品牌驰名,承诺给顾客减少汽车购买的麻烦,但说得很好,做得不好,一年不到便倒闭了。

> 没有信用,企业的服务将什么都不是。

上述的诚信案例告诉我们,必须遵守承诺,因为我们别无选择。

从正面来看,我们更喜欢和有诚信度的人做生意。一位诚实的勤杂工在客户住宅周围修东西,可得到机会拿到钥匙,在客户外出的时候工作。客户相信他能完成好工作,并得到不少的工资。汽车和家电经销商通过公平定价、遵守承诺与顾客建立了以诚信为基础的关系。信誉一种是强大的 A+ 服务价值,对于建立忠诚度至关重要。

通过附加品创造 A+ 服务价值

给员工或顾客带来惊喜的最简单方式就是,给他们意想不到的东西,或者销售给他们其他需要的产品。当你在鞋店买了双新鞋,售货员赠予你一个鞋拔,或者问你是否愿意试一下鞋垫或终身保质的袜子时,此时售货员在运用 A+ 服务价值方法。有时候，附加品要通过售卖来实现，有时候则是直接赠予，两者都是有效的。顾客购物后拿小票可以到超市员工那儿领取巧克力。这样的小馈赠花费不大，但效果出乎意料。一家宾馆前台放有一篮品质优良的苹果和一盘新鲜的曲奇饼干，这会令顾客感到惊喜；同样，油漆店的售货员必须确保顾客得到了刷漆时要用到的封边胶、砂纸以及抹布。

> 附赠品可以赠予，也可以销售，两种形式都可以提升顾客的感知价值。

同样，员工收到公司有形奖励，也会感到出乎意料。此时，他们体验到一种所谓的 A+ 服务关系。一顿惊喜的免费午餐、电影票、鲜花、即兴演出庆典等都能建立员工忠诚度。北卡罗来纳的 SAS 公司将星期四派发 M&M 糖果作为一项传统，将关怀送到每个员工心中；赖德（Ryder）卡车租赁公司的员工星期五可以享用烧烤。这些用于激励的东西不一定很昂贵，但一定要用心。

一个故事流传很久。在很久以前，有很多家冷饮店售卖几乎同样的冰激凌球，但受欢迎程度却不一样。有一家的服务员用大勺子挖一团冰激凌，然后将边缘的冰激凌敲下来；而第二家挖一勺冰激凌，然后再往上面加点。猜猜哪家冷饮店更讨顾客喜欢？

最佳的免费附加品应具有高感知价值和低成本的特点。例如，加油站给加满油的顾客提供免费的洗车服务。其成本很低，如果不算设备折旧费用的话，只是水和洗涤液的成本而已，但顾客感知的服务价值可能是四五美元，因为洗车赠券上经常标有这些价格。租 DVD 可以获赠免费的饮料和爆米花，其成本相当低，但比起电影院的爆米花就有很高的感知价值。

A+ 服务机会大小显然与其组织营销水平相对应，即营业推广（或称为销售促进）紧密相关。很久以来营销者就意识到，顾客购买产品后及时推销相关产品会给企业带来的价值。过分推销势必会起反作用，但大多数顾客都不会厌恶这样的询问。五金店营销员检查顾客所买的工具并不会令顾客反感，他或许会借此销售一些附加产品。

数年前的一次消费者服务研讨会上，一位管理者提出了极具创意的附加产品策略。一位与会的女性拥有几家润滑油快速加注店。在加注润滑油服务方面，她做的和其他店没有什么区别，无非是检查所有的油品、清洗车窗、检查轮胎，最后清扫轿车内部。但她关于附加品的想法却极具创意：对顾客 CD 磁头进行清洗，以确保顾客的车载音响能发出美妙的声音。这点事人人皆知，但却没有人去尝试。清洁完磁头后,她把事先印好的卡片塞进 CD 播放机里,上面印着"作为公司的馈赠,磁头已清理"。这项附加产品的成本几乎为零,却为顾客提供了显著的 A+ 服务价值。

附加产品理念的核心就是,相信你的最终所得要比赠予的多。这一概念让人们接受起来有些困难。不过,站在哲学的角度,你可以欣然接受"失去的终将会回来",你必须先付出才能有回报。现实中,所有通过 A+ 服务价值建立客户忠诚度的策略都离不开上述理论。你会从你的慷慨大方中获益。大胆去拼搏,你将收获顾客和员工信任的回赠。

A+ 服务价值与你的员工

根据 A+ 服务价值创造的原理,对象不仅仅是顾客,还包括员工,即内部顾客。拥有牢固的顾客信任度的企业往往有妙招,带给顾客惊喜。例如,通过"薄礼"来超越顾客的期望。

威格曼超市被人们认为是绝佳的工作场所。公司的领导公开表示:"我们的员工就是我们最大的资产。"尽管听起来像陈词滥调,但是威格曼通过无数实例证明了他们的观点:"快乐、有知识、良好培训的员工能带给顾客优质的消费体验。"店内的面包师感到奇怪:"他们让我想烤什么面包就烤什么面包。"这证明了威格曼是多么信任员工的决定。纽约西区的威格曼安排员工到鱼产地(有时在阿拉斯加)或者肉产地(蒙塔纳)旅行。这是 A+ 服务价值原理在内部顾客身上的直接运用。

现实中,运用于员工关系的所有 A+ 服务价值策略都取得了不错的成果。收到企业绵薄谢意的小礼物的员工和顾客都有积极的回应。在待遇如此好的企业工作,员工获得了不期而至的价值,他们意识到企业为他们融入工作做出的努力,他们将是组织的忠实追随者。从长期来看,员工的忠诚具有经济效益。

让企业的所有成员思考如何通过"薄礼"创造 A+ 服务价值。顾客和员工忠诚带来的回报是巨大的。

□ 最终思考

产品和服务都具有内在和外在(关联)价值,通过增加感知价值超出顾客的期望能有力地将利益天平向企业倾斜。这同样也适用于个体。这其中的一个关键术语是**感知**（perception），是指某种层面上，在你提供 A+ 服务价值时，顾客感觉到你提供了更多的产品或服务。

"薄礼"意味着"厚礼"。因此，你没有必要献出你的整个企业，上述特征的附加品就能提供 A+ 价值，加深顾客的体验，从而赢得顾客的忠诚和再次光顾。

重要观点总结

- 顾客的感知价值包括内在（核心）价值和外在（关联）价值。关联价值通常包括消费者的购买体验。
- 感知价值的增加可能会增加顾客忠诚于企业的可能性。
- 产品内在（核心）价值赢得顾客的满意，其外在（关联价值）超出顾客的期望。往往是"薄礼"才能增加感知价值，这是将企业区别开的微妙因素。
- 增加顾客感知价值的途径包括：包装、产品担保、产品适用性、消费体验、独特性、企业信誉和附加品。
- 企业开放、诚实和可信的意愿影响了其信誉。一些收买顾客忠诚的操作和行为，例如会员旅客的积分，会带来失望并降低忠诚度。A+ 服务价值对诚信度具有要求。

关键概念

信誉	产品适用性	内在价值	感知价值
关联（外在）价值	产业亲密度	体验印象	共享价值
价值理念	智能系统		

事实回顾

1. 内在价值和外在价值有哪些区别？分别以三个不同的为例说明。
2. 本章介绍了增加顾客感知价值的七种途径，请简要描述每个案例，尽量使用课本外的案例，描述企业创造性的做法。
3. 销售无形产品或服务的企业是怎样利用包装增加感知价值的？至少列举一个关于公共部门、银行、保险公司和政府部门的例子。

4. 一些人认为体验是最高形式的价值。你是否同意该观点？请结合自身经历进行说明。
5. 回顾一下 Chick-fil-A 带给爸爸和女儿的美妙服务体验。其他公司在家庭服务体验方面还能怎样做？请给出三五个例子，最好给出活动的细节。
6. 面对具有定价优势的大公司，小型公司该如何利用 A+ 服务价值进行竞争？请具体阐述。
7. 针对下列企业，请列出相应的可行的附赠品（附加品）。请记住，对于企业最佳的附赠品应当具有感知价值高、成本相对低的特点。从现实来看，这些企业可以赠送或销售哪些产品来增加 A+ 服务价值。

家电经销店	宠物食品网络经销店
男鞋店	体育用品经销店
社区银行	车胎销售店
价格优惠的汽车旅店	牙医诊所
按摩理疗店	咖啡厅

实战

1. 确定三个要合作的公司，理由是你赞赏它们的社会、宗教和社区理念。你认为哪些理念具有吸引力，并描述这些公司是如何支持这些理念的？对其进行概括并简要回答。
2. 假设你打算在家乡的小镇上开一家饭店。用一段文字描述饭店的情况并列举从产品价值上超出顾客期望（与同行业相比）的方法，至少五种。
3. 至少参观三种类型的企业，如银行、鞋店、办公用品零售店和汽车修理店，根据本章讨论的 A+ 服务理论，简要写出其与同类企业的差异。在感知价值增加方面分别有哪些成功之处，并且运用了哪些技巧？关于进一步超出顾客期望，你有哪些建议？
4. 企业给员工提供 A+ 服务价值有哪些行动？利用互联网，至少搜索出五种创新方法来给员工增加产品价值。除了特别补助和优惠包以外还有哪些策略？企业可以通过哪些创新手段来增加 A+ 价值，给员工带来惊喜？（提示：最好先登录《财富》杂志的网站，上面登载了题为"年度最适宜工作的公司"的文章）。

　　如果你所在的企业给予你 A+ 激励，你将如何做出反应？请写一篇简短的评论。他们会使你更加忠诚吗？如果你目前没有就业，而你的学校提供给你特殊的价值激励，那么你该怎么回应？

> **思考案例**
>
> ### 大型公司收购高价值的小型企业
>
> 尽管经济形势不景气,消费者表示他们仍愿意花更多的钱购买纯天然产品、有机食品和绿色产品,虽然这些产品可能价格偏高。具有这种价值导向的企业让顾客感到愉快,大型的经销商希望跟上这种盈利模式,从中分得一杯羹。
>
> 2000年,联合利华收购了本杰里冰激凌公司。现在,该集团通过广告介绍本杰里的"家庭农场"乳品原料,向顾客宣传了共享价值。高露洁收购了缅因州汤姆斯(Tom's)84%的股份,这是一家纯天然个人护理产品生产企业,尽管这家企业很小,但却以高度社会责任感而著称。无独有偶,法国化妆品巨头欧莱雅将位于伦敦的美体小铺(The body shop)收入旗下,这家小公司是以抵制动物实验和捍卫人权与动物合法权益而闻名。这些大公司都充分意识到了这些小公司的价值。
>
> 如今,顾客观点已发生巨变,在消费过程中,他们不仅考虑自己,还考虑环保问题,力图实现两者之间的平衡。与顾客一同分享你们的价值理念,顾客会感受到公司为环境而奉献的无私精神。
>
> **问题**
>
> 1. 你十分景仰的事业有哪些?
> 2. 有哪些企业或组织支持以上价值观念?请列举例。
> 3. 在多大程度上,你更愿意与这些具有公益理念的企业做生意?作为一名顾客(内部或外部),有哪些因素会影响你对企业的忠诚度?
> 4. 你与公司在价值感知方面的分歧是否会影响你与这些企业做生意?这些企业能否重新赢得你的信任?

> **思考案例**
>
> ### 顾客参与创造价值
>
> 一年前,戴夫和安迪开了一家名为"三项全能"健身房。两人都是活跃的三项全能运动员,他们找了很多健身教练。虽然教练善于进行健康锻炼的训练,但忽视了那些铁人三项运动员的耐力训练。铁人三项的训练与一般的健身差别很大。

> 前几个月生意通过口耳相传开始缓慢增长。随着知名度和营业的增长,健身房开始赞助小型三项全能运动员参加当地的田径赛(比赛是冬天在室内举行的)。
>
> 戴夫决定做群体反馈调查。服务人员要求人们给健身房提出批评意见,只有小部分人提出了。多数人认为这里环境好,可以无忧无虑地锻炼出理想的体型。这一点上,当地的其他健身房经常遭到人们的批评。少数人建议将健身房的衣架换成衣柜,这样在锻炼的时候就能把大衣、钥匙和手机存起来。另一条建议就是,在公告栏上展示会员的运动照片和体育用品的海报。可惜的是,健身房老板没有听取以上的建议。
>
> 几个月后,帕特里克宣布解除与"三项全能"健身房的会员关系,加入了另一家健身房。安迪对此感到意外,问了帕特里克。他回答:"说实话,我建议你们改善健身房环境,但建议遭到了忽视,我对此感到有些失望。其实你们工作做得没问题,但似乎没有重视客户的提议。我本来还想与你们有更多的往来。"
>
> **问题**
> 1. 从感知价值的角度来看,帕特里克放弃会员身份的原因有哪些?
> 2. 对顾客建议回应的缺位是如何造成 A+ 服务价值机会丧失的?
> 3. 为建立顾客的参与感,戴夫和安迪可以采取哪些行动?试利用本章介绍的方法进行阐述。

不断实践以构筑顾客服务战略

让我们再回到那个你选择的案例。你可以选择你现在的公司,具体某个你想去的组织,或者是在第 1 章提到的两个假设组织中的一个:独立汽车销售与服务公司(IAS)或是网络营养品经销公司(NND)。当你构建一个顾客服务战略时考虑以下问题。

战略规划问题

1. 尽最大可能确立该组织的核心价值。除了成功和盈利,还有哪些价值理念?将这些价值观念传递给顾客和员工,这样能如何为超出期望创造机会?如何将核心价值转化为行动来产生 A+ 服务价值,加强关系纽带?

2. 本章介绍了创造 A+ 服务价值的 7 种途径,哪些方法可以加以运用?请积极思考,每个至少说三点:

- 包装与担保；
- 产品适用性；
- 产品体验印象；
- 独特性和共享价值；
- 企业信用；
- 附加品。

3. 思考如何让你们组织的员工参与 A+ 服务价值的构建。请具体回答下列问题：
- 在收集想法前，你应该给员工哪些教导？
- 方法提议的参与者有哪些？
- 如何收集处理提议？
- 多久收集一次提议？
- 这一过程的参与者能获得哪些回报？

4. 你们组织正在构想如何创造 A+ 价值，其中有哪些必要条件？如何将其融入企业文化？你该如何从参与者那里获得建议，又如何来避免不参与的现象？请详尽回答。

注释

1. Michael Schuman and Hae Won Choi, "Suwon's Restrooms, Once the Pits, Are Flush with Tourists," *Wall Street Journal*, November 26, 1999, p. A-1.
2. Hanna Komulainen, Tuija Mainela, Jaana Tähtinen, and Pauliina Ulkuniemi, "Exploring Customer Perceived Value in a Technology Intensive Service Innovation," University of Oulu, Department of Marketing, Oulu, Finland, Proceedings of the 20th Annual IMP Conference, September 2–4, 2004, Copenhagen, Denmark.
3. James R. Healy, "Base Versa Sings Like a Bird: Cheap, Cheap, Cheap," *USA Today*, February 27, 2009, p. 5B.
4. Access to live help overlaps with another way of exceeding expectations, A-plus Information, which we discuss in Chapter 11. Some efforts fit into more than one of our categories.
5. "Lands' End Guarantee Verboten in Germany," Salt Lake City, *Deseret News* (AP), September 25, 1999, p. B-1.
6. Interview with Randall Myers, senior knowledge engineer, Sterling Wentworth Corporation, Salt Lake City, October 2004.
7. Denise Wymore wrote her book, *Tatoos: The Ultimate Proof of a Successful Brand* (2006) entirely at her local Starbucks coffee shop, www.denisewymore.com.
8. www.frequentflyer.com.au/press/theage20Mar05.htm.
9. A 2010 study of sales rep behaviors in business-to-business relationships revealed that "too much contact" was criticized by 35 percent of respondents and "sales style is too aggressive" by 8 percent, www.cfo.com/
10. David Rohde, "The Anti-Walmart: The Secret Sauce of Wegmans Is People," *The Atlantic*, April 10, 2012.

CUSTOMER SERVICE

第 11 章

通过为顾客提供信息来超越顾客期望

简化命令

学习目标

1. 理解 A+ 服务信息的本质及 A+ 服务信息与顾客忠诚度的联系。
2. 了解建立 A+ 服务信息的 5 种途径。
3. 了解消费者进入电子商务市场的信息壁垒。
4. 慎重选择信息媒介。
5. 利用技术提高信息的清晰度。
6. 建立并支持用户群体。
7. 重视电子商务中的 A+ 服务信息。
8. 利用交流审计评价获取 A+ 服务信息的努力程度。

信息惊喜的利与弊

几年前,托马斯购买了一辆讴歌(Acura)车,并获得了 A+ 服务信息——商家提供的信息超过了顾客的预期。根据多次购车的经历,托马斯希望销售员能够教他阅读光盘中的操作手册以各种配件的使用和不同的功能。

付完款,销售员花了大约 30 分钟想向马斯介绍汽车的各项性能,以及操作和使用:如何查油量加油,工具箱、千斤顶、备用胎存放何处及如何使用,甚至如何保养维护汽车,然后把广播调到托马斯最喜欢的频道。总之,他向托马斯介绍了所有必要的细节。这种亲自演示提供信息的方式出乎他的意料,同时使他收获了前所未有的购车体验。

如今,新款汽车的制造技术达到前所未有的水平,以至于人们将车看做"车轮上的电脑"。虽然技术的推广提供了前沿的产品，但是也有另一面的影响：顾客更迫切需要足够的信息来使用产品。雷克萨斯经售商为顾客授课讲解汽车计算机技术的使用。培训如果缺失，将给企业带来严重后果。

最近，J.D. Power 公司（J.D.Power 建立于1968年，是一家全球性市场咨询公司，主要就顾客满意度、产品质量和消费者行为等方面进行独立、公正的调研）质量管理部门发现，虽然汽车整体质量实现了提升，但是顾客在适应新车的电子设备使用上存在着困难。越来越多的顾客抱怨车内设备的使用问题，这种抱怨的声音掩盖了对其质量的好评。顾客希望声控变得易于使用，脸谱网可以升级，汽车指导得以提供，天气预报得以查询。这些早已在手机和计算机里普及的功能，很少服务于汽车或货车的内部设备。

2012年，福特汽车公司在他们的主打车型上安装了触屏仪表盘，结果在J.D.Power 公司的质量排名中，福特从第5名下滑到第23名。这次排名下滑的主要原因是用户纷纷反映他们的福特车载多媒体触屏系统有很大问题。

这同样也是很多公司面临的一大难题。更加复杂化的产品需要更清楚地使用信息。解释不清楚使用方法就会招致顾客的不满，而那些在提供信息方面表现优异的公司就会捷足先登。

几年前，有一个与科技无关的A+服务信息的案例。一个12岁的小男孩吉米做了膝盖手术，术后他被介绍给一个理疗师进行康复治疗。他的父母希望理疗师可以告诉他怎样活动膝盖能够有助于康复，理疗师不但这样做了，还做了许多令孩子的父母意想不到的感人举动。她每次都把康复训练的照片影印下来，并且在每一页上用大红字母写上他的名字。她教会他每一项康复训练的方法，并把家里的电话告诉他，让他有问题随时打给她。她甚至在治疗后的第二天打电话询问他的情况。都是些细节吧？这些确实都是细节。但是把所有这些细节组合在一起就远远超出了孩子父母的预期，可以说是A+服务的典范。

网上零售商也开始意识到A+服务信息的重要性——有些做得尤为突出。最近一个朋友在网上买东西时遭遇了不快，原因就是沟通上的失误。那家公司发信息说她订购的商品会在三四天内送达，但是商品并没有如期到达。当顾客询问那家公司到货时间时，该公司又一次提供了不准确的消息——又没能在承诺时间内完成送货。几天之后，她在家门口发现了她订购的价值几百美元的商品，被雨淋了一整夜。这一切都是由于公司没有及时准确地给出送货信息。

另外一个网上购物的失败案例也是因为信息提供方面出了问题。一家公司在网站上宣传他们的"次日到货"服务不加收费用，而一名顾客周一订的货周五都没有到。他于是给公司发邮件，但是没有回音。他又给公司打了电话，却被告知他订的一部分商品已经发货了，另一部分会在两天后发货。一天后他收到这样一封邮件，开头署名是"亲爱的顾客"（以下为邮件原文）。

以下是您的订单 #WO3690775 中几样商品的运送状态：

SKU#IN-2027——处理中；

SKU#TQ-2012——已发货；

SKU#VS-1135——已发货；

SKU#UE-1003——已发货。

你能看懂这封邮件的意思吗？他在编辑信息的时候使用的全是顾客看不懂的术语和数字。顾客不会使用库存代码，更不懂得"处理中"的状态是什么意思。这个公司显然丝毫不懂得要为顾客提供有效的信息。就此而言，与顾客沟通时保持清晰明了的沟通似乎被很多公司抛诸脑后。

□ 认识 A+ 服务信息的本质

一家公司可以试着使用更及时、清晰、有趣或是富有创意的方式来与顾客沟通，这样才能提供 A+ 服务信息，从而超出顾客的预期。

每一件商品、每一项服务、每一次购物的过程都带有一定的信息性。例如，你买一罐汤时，标牌上一般写着营养成分表、冲泡贴士以及食谱等；

> 实际上每件商品都有信息成分，有些是为了与顾客沟通。

车辆、工具、家电以及电子设备都附有详尽的使用手册或产品说明书；草坪护理服务也经常会顺便告诉你多久浇一次水或施一次肥；健身器材经常会附带着健身指南或是一张讲解如何最好发挥该产品效用的 DVD。顾客、越来越期待看到这样的信息。

服务快照

公平地讲，有些网上零售商还是做得不错的，如网上花店 ProFlowers.com

会告诉顾客所订的花从经销商那里发货及送达的具体时间,甚至包括送货人的名字。ProFlower 公司通过这样的方式在新兴的快速发展的网络商业世界中建立了新标准。客户开始期望店家会即时发送消息,内容包括订单目前的状态、发货日期、运费等。达不到这种服务标准的公司很快就会被淘汰。

乔安娜最近一次在 ProFlowers 的购物经历再次加强了她对这家店的忠诚度。她订购了一个圣诞花环,准备送给住在艾奥瓦州的姐姐,原来预计是 12 月 15 日送达。结果 12 日公司给她留了一条语音消息,让她拨打他们的免费热线。电话打过去的时候,他们表示很抱歉,没能及时地把订单发给当地的经销商,然后告诉她货品会迟一天到达。然后他们提出免收运费。

问题

1. ProFlowers 公司与你以前遇到过的网上零售商有什么不同?他们的服务效率更高吗?

2. ProFlowers 公司是如果运用 A+ 服务信息来超出顾客预期的?

了解电子商务时代对特殊信息的需求

对于电子商务,及时提供与客户订单相关的信息对于建立客户的忠诚度尤为重要。如果公司不能高效、清楚、及时地与客户沟通,客户就会觉得被蒙在了鼓里。

达美乐比萨店在提供即时信息方面别出心裁。这家 40 年前就提出了比萨快送的比萨店现今依然走在快捷服务的最前面。2008 年引进的"比萨追踪"技术让顾客从下订单那一刻起直到送达都能追踪到比萨饼所在的位置。更有甚者,达美乐公司声称,他们的网络追踪系统——不管是电话订单还是网上订单——可以精确到 40 秒以内。

> 达美乐比萨追踪技术能提供超越顾客期望的及时、清楚和有效的信息。

"我们用信息和幽默把那个充满未知的'黑匣子'填上了——这样就不会有人再问:'我的比萨饼被送丢了吗?'"克里斯·麦格洛斯林说,他是达美乐公司的技术总监。[1]

"比萨追踪"看起来很有趣。它上面画着五颜六色的图案,像一个健谈的人一样时刻与顾客保持联络。但是有些评论家却嘲笑说:"我猜买他们比萨饼的人一定是从不社交、整天坐在电脑前的那种人。"[2]

美国的保险业似乎也在努力提高服务顾客时的响应能力。行业数据显示：[3]

- 对顾客咨询的响应能力有所提高，未响应率从一年前的36%降至19%。
- 在那些对顾客咨询有所回应的公司中，30%是在提出问题2天后回应的，54%是在1天内回应的。
- 14%的公司不到1小时就给出了回应；26%的公司在1~4小时内回应，16%的公司在1~2天回应。
- 大多数公司都会很快向顾客确认收到咨询的信息。参与调查的保险公司中，81%会立即采用某种形式确认收到，如设置自动邮件回复；16%的公司会在2小时内确认收到；仅有3%的公司根本不会确认收到。

不管怎样，当你仔细分析这些数据的时候就会发现，公司的提高空间还很大。那些能够在回复速度和提供信息的质量方面有所改进的公司才能让客户满意。

伍迪·艾伦曾经说过，"成功的80%来自于努力表现"，时刻准备为顾客服务、及时回应顾客的问题是提供A+服务信息的前提。鼓舞人心的是，一些公司正是因为做到这一点而有所起色。尽管如此，很多公司还是不能及时地提供给顾客最基本的信息。

随着电子商务发展的日益深化，公司会继续找寻更及时有效地回应顾客的方法，顾客也会更期待这样的响应能力。公司如果不能达到顾客的预期，就会招致顾客的不满情绪。

优秀的处理信息的能力会给顾客带来意想不到的惊喜。当顾客收到比预想中更及时、清晰和有效的信息时，A+服务信息就诞生了。同样的道理也可以应用到与员工的沟通交流中。如果员工感到在公司里信息透明度高而且参与度较高的话，那么他们的忠诚度就随之提高。

> 顾客迅速提升的预期要求公司要有快速的响应能力。

☐ 懂得如何提供 A+ 服务信息

让我们来看看为顾客和员工提供 A+ 服务信息的具体方式。本章要探讨几种有关 A+ 服务信息的方法，包括**信息人工指导**（information hand-holding）、**媒介选择**（media selection）、**信息透明度**（message clarity）、**信息易获取性**（information accessibility）以及**用户小组**（user groups）。当然你也可以运用其他创新的想法。

提供信息人工指导

正如上文所述，电子商务的迅速崛起为企业提供了一个黄金的机遇，用 A+ 信息服务超出顾客的预期。日新月异的电子商务业将服务划分成许多不同的等级，因此企业都在力求做到更好。顾客正在开始建立起对一些网上零售商的忠诚度，并在电脑上将许多网站添加为书签。直到顾客对网上提供的商品信息完全满意的时候，他们才可能会在网上进一步询问这件商品，然后再去实体店里购买。尽管这种情况在改善，顾客仍然不愿意一下子装满电子购物车，因为他们没法得到全方位的信息。我们可以认为人们对网上购物越来越放心了，但是仍然有很大一部分人偏好在实体店里与人实际接触所获得的信息。如何让客户获取有效、可靠的信息对于电子商务的发展至关重要。

新视野

顾客接受服务的障碍

电子商务专家认为有些网站拒绝了很多生意，而它们本身并没有意识到。以下是它们在面对潜在顾客接受服务时所设置的障碍：

障碍 1：从访问者处索取太多信息

很多网站在用户注册时要求填写过多的信息。人们越来越不愿意泄露个人信息，所以那些索要信息太多的网站就失去了大量用户。

障碍 2：总是让顾客重复填写有关信息

如果你之前曾经问过用户某个问题，你就应该知道问题的答案。越是需要用户重复回答同样的问题，你的网站就会显得越愚钝。

障碍 3：要求用户必须输入订单号、促销代码或者其他不太明确的信息

有时网站的主页上会有特价折扣的广告，但是要求用户在付款的时候输入一个促销代码。有时顾客根本不知道在付款时将一大长串的代码复制粘贴在哪里。不应该让顾客感到如此厌烦。

问题

1. 描述一下你在网上遇到的类似情况。

2. 这篇短文和 A+ 服务信息有什么联系呢？你认为在哪些地方能运用 A+ 服务信息呢？

不仅仅是电子商务需要对顾客关怀备至，各行各业的组织都越来越重视顾客的好恶并且努力去改善自己的服务。有些公司为顾客聘请了私人向导、私人买手以及私人银行家；还有些公司雇用格外和善亲切的接待员或门卫，他们负责接待顾客并且回答他们感兴趣的任何问题；有些管理者坚持采用合理的开放式政策并且时常为他的员工考虑；有些公司的领导把家里的电话号码告诉顾客，并且让他们有问题随时都可以来电。这些都是对顾客或是员工关怀备至的体现。

想想看你自己的公司，你是否也懂得采用上面的方式让顾客和员工在和你打交道的时候感到舒适和自信呢？

仔细选择信息媒介

为顾客提供信息的时候有多种媒介可供选择，如文件、DVD、网络助手等。媒介的选择应基于**沟通有效性**（communication effectiveness），而不仅仅是沟通效率。

> 沟通效率 = 顾客接受到的信息量 / 企业发送信息耗费的成本。

沟通效率是指沟通的成本比上信息传达的人数。如果一个信息很简单（如禁止停车的牌子、贴在特定产品上的打折标签、一个简单的烹饪贴士或是一份菜谱）我们可以使用效率较高的传递媒介，如宣传单、标签或是简明的说明书。但是，一旦我们传递的不再是这么简单的信息，那么沟通有效性就变得尤为重要了。

沟通有效性和沟通效率不同。要达到有效性，信息必须：

- 恰好被合适的人接收；
- 被准确理解；
- 在一段时间内被记住；
- 被使用。

有效的媒介几乎都较为复杂和昂贵。最有效的沟通方式就是人们面对面地沟通交流。这种"一对一"的沟通方式当然要比说明书、网上指南和用户手册昂贵得多（但效率方面远不及后者）。但如果某个信息对于顾客对产品的满意度十分关键的话，那么多花一些钱也是值得的。之前提到过的讴歌汽车的经销商，很明显愿意定制化、面对面的沟通，这样他能更好地向顾客讲解新车型的性能。

在本应专注于有效性的时候反而过于强调效率，这是我们有时候会陷入的误区。有时候高效并不一定有用，那种简单又便宜的传递信息的方式（比如说那个发邮件时用 SKU 代码来标记商品的电子商务人员）并不一定会起作用。

> 当传输重要信息时，有时不用专注于有效性。

有创意的公司会用别出心裁的方式带给客户惊喜，并且对于不同类型的信息会采用不同的媒介。比如雪佛兰公司，他们几年前就不再使用用户手册了，而是录制了一盘录音带专门教用户如何利用雪弗兰轿车或是卡车的性能。有些公司还准备了 DVD 教用户如何组装或使用一个产品。在线帮助和电话热线（如果设计周到并且回应及时的话）也会帮助许多沮丧的客户解决问题。

公开信息信守承诺

公司可以凭借公开信息和诚实守信在顾客中树立良好的信誉。顾客能够在网上获取有关公司商品或服务的任何信息。现代社会讲求信息透明，相比之下，保守秘密变得无比困难。建立良好的客商关系需要双方的信任和开放。

及时予以回应

传递信息除了要快速有效，还要注意及时。这意味着顾客在需要某方面信息的时候公司可以立即提供。

很多公司现在都提供在线顾客服务系统，以及时地回答那些常见问题。最优化的系统甚至能回答几种不同层次的**常见问题**（frequently asked questions，FAQs），有些问题主要是针对那些潜在顾客或新顾客的基本需求，其他的常见问题则是针对那些了解熟悉该公司产品和业务的顾客。

企业不能再让顾客自己费力地去搜寻所需信息。个人电脑刚出现时，附带的说明书用语复杂生涩，根本难以读懂。换做是现在的电子产品用户，肯定根本无法忍受。

于是信息栏应运而生。20 世纪八九十年代奉行的标准放到今天的计算机业根本无法被人们接受，几年前的标准拿到现在也同样无法接受。苹果之所以建立了品牌忠诚度，占据了大量的市场份额，是因为苹果生产的手机、平板电脑、随身听都很方便使用。即使是最不懂技术的消费者也能轻松使用这些产品，而不用担心出现问题。

另一个及时并且恰到好处地提供信息的例子就是智能购物车。有些人在购物时不愿意花时间用手机查看哪种食品卖得最好，智能购物车正是为他们准备的。一个新型设备会在最醒目的位置显示出类似的信息，从而引导顾客做出更好的购物选择。

"公司生产的购物车手柄是一个16寸的LED彩色显示屏，可以嵌在任何一辆购物车上，通过图样的变化发送产品信息。一种颜色可能表明该产品是有机的，另一种则告诉你该产品是否产自当地（即低、中和高食物里程）。"[5]

> **典型案例**
>
> ### Chipolte 餐厅
>
> 最近一期的《快公司》杂志上有篇文章专门采访了Chipolte餐厅的市场营销总监马克·克伦帕克，他认为现在快餐企业很少公开信息。他说，"快餐业的市场营销是一场典型的试图掩盖真相的游戏……人们对快餐店知道得越多，就会越不想去那儿吃饭了"。Chipolte的策略就是告诉顾客他们的墨西哥卷以及其他产品具体放了什么。这种做法传递出他们"放心食物"的经营理念，确保肉类都是来自于自由放养的鸡、猪，奶制品则都是来自于无激素奶牛。
>
> 该公司支持公开信息，强调信息透明，同时反对工业化的农业生产，认为那种方式有害健康而且违背道德。下一步的计划就是编写一些有关健康饮食的故事并且印在产品包装上。所有这些都是为了同一个战略性目标，即让公司的餐饮文化更趋向于纯天然非加工的食品。

为内部员工提供更好的信息

让我们再来说说内部顾客（员工）。与员工的沟通交流给雇主提供了很好的机会，通过公开信息来超出员工的预期。表现最好的公司往往会广泛使用多层面的沟通和培训技巧。大公司会为员工提供全面的培训和信息，来提高员工的参与度。

> 好的公司通常会采用不同媒介，主动与员工互动，培训员工，进而超越员工期望。

一些积极进取的公司在不断寻找新的媒介方式与他们的内部顾客进行A+服

务的沟通。社交网络、博客或是一些组织上的活动，比如说定期的大型会议、非正式的闲聊、去不同部门工作的机会，甚至是办公室的布局等都可以增进沟通，促进想法交流。

☐ 采用专业技巧使信息更明确

不管采用何种传播媒介，信息本身必须清楚易懂。聪明的公司懂得用简短的句子、清晰的逻辑以及不断地重复来更有效地把信息传递给接收对象。它们会预先把试用信息发给类似的接收者，在得到他们的反馈后再发布最终版本。

审查企业的文案写作

你发送给顾客的信息足够清楚吗？很多组织都自认为它们在这方面做得不错，但事实上还有待改进，它们可以请一个专业的商务沟通专家来审查一下它们的书面文本、电话脚本和演示文稿。沟通咨询专家谢伦·贝安尼（Sherron Bienvenu）博士[6]已经帮好几家公司做了审查，它们都意识到它们的书面文本质量上不达标（我们往往会有盲点。同样的信息，对于我们来讲可能清楚明确，因为我们理解其中涉及的行业术语和产品信息，但是可能会让不太了解这些的顾客一头雾水）。

她的审查方法很直接。分析该公司发给顾客的信件和通知的样本，然后立刻找出一些有待改进的沟通技巧。她发现的问题有很多可能也出现在你们公司的文本中。

> 要经常检查公司文件，看看是否清晰，语气是否恰当，这对于公司很重要。

1. 语气生硬。尽管大部分收件人都喜欢商业信件直切主题，但是很多信件的语气未免太过生硬。

2. 太多套话或行业术语。套话（jargon）就是那些用了太多次毫无新鲜感的词语；行业术语就是那些公司内部能够理解的专业用语，但是顾客很可能不懂。如果你不确定顾客是否会懂得某个词的意思，那就用一个更简单更清楚的说法。

3. 使用订货号或缩写。很多情况下，读者对此难以辨认和理解。

4. 缺乏感激。在人际交往中，最重要的一句话可能就是"谢谢"。除了通知读者他的订单不能按期送达,你可以首先使用短信联系,如"感谢您的订单"或者"感谢您的耐心等待"。

5. 未提供解决问题的其他途径。告诉读者你办得到的事情,而不是仅仅说办不到的事情。尽一切可能,积极解决顾客的问题。

6. 缺少合理的解释。不要说"您的做法违反了我们的规定"。请使用易懂的语言,耐心介绍这样规定的原因。

正如任何作者都会审读其文本一样,我们的文辞可以通过修辞渐趋完善。企业会定期查看其发布的信息并重新编辑,这体现了企业的智慧,对于A+服务信息的建立和完善至关重要。

巧用"冗杂"

人们未必总能即刻理解你的信息。例如,可以通过文字信息(如文字)和图像信息(如图片、图表)取得较好的效果。同样,一份操作指南配上DVD、参考图纸、在线编程帮助和服务热线就能进一步提高顾客对产品的满意度。这些"冗杂"的媒介都是有助于顾客理解的重要环节。

通过图标和图表增加关键信息的可获得性

有时候,你可以利用简单清晰的标志便可建立A+服务信息。我曾咨询过一家医院,该医院楼层平面布局特殊,主入口直接通向宽敞的休息区。休息区摆放了前台,当地人知道前台没有专门设置人员,几乎都直接前往急症室。对医院不熟悉的人就会在前台出停下,不知该往哪里走,而且有没有人提供帮助。医院得知这一问题后,完善了通往各个诊区地面上的提示标志,贴上了颜色醒目的线条。

> 有时候,简洁明了的标志和彩色的标志线都会给顾客带来意外惊喜。

标志既有销售作用,也能让员工受益。这里讲述一家大型零售店里药店的案例。药店的药柜一排紧挨一排,竖直排列。药店工作人员负责将瓶瓶罐罐和一小盒又一小盒的药品贮藏,负担很重。每次顾客读着标签找药,必须要正对着看,或者将产品放在跟前,工作量很大。因此,药店把原来的药柜换成新的,顾客没有必要根据阿司匹林盒子寻找,通过放大的阿司匹林盒的标签即可。标签通过药柜放大,阿司匹林可以直接从药柜中取出来。

经过放大的标志提供了 A+ 服务信息,解决了存货的问题。员工把手推车推到过道旁,打开药柜,卸下货物,装进手推车,无需直接穿行药柜间的过道。

☐ 构建并支持顾客用户小组和分组

组织将不同类群的顾客分成不同的用户小组,向他们提供不同的 A+ 服务信息。这样的分类对工艺品店、电脑营销店和金融机构等组织来说是很自然的事,这个方法在其他领域同样适用。例如,食品店提供烹饪学习班,信用机构对投资、预算和个人理财提供免费的课程,汽车维修店提供汽车维修方面的课程。与他人共同学习可以得到社会帮助,提高学习效率。

我的客户中有一家中型轮胎店和汽车维修商。为了获得 A+ 服务信息,员工经过头脑风暴,决定提供汽车维修课程,主要针对女性顾客。通过新颖的广告宣传和不断地向顾客介绍该课程,商家获得了不错的收益。课程包括车胎保养、参观排气系统维修,甚至还有车漆和装饰品的保养。起初听课人数不多,但是当客户了解到课程在每周二晚上 7 点进行时,参加的人数也多了起来。可以确定的是,参加该课程的都是忠实客户。

摩托车制造商哈雷 – 戴维森(Harley Davison)通过哈雷车友会(HOG)把 A+ 服务服务信息带给消费者。自 1983 年哈雷为阻止销售额下滑的趋势而成立了 HOG,HOG 的成员已从 3.3 万人增长到约 70 万人。

哈雷发现,人们之所以不骑车是因为缺少同伴。HOG 将车友聚集到一起,相互交流骑车心得。"人们可以通过这个渠道接触亚文化群",HOG 的总监麦克·基夫称。在《投资者商业日报》上,基夫讲述了同其他哈雷车友骑车野营 8 天的故事。"早晨,我和 6 位伙伴光着身子,等待冷水浴。你很难和你的客户如此近距离"。

幸运的是,哈雷的摩托车买家可以免费享受 HOG 的会员一年。一年后需要每年支付 40 美元。哈雷的管理和行政人员经常参加 HOG 的活动,借以与顾客进行畅谈。这是 A+ 服务信息分享的成功案例。

犹他州社区信用社(UCCU)近期开通了一个网站,旨在教年轻人如何理财,其网址为 www.BeMoneySmart.org。在朋友似的谈话中,它教会了年轻人理财之道和如何通过储蓄和良好的评级获益。虽然 UCCU 没有直接从该网站盈利,但是建立了友好的形象，超出了顾客的期待，践行了提供理财帮助的宗旨。

内部顾客（即员工），也可以从用户群体中获益。例如，公司鼓励修理工创建"**实践社区**"（communities of practice）来分享他们的建议和点子。相互了解各自职责能够加强跨部门合作。这样的小组通常是在午饭餐桌上或者下班喝酒等的非正式方式场合见面，这种共享活动正是明智的企业所提倡和鼓励的。

> 明智的企业支持员工间的信息共享，如实践社区。

企业应该通过任何媒介提升与顾客和员工互动的平台。如果一个企业重视与顾客的关系，那么它就能得到很多机会互动的机会。这种互动可以有一系类的形式来实现。

□ 高度重视电子商务中的 A+ 服务信息

关于之前提到的 A+ 服务信息的提供，电子商务正面临着一些特殊机遇和挑战。两个至关重要的行动策略分别是提升顾客信息的获得性和鼓励顾客对企业进行反馈。

提升顾客服务信息的可获得性

当今，企业面临的最大挑战之一就是当顾客遇到问题时，如何为顾客提供及时有效的帮助。在电子商务环境下，这是一个顾客经常感到不满并加以投诉的领域。电子商务对利用电子邮箱与客户交流的依赖性很强，有时候这种依赖有点过头了。

网站开发商经常讲电子商务客户投诉的一个案例：一些公司故意省去它们的联系电话，因为它们不希望花额外的钱来雇用员工接电话，似乎是这些公司不愿意对顾客的问题在网上进行回应。事实上，事情远不止如此，很多公司都会选择不给客户提供电子邮箱和联系电话。这种做法无疑是鼠目寸光的。因为，让顾客与公司代表直接对话能够为"高接触"服务创造机会，从而成为高科技产业发展的"补充剂"。StopDirt.com 是一家大众产品（地毯）的营销网站，公司的老板埃里卡·怀尔德鼓励电话客服板块业务发展。为了进一步获得顾客的满意，埃里卡会专门为员工作如何接听电话的示范。埃里卡为人风趣，通过同客户的亲自接触交流巩固了顾客的忠诚度。多年来，这种关系的建立为公司赢得了与客户良好的

第 4 篇　LIFE：期望

关系，同时也成为成功企业的典范。

鼓励顾客对企业进行反馈

最常见的网络消费者投诉，就是向公司反映问题时缺乏回应。你是否有这样的经历？我们的请求石沉大海，这样的情况太常见了。

网络零销商 Shop.org 一项调查显示，1/4 的购物者发出的求助邮件从未获得过回复。"这是 101 号零售商：请不要忽略你的顾客。"电子购物指南（E-buyerGuide.com）的董事长玛丽·吉莱斯皮说道，"以现在的标准来看，这个企业不仅很差劲，而且很无礼。"[8] 请回复邮件。

让顾客接受你们企业是一种超越顾客期待、提供服务惊喜的良好方法。如果你们企业开通了服务热线，请确保具有专业知识的接线员数量足够多，从而有效应对顾客投诉。

□ 评价企业为 A+ 服务信息付出的努力

通过测评提供给顾客信息的有效性，可以测定企业是否提供了 A+ 服务服务来衡量。有两种重要的测评方法：一是记录常见问题；二是审核沟通的有效性。

记录常见问题

开发一套常见问题跟踪系统。如果一些人提出相同的问题或者遇到同样的困惑，那么就说明你们存在信息上的问题了。

维护好顾客常见问题网页尽管充满挑战，但它却能够为顾客提供 A+ 信息服务。

这条建议适用于所有类型的企业，而不仅限于高科技企业。哪怕是小的店家也需要记录常见的客户问题并鼓励所有的员工共同分忧。搜集到的信息需要员工的记录并汇报给管理者，才能实现价值。让员工学会记录顾客的意见，最好是当面记录。这样，顾客才能意识到他们的声音得到了聆听。

审核沟通有效性

沟通审核（communication audit）是指测定在企业内部流动的，以及来自利益相关者的信息的数量和质量的一个过程。通常，在沟通咨询顾问的帮助下，审核人员利用多种方法客观查明沟通中的障碍，弄清楚重要的问题，评估企业正式和非正式沟通网络的有效性。

> 与顾客一起审视组织沟通有效性到底怎样。

这样的审核包括通过相对非正式的观察搜集信息，也可以通过访问获取信息来对客户信息进行内容分析。内容分析是指系统地观察信息，检查确保其主题一致、内容清晰、用词恰当。为了确保有效性，企业经常请用第三方的专业人员确认并分析问题，特别是针对令客户产生疑惑的信息。例如，之前的案例中提到了船舶只是用 SKU 号码作为运输信息，对产品没有加以描述。

检查信息时，请站在客户的角度问自己："这些信息是否超出了我的预期？"正如之前提到的，企业需要沟通专家来分析发送给顾客和员工信息的内容，确保其清晰明了。

对于内部顾客，内部沟通的有效性很大程度上反映了员工关系的状况。相比于一些感觉游离于企业交际圈以外的员工，能够自由沟通并且认为自己意见受到采纳的员工更有可能忠诚于企业。对于广大的外部客户也是如此。开通多种交流渠道，在信息处理方面为超出客户预期创造更多的机会。

☐ 最终思考

总之，为顾客和员工提供清晰、实用、方便的 A+ 服务信息是建立企业忠诚度的有效方法。你需要做的是仔细审查在各种互动信息的数量、质量和有效性。然后，利用更加清晰、更加及时、更加优质、更具趣味的信息，找到带给顾客惊喜的方法。发挥创造性，倾听尚未得到满足的信息需求，鼓励顾客和员工为 A+ 服务信息的获取提供建议。建立顾客和员工忠诚度能给公司带来巨大的回报。

::: 重要观点总结 :::

- 忽视与内部顾客或者外部顾客的沟通都会损害企业商誉。及时回复顾客的来电、电子邮件、短信和信件，并鼓励通过回复顾客意见建立反馈机制。
- 无效的指令和低质量的信息会损害企业商誉。清晰、有用且有效的信息能够超出顾客的期待。

- 不同的信息媒介具有不同的影响。高效用和高效率的信息可以被企业充分利用。效用经常是高成本的，但为了超出顾客的期望，企业必须支付成本提高沟通的质量。
- 当我们打破传统来使用一系列信息媒介，实现 A+ 服务价值的机会就会出现。为了强化交流，企业可以创建并支持用户小组（如 HOG）、实践社区、辅导班和在线沟通平台（如 BeMoneySmart.net）。
- 企业可以打造开放诚信的形象和实现信息透明化来建立商誉，如通过食品配方。
- 优秀的企业回应顾客的请求并为其提供适用性的帮助。追踪客户的常见问题，审查企业与顾客共享的信息。这样，能为优化信息内容和基调创造更多的机会。

关键概念

A+ 服务信息	沟通实践	信息	术语
沟通审查	内容分析	可获得性	媒介选择
沟通	常见问题	信息化	信息清晰性
沟通有效性	人工指导	用户小组	沟通效率

事实回顾

1. 为什么企业为顾客提供超越期望的信息至关重要？
2. 通过 A+ 服务信息实现产品或服务超出顾客预期的途径有哪些？为什么这些途径能加强企业与顾客的关系？
3. 沟通媒介指的是什么？企业运用那种沟通媒介与顾客沟通？其他的 A+ 服务服务有哪些？
4. 请说明沟通效率和沟通有效性之间的区别。试举例说明。
5. 互联网和电子商务给 A+ 服务信息提供带来了哪些挑战？
6. 电子商务是如何用来补充其他形式的信息的？其如何建立更深度的客户忠诚度？
7. 沟通审查指的是什么？它是如何帮助企业建立顾客忠诚度的？

观点运用

1. 作者认为，现实生活中所有的产品都具有信息成分，你是否同意？该观点是否一直适用？你所购买的哪些产品比以前提供了更多的信息？请举例具体说明。

2. 选择五种产品，检查并使用其产品信息。针对以上产品，分别写一段文字描述产品及其相关信息（例如，本章提到的汤罐头，产品标签上的信息包括食用方法、营养成分和配料）。对该产品进行头脑风暴，企业是如何通过提供这些信息来强化顾客的购买体验的？请大胆想象，发挥创造力。

3. 请列举你熟悉的一种产品，该产品的信息超出了你的预期。如果产品仅仅使用纸质媒介，试寻找其他媒介来代替它，并说明该方法的有效性。企业该如何进一步利用 A+ 服务信息？请发挥你的创造性思维。

4. 假设你认为一次沟通审查对于你们公司（或你熟悉的公司）有帮助，设计你希望在审查中提出的 5 个问题。

5. 利用你最喜欢的搜索引擎，查找关于企业产品信息超出顾客期待的内容。可以选择你感兴趣的产业，如汽车产业、电子游戏产业、体育产业、酒店业、摩托车行业或珍品收藏业。访问三个网站并描述网站提供的内容，试着评价这些网站的相对创造力和有效性。它们在那些方面超出你的预期？

思考案例

非技术性解决方案

在冬季开学之前，莫妮卡精细安排了对社会学院为期一天的访问。作为一名 19 岁在一所著名的私立大学就读的学生，莫妮卡修了好几个专业，但她对社会学情有独钟。她以 3.8 的学分顺利地修完了学校的课程。

上午 10 点，莫妮卡满怀敬意地走进院系办公室。一位中年女士正在电脑前打东西，没有抬头。在前台站了约 30 秒，莫妮卡才清了清嗓子问道："请问，您能为我提供一些关于社会学专业方面的信息吗？"

那位女士没有抬头看，指了指公示牌，继续打字。莫妮卡对打扰了她表示歉意。走到公示牌边，她感到困惑，因为她发现公示牌上只有学校的简介（早已经读到过了）和院系教授的照片，除此没有其他信息。经过这次无礼的办公室之行，她下定决心再也不与学术导师会面。"他们并没有任何兴趣辅导他们的学生"，她自言自语道。她离开了办公室，从此没有再去那里。

问题

1. 该院系是如何错过与"顾客"建立积极关系的机会的？

> 2.如果你是该院系的负责人，遇到这样的情形你会怎么做（院系的未来需要优秀的学生）？
>
> 3.为了在信息提供上超出顾客的期待，该院系该怎么做？发挥创造力，提出几点建议。

不断实践以构筑顾客服务战略

让我们再回到那个你选择的案例。你可以选择你现在的公司，具体某个你想去的组织，或者是在第1章提到的两个假设组织中的一个：独立汽车销售与服务公司（IAS）或是网络营养品经销公司（NND）。当你构建一个顾客服务战略时考虑以下问题。

战略规划问题

1. 假如你是企业的领导层，你如何让员工意识到及时回复顾客信息的重要性？如何才能更容易地实行呢？
2. 请制订计划来审查企业沟通的有效性。
   - 你分析的信息有哪些？
   - 如何评价顾客对于这些信息的可理解性？
   - 哪些方法可以使信息变得更加清晰？
   - 还有那些媒介尚未完全运用于超出顾客的期待？请记住：媒介不仅限于电子产品，一些传统的媒介也能起关键的作用，如亲身采访、对话和书信。
3. 探究其他企业解决沟通问题的途径。请借鉴其他企业方法，确立5种有利于实现企业A+服务信息目标的方法。其他行业的公司的好方法可能也适用于你们的企业。

□ 注释

1. Bruce Horovitz, "Where's Your Domino's Pizza? Track It Online," *USA Today*, January 30, 2008.
2. Christopher Muller, restaurant expert at the University of Central Florida, who's less than enthusiastic about pizza-tracking tech.
3. Sean Michael Kerner, "Insurance Companies Score Online Customer Respect," March 28, 2005, http://www.clickz.com/stats/sectors/professional/article.php/3493501.
4. Danielle Sacks, "For Exploding All the Rules of Fast-Food," *Fast Company*, March 2012, p. 125.
5. "A Shopping Cart That Guides You to Good Food Decisions." Downloaded June 24, 2012, http://www.fastcoexist.com/1679704/a-shopping-cart-that-guides-you-to-good-food-decisions.
6. See Dr. Bienvenu's Web site: www.ChinUp.net.
7. Mike Angell, "By Focusing on Customers, Firms Can Boost Shareholder Value," *Investor's Business Daily*, October 11, 2002, p. A-4.
8. Quoted in Frank Barnako, *Internet Daily* (sponsored by CBS MarketWatch), September 10, 1999.
9. Quoted from news release by Samuel Cole Salon, "New York State of Mind: Jack Ray to Provide Bumble and Bumble Training in His Raleigh Salons," http://www.pr.com/press-release/48671, August 15, 2007.

第 12 章

利用便利性和及时性来超越顾客期望

让顾客购买更方便

再方便一点

玛西娅是亚特兰大市 PCP 购物中心的常客。在繁忙的圣诞假期购物季,她偶然发现了一种低热量的蛋酒很合口味。尝过一次之后,她再回去买时发现店里已经没有卖的了。

经过一番交谈,超市奶制品区的店员承诺不久后就会进货。但当她第二天再回去看时发现还是缺货。这回店员说:"明天就会进新货,我会给您预留一些。"结果她第三天去时送货的车迟到了,她又没买到蛋酒。

这次,店员承诺给她 A+ 的方便服务。他先是道了歉,然后告诉她说,只要一送来新货,他马上就会留出一些并且会在回家的路上亲自送到她家。他确实也是这么做的。

送货上门,这是一种怎样的概念啊。几十年前,牛奶或是其他商品的送货上门还是家常便饭。这种服务模式在 21 世纪再次出现。网上食品杂货的运送、上门的汽车换油、换玻璃窗,以及许多其他种类的服务都让消费者体验到了一种在现代商业社会里十分少见的方便快捷。企业正在抓住机会用更便捷的服务超越消费者的预期。

在为顾客服务过程中提升速度和便利程度是一个至关重要的策略。电子商务网站的存亡,正取决于它们服务的速度和响应能力。传统大企业都十分珍惜顾客的时间并且力求使交易过程更加简便及时,以此在顾客中间树立忠诚度。

□ 了解什么是 A+ 方便快捷

为顾客提供便利主要在于提升服务速度，以及简化交易方式。那些追求服务高效易得的企业才能吸引忠诚的顾客。

我们先看第一点：速度。以超出顾客预期的速度提供服务也许是建立顾客忠诚度最简单也最有效的方式。随处可见的便利店就具备提供便利服务的关键要素，可以被广泛应用到其他行业。便利店允许顾客在门前停车，合理地选取商品，并且在短短的几分钟内就可以完成服务。有些甚至还安装了刷卡机，顾客只要刷一下卡便可以即时付款。现在随处可见用加油泵计算油费的加油站，这给顾客和工作人员都提供了方便。同样的，网购商品的快捷运送让很多诸如"4～6 周后为您送达"这样老掉牙的广告词听起来像是来自黑暗中世纪。我们现在就需要送货！

> 那些过度承诺和服务效率低下的公司很快就会把自己的顾客拱手让给竞争对手。

人们偏好服务快捷的企业，理由很简单：现代人十分珍惜时间，也许甚于以前任何时候。而不幸的是，除了便利店以外，很多公司丝毫不珍惜顾客的时间。他们甚至经常意识不到所花的时间之长已经超过了顾客的预期范围。他们过分关注公司内部的运营体系——他们做生意的方式——以至于他们根本考虑不到已经耗费了顾客大量的时间和耐性。

我们生活在一个大家都期望即时得到满足的商业社会里。我们在网上看到一些商品，订购下来，满心期待一两天之后他们就会出现在家门口。如果商品真的送达了，我们就很可能下次再订购；如果没能在预期内送达，我们可能就会很失望，并且从此不在那家商店购物，而选择一个送货较快的商店。

尽管如此，很多公司仍然会陷入一个怪圈，就是过度承诺，拖延送货时间。它们总会做出一些模糊不清，无法兑现的承诺，往往会耽误顾客的时间。下面是一些案例：

- 欧洲一家大型的计算机经销商告诉用户，他们的主机"很快"就会恢复使用。用户以为"很快"是指 20 分钟左右；而对于充分了解问题复杂性的技术员来讲，"很快"意味着大约 8 小时。
- 一些电话或电信公司经常告诉用户，它们会在一个指定日期的"上午 7:30～下午 5:00"提供上门安装服务。难道要用户一天都坐在家里等着上门安装吗？

- 医务诊所里，最常见的抱怨就是病人看病等待的时间过长。病人觉得医生不在乎他们等多长时间。结果引发恶性循环，病人想到医生可能会迟到所以就比预约的时间晚一些到诊所。于是，诊所在安排就诊时就留出了更多闲散的时间，使得病人的等待时间变得更长了。
- 一位顾客在一家网店购物，店家承诺在当天晚上送出货品，让买家在第二天就可以收到（该公司的宣传语中说不额外收费）。但是，结果买家连续五天都没有收到货品。这样，店家早就错失了提供 A+ 服务的机会，客户的忠诚度也荡然无存。

再举几个正面的例子，很多公司经营的前提就是提供迅捷便利的服务。联邦快递公司每次承诺包裹将"在上午 10:30 之前"送达时，实际上都知道在 9:30 或 9:45 之前就能送达。客户为此感到很惊讶，因为大多数公司都不珍惜客户的时间，不能在它们自己承诺的期限之内完成送货。一家办公设备修理公司采取的办法与此相似。客户打电话叫人来修理复印机，修理公司承诺说修理工 2 点之前会到他们的办公室，而事实上修理公司知道 1:30 之前就能到达。这就会给客户带来不小的惊喜。

> 在服务过程中，要永远守时，为顾客提供快速和便捷的服务，这是竞争制胜的法宝。

迪士尼乐园也有他们创造 A+ 快捷的方式，他们立了许多指示牌，告诉游客从某一点排队坐"太空飞车"需要多长时间。其实他们在标时间时故意延长了一些。牌子上写着"这里还要等 8 分钟"，实际只需要 5 分半。游客们都因此感到惊喜。饭店告诉顾客 15 分钟后会有位子结果只让他们等了 10 分钟，这样的饭店肯定会比那些说需等 15 分钟，结果等了 18 或 20 分钟的受欢迎。

□ 如何提供 A+ 方便服务

我们应该用行动告诉顾客，公司很珍惜他们的时间，并且注重高效经营，期望给顾客的生活带来便利，这样我们才能超越顾客的预期，提供 A+ 的方便。

说到 A+ 策略，公司需要时刻保持警觉，通过完善经营制度和经营方式来提升便利度。如果你不能提供更加便利的服务，你的竞争对手就会捷足先登。顾客需要什么你就要提供什么。让我们来看看一些可供参考的举措。

> 便利性是顾客永远的诉求。

□ 格外重视顾客的时间和方便

时间是珍贵之物。当我们忽视时间或者是没能认识到顾客的紧迫感时，同时也是在忽视顾客。没有什么比花费过长的时间等待一件事情更让人烦躁的了。事实上，我的调查结果显示，在所有参与讨论者所说的无法忍受的事情当中，服务拖沓这一项几乎都"名列前茅"。

提高服务速度比提供便利更容易做到。事实上，要达到 A+ 速度的容易之处在于你可以很好地把控时间。你可以预先告诉顾客干什么事估计要花多长时间，他们便会以此作为预期。一旦顾客预料到要花一段特定的时间，你就可以轻松地先于这个时间完成。

在告知顾客需要花多长时间时要保证诚实准确。一家医院的医生告诉我这样一个案例，一个病人被送去验血室验血，抽血师抽取血样后拿到帘子后面准备送去化验。医生回到病人那里时，病人询问化验的结果。化验师笑着解释说血样会送到另一家医院化验，结果第二天才能出来。这件事告诉我们，顾客有时候不知道什么事情要花多长时间，所以你得告诉他们。

> 顾客并不了解一项服务需要多长时间，企业必须引导顾客，从而使他们拥有恰当的期望。

新视野

管理队列

越来越多的公司开始使用**队列管理系统**（QMS）来管理队列。以前，人们在面包店或是肉店要领号排队，现在这种模式已经开始采用高科技手段来管理顾客排队，在银行、汽车站以及汽配商店等各行各业都得到了广泛的应用。

现代队列管理系统已经可以允许服务中心在顾客不用实际站排的情况下进行"队列管理"。一名顾客如果想要接受某项服务，只需要按一下键就可以拿到一张写着"序号"的单子。然后他可以在等候区坐一会儿，或者是趁着这段时间继续购物而不用实际站排了。在服务完一名顾客后，员工也会按一下键告诉系统现在可以进行下一位了。QMS 系统则会叫出下一个序号。

该系统为等待的过程增添了舒适和公平。顾客知道他们的服务顺序是按照先来后到，而且在等待的时间里可以做想做的事情。

很多企业都喜欢承诺提供顾客更快捷的服务，期待做到最好。他们不喜欢告诉顾客坏消息，所以就报出一个很短的时间，即使根本无法实现。这样，他们就失去了"低承诺、高实效"的有利机会。与其给出一个你无法兑现的承诺，还不如给出一个比较实际的完成期限。

除了珍惜顾客的时间，企业还需要考虑到时间的"兄弟"：顾客的便利。提供 A+ 方便是树立顾客忠诚度最有效的方式之一。这里以两种行业为例，比萨饼店和汽车换油店。

美国餐馆里最受欢迎的食物就是比萨。20 世纪 50 年代末，比萨饼开始在美国全国范围内广泛兴起，当时它就相当于一道饭店的主菜。人们点了比萨后等待 15～20 分钟，烤好后在饭店里吃完。后来出现了"便利先锋"达美乐比萨店。这家比萨饼连锁店在创立之初即采取了关键策略，不开设可供堂食的门店，只专注于外卖送餐服务（欧洲人通常称做"外带"）。

这项策略大受欢迎。人们逐渐把达美乐比萨和保证 30 分钟内送餐联系起来。同时，达美乐和它的竞争者也给美国人带来了一种购买餐馆食物的新方式。从那以后，许多比萨饼连锁店和其他独立的餐馆都效仿了这种模式。现在，外卖订餐在美国食品总开支中已经占到将近一半。根据美国食品营销协会所说，"美国人最多只能花 15 分钟准备一顿饭……现在顾客都想立刻就吃到食物"。70% 的家庭至少每月买一次"家庭取代餐"（也称做"外卖"）。[1]

当然，选择范围远不仅仅是比萨饼或是其他餐馆的食物。超市和熟食店也卖各种各样加热即食的便餐。食品生产商开始把食材包装在一起售卖，这样准备一餐饭时就无需再分别购买各类食材了。切好的土豆丝、辣椒丝、洋葱丝和火腿片用塑料袋分开装在食盒里，上面注明菜名。比萨饼的饼皮和袋装的配料一起售卖；做好的三明治和薯片曲奇饼干包装在一起组成一顿即食午餐，所有这些都是为了给消费者提供方便。

另一个典型的便捷服务方面的一大突破，就是 20 世纪 70 年代末到 80 年代汽车润滑油更换店的诞生。在吉飞润滑油、Q 牌润滑油（Q-Lube）和明德美（Minute Man）等公司出

> 将相关产品组合包装在一起向顾客销售，也会节约顾客的购买时间。

现之前，需要换油的车主得特意把车开到汽车经销店或者是服务站。他们先把车停在那儿，搭便车去上班，下班后再回来取车。这种换油方式很容易耗费一整天

而且十分不方便。后来便出现了快速换油店。

现在,车主到一家吉飞润滑油店或是其他同类换油店给汽车换油时,可以一边在顾客休息室喝杯咖啡,一边看着一群技术员埋头扑在他们的车上,更换机油、检查轮胎和汽车内的各种液体,将车体内部抽成真空吸尘等。整个过程只需花 10~15 分钟。这就是所谓的 A+ 的方便。

近年来出现了越来越多的"移动餐馆"(想想卖墨西哥玉米卷和其他各种食品的餐车),其他种类的商品也变得可移动了。在美国俄勒冈州的波特兰市就出现了一家带轮子的服装小店,它其实是一辆装饰时髦的卡车。瓦妮莎·卢里开着一辆 1969 年版的超豪华改装房车,里面满载着衣服。她开玩笑说人们不知道这辆颜色鲜亮的车是做什么用的,"人们还以为我开了一家面包房。"她还说人们甚至去她那儿买纸杯蛋糕,而不是格纹领结或是复古连衣裙。[2]

创业顾问通常很看好这样的移动商店,他们认为在卡车上做生意成本较低也更快捷,而且这种方式可以借助社交媒体的传播力量,随时随地到达顾客身边(而不是等着顾客来买东西)。[3] 从顾客的角度讲,这种经营方式也提升了便利度。

汽车行业推出了很多便利顾客的产品,从餐车到车载服务精品店,为顾客带来了意外的便利。

新视野

便利性与老年顾客

联合国调查显示,现在世界上增长速度最快的人群是 60 岁以上的老年人。就美国而言,65 岁以上的人很快会占到总人口的 20%,这个数量是很可观的。

老年消费者往往有特殊需求,这就为企业带来了绝佳的机会,为这些老年人提供超出预期的优质服务。著名大学的学者正在研究变老和随之带来的自身能力变化对人的影响。有些公司还专为老年消费者做出了一些产品细节上的改变,比如说采用更易拆开的包装,并且在上面清楚地印上使用说明。一些餐馆还为"年长的市民"准备了专用停车位和方便通道,包括专供轮椅上下的斜坡。

> 新产品的出现也是为了满足老年人的特殊需要。一家位于新泽西州提内克市的鞋子生产商发明了一种使用 GPS 定位技术，记录穿者所在位置的鞋子。如果一个老年痴呆症患者穿着它走丢了，鞋子便会向监护人发出警报信号。[4]
>
> 虽然商家并不一定总能够设计出新产品，但是多为老年消费者着想，在他们购物时提供贴心的便利服务，总会为他们带去惊喜。

☐ 使用虚拟等候方法

过长时间的等待会让消费者十分不满，以至于打消他们再次光顾的积极性。尽管有些时候等待往往在预料之中（比如吃一顿高级晚餐），但是顾客还是很讨厌等待，希望尽量缩短或是消除等待时间。因此问题是，企业如何才能减少顾客的等待时间呢？如果等待无法避免，公司如何做才能让等待引发的不快最小化呢？康奈尔大学酒店和餐饮学院发表的一篇突破性文章[5]总结了一些创新有效的**"虚拟等待"**（virtual waiting）的方法。

酒店管理学者邓肯·迪克森、罗伯特 C. 福特和布鲁斯·拉瓦尔提出了三项可以减轻等待所引发的不满的方法：

1. 用技术手段控制实际等待时间，使企业的业务能力和顾客的需求相匹配。
2. 改变顾客等候时的感受，分散顾客的注意力，让他们觉得等待时间没那么长。
3. 用虚拟排队的方式让顾客无需实际等待，他们可以在确定的等待时间内从事其他活动。[6]

服务生产能力与顾客需求的匹配

企业能轻易分出高峰和低峰等不同服务时间段，减少不必要等待的第一步就是高峰期时安排足够多的人手。傍晚人们下班后经常会去超市买东西，此时超市会多开几个结账台，这就是所谓的供求匹配。同样的道理，企业会在节假日期间雇用更多人手，税收服务站会在税收期间延长工时，这些都是在自我调整以满足顾客的需求。

另一方面，企业可以在生意淡季时吸引更多的顾客前来，以刺激这些时段较低的消费需求。有些饭店会给提前来吃晚餐的人赠送特色菜，酒吧会在特定时段安排特价，旅游景点会在淡季有门票优惠，以上这些都说明企业在试图均衡不同时期的需求，从而使顾客的不便和等待时间最小化。

改变顾客等候时的感受

让等待变得不那么厌烦的好方法就是分散注意力。想想我们打发无聊时光的时候都会做什么。我们慢跑的时候通常会戴耳机听音乐；我们在诊所或是汽车站等候时通常会看本书或杂志；有些人甚至愿意在机场或是在喧闹的商场里等候时观察走过的人。

企业可以帮助顾客分散注意力。当我们在娱乐公园里排着长队时，经常会看到身边走过卡通人物或是行进着的乐队；我在当地的邮局里排队时，可以欣赏邮票集或是看电视里放的"发现"频道的节目；我在企业的等候室里见过精美的鱼缸或令人身心愉悦的喷泉。所有这些都可以打发掉无聊的等候时间。

让顾客在不知不觉中等待

大型购物中心里面的餐厅会发给顾客一个呼叫器，每当有座位空出来的时候呼叫器就会闪光。很多时候，当等待时间预计会很长时，顾客便可以去附近购物或是逛逛商场——呼叫器有效的范围足够大。

☐ 为顾客省去繁文缛节

另一种提供 A+ 方便快捷的方式就是尽量省去业务流程中的繁文缛节。不必要的书面程序对于很多企业来讲是可以省去的。精明的企业会定期查看顾客需要填写的表格或是申请，以此来判断它们是否必要。他们会找出那些**冗余**（redundancy）、不必要的并且可能会让书面程序变得比实际需要更加复杂的信息栏。一些比较好的抵押贷款或消费贷款企业会简化贷款业务的申请程序，它们会事先填好一部分信息。以最近我刚去过的一家信用合作社的抵押贷款部门为例，他们在让我填写表格之前，事先从我的账户中下载了所有相关的信用和账户信息，而我只需要填写几行字就可以了。

减少那些不必要的表格，让顾客更容易接受服务。

同样的道理，我买车的那家二手车经销店事先在销售文件上印上了所有车辆信息，代理员随后将几张表格塞进连接电脑的打印机中，于是繁琐的书面程序便简化成了几个简单的签名。这为买主提供了意想不到的方便，同时也让销售过程的效率得到提高。

与此相反，我最近在一家诊所填写了不少表格，这让我很不愉快。每当一个新来的病人进到医生办公室的时候都被要求填写一摞表格，每份表格都要重复填写姓名、住址、电话号码、社保号码等。这让人十分厌烦。为避免重复，应该一次性输入信息。

> 时刻检查企业服务流程中不必要的环节，一定要避免让顾客重复填写。

检查一下你的组织有没有要求顾客做重复琐碎的工作，如果是的话，就去除那些**繁文缛节**（repetitive busywork）给他们行个方便。联络管理系统可以轻易收集到许多顾客信息，这样便可省去做重复性的工作。试试这些方法。

□ 创建一站式服务

"这不归我们部门管"，这也许是顾客最不愿意听到的一句话。不得不给不同的人重复地讲一件事以寻求解决办法会让人疯掉。企业应努力做到**一站式**（once-and-done）服务，让顾客在一个部门轻易地取得所需或解决问题，并且在此过程中，一名员工全权负责所有事宜。

丽思卡尔顿酒店以他们简单易行的员工定位安排而闻名遐迩，即"所有的服务生在为所有的酒店顾客服务"。当一位酒店的顾客向任何一位员工提出要求的时候，那位员工都会"负责到底"，直到满足顾客的请

> 力争一次性解决顾客所面临的所有问题，不要在部门间踢皮球。

求或是解决他们的问题为止。如果一位顾客问一个客房清洁员哪里有外语报纸，她要么就帮他拿一份报纸，要么就指出报纸放置的位置。如果顾客需要的话，那位清洁员甚至有权利直接跑去报刊亭买一份报纸。这种所谓的一站式服务会让顾客印象深刻。每位员工都会配发一笔数量可观的款项，专门用来花在顾客身上，并且不会被过问。这家连锁酒店荣获了在美国含金量很高的马尔科姆·鲍德里奇国家质量奖，

> 一些看似简单的东西，如购物车和便利店位置，会强化顾客的忠诚度。

这很大程度上源于他们独树一帜的服务哲学。

一站式服务的核心就是，员工有意愿并且有能力满足顾客的需求并且减少客户不便的责任。有实力企业往往会聘用行动力很强的员工，并且赋予他们足够多的权利来满足顾客的一切需求。

□ 让商务便利些

一家主流的商业杂志撰文声称，折扣零售商"又一次击败了传统的百货商店"，是因为它们使用了"秘密武器"。"是微妙的定价、新潮的店内设计，还是高科技的库存管理？事实上，20年来折扣商店逐渐开始占据主导地位，对此更通俗的解释是购物车的出现。"

文章中说，像购物车这样不起眼的事物其实影响非凡。一家市场研究公司发现，"平均下来用购物车买东西的顾客会买7.2种东西，而不用购物车的只买6.1种。"

大型商场开始认识到简化购物过程的重要性。面对"点选式"电子商务的竞争，商场开发商开始将同类商铺安排在一起，方便顾客比较购物。

传统的商场管理起来很困难。零售商希望人们在逛商场的时候多去光顾其他商店，顾客逛得越多，越有可能多买一些东西。但是，电子商务正在改变这种情况。人们想比较同类商店里商品的贵贱优劣，但是又不想走太远。(但是在网上，他们可以很轻松地货比三家)很多心情不好或是赶时间的购物者宁可去像沃尔玛、凯马特、塔吉特、家得宝这样的"仓储式"折扣店里购物也不愿去商场了，因为那里他们可以在一个地方买到所有想要的东西。

更常见的是，人们倾向于那些网站上能够方便比较商品和价格的网上零售商。正是这种服务让亚马逊网站（还有许多其他不太出名的网站）成了市场营销业的佼佼者。网上购物的A+便利让整整一代人都成了网购的拥趸。

提供配套服务

加拿大最大的连锁超市罗布劳超市，为消费者提供范围越来越广的**配套服务**（ancillary services）。最近一项创新之举是多伦多新开的一家连锁店几乎成了女子健身俱乐部，配备有桑拿室、日光浴床和一个日托中心，从跑步机到跆搏健身操课程应有尽有，而且所有这些离食品蔬菜区只有几步之遥。这种配套服务几乎满足了顾客一站式购物的所有需求，提供了 A+ 便利。

最受欢迎的配套服务之一要属星巴克咖啡店里的无线网络连接。很多学生和商务人士会在店里待上好几小时（并且花上好几美元），通过无线上网学习或工作。

☐ 简化产品

诸如人们不会使用 DVD 这样的笑话已经流传已久，这也说明商家需要不断简化产品使其更加**方便使用**（ease of use）。计算机行业在即插即用的技术方面已经取得了巨大的飞跃。苹果公司以及其他一些技术巨擘因为生产的产品格外地便于使用，对智能手机业和一些个人娱乐产品产生了巨大的影响。一个简化产品的例子就是 Jitter Bug 手机，专为那些买手机只用来打电话的人使用。这款手机没有内置摄像头、音乐播放器、视频游戏或是任何高科技的软件。它配置简单，只有宽大清楚的手机键盘和简单直接的缴费方法。而且这款手机卖得很好，特别是在老年人中间。该产品的宣传范围很广，特别是在老年刊物上，而且它的出现满足了相当一部分老年人的需求。有时候在消费者眼中简化即是优化。

> 简化所销售的产品，给顾客便利，会赢得顾客忠诚度。

从更普通的角度看，商品的包装也考虑到顾客的便利。家乐氏（Kellogg）special K 低脂麦片（美国食品品牌）的包装盒是可以重复密封的，大小相当于 0.5 升的牛奶盒。相较于那些体积更大更笨重的包装盒，它能装同样多的麦片，但是节省了空间，并且食用时便于倾倒。按照预定的产品数量采用相应大小的包装盒，是另外一种包装上增加便利的方式。

☐ 评估自己在 A+ 便利方面所做的努力

不断地评估顾客的便利程度可以有效减少不满和抱怨。和其他方面的评估类似，这项评估的关键在于要设身处地地为顾客着想。试着派遣神秘顾客去亲身感受一下顾客的经历。这会帮助你更好地评估他们体验到的服务速度和便利程度。

神秘购物（我们在第 8 章曾经论述过），是指公司派遣调查员扮成顾客去收集有关顾客体验的信息。在光顾一家商店过后，"神秘顾客"应该能告诉你以下这些问题的答案。

1. 服务顾客需要花多长时间？用一块秒表记录下不同类型服务所需的时间。一旦程序或政策上发生改变要进行跟踪记录。

记住，这里的时间可能不是具体的时间长短，顾客所感觉到的时间才尤为重要。想更好的衡量这个时间可以找个顾客问问他在等待服务时等了多久，然后和实际等待时间作比较。顾客所说的时间通常比实际要长一些。实际等了 1 分钟，顾客可能感觉有 2～3 分钟。

相比之下，顾客有时候可能不希望服务进行得太快。如果一项服务所追求的标准是更加闲适和私人化，那么就注意不要催促顾客。一家高级餐厅从来不会催着顾客吃完饭立即离开。同样的道理，有些店家似乎特别享受与顾客接触的时光。

科颜氏（Kiehl's）是纽约一家小型的制造并且销售男士和女士护发护肤品的公司，它已经有 148 年的历史。当竞争对手都在推出新产品时，科颜氏的经营之道却与众不同。他们刻意保持着较小的经营规模，目的是保留服务品牌的独特性（他们的客户包括女演员薇诺娜·赖德和萨拉·杰西卡·帕克）。科颜氏的店员以能和一个顾客谈上半小时而闻名。顾客在排长队的时候，店员会一个挨一个地询问他们护肤或护发的习惯，然后向他们如数家珍般地介绍产品的具体信息。[7]

记住我们在第 1 章探讨过的美捷步。该公司鼓励电话服务中心的员工，只要客户愿意就尽量和他们多聊几句。通过增进沟通交流建立友好往来，比快捷服务更重要（对于一些客户来说是这样）。要了解你的客户！

2. 你的电话服务系统如何？一直以来最令人头疼的就是复杂的电话服务系统。给你所在的公司打个电话，听听看你们的电话菜单是否方便使用。尤其检查一下以下几项问题：

- 能够随时接通人工服务吗？客户知道怎么操作吗？
- 你是否在为他们接通人工服务之前索取了太多个人信息？（例如，你真的需要他们的账户号码吗？）
- 你是否在菜单中列了过多的选项（一般大于 4 属于过多），以至于客户记不住？

3. 你们目前是否提供送货，即时网上咨询和邮件回复，或其他类似的服务？如果没有，你们公司是否会考虑增添以上这些服务？

4. 你了解你的竞争对手都在提供什么样的便利服务吗？如果不了解的话就派一个考察小组去探访他们，看看他们都是怎么做的，然后吸取优点长处。

> **服务快照**
>
> ### 麦当劳的计速方法
>
> 最近我去小区的一家麦当劳吃饭时，看到收款机上安装了一个小型电子读数器，它以秒为单位显示出每位顾客的"平均服务时间"。那天，我看到上面写着平均服务时间（取餐时间）为 72 秒。这让我印象深刻。

□ 最终思考

顾客会很容易为超出预期的高效服务感到惊喜。同样，他们也很喜欢任何可以为生活带来便捷的事物。正是这种需求催生出了一些节省时间的创意，如提供简便仪式的丧葬服务机构、安排简易婚礼的小教堂等。尽管这些新事物在遵循便捷服务这项原则的时候远远超出了我们想到达的效果，但它们确实也反应出了人们对高效快捷服务的普遍需求（除了那些顾客想要放慢服务的情况之外）。

遵循"细节"原则。细节能够决定成败。一个亲身感受的例子是，一家包裹运输公司在繁忙的圣诞季给所有客户发了一张圣诞贺卡，里面还附了一张包裹运输单，这样顾客在来托运包裹时就可以拿出事先填好的单子。另外一个细节问题，我不喜欢餐厅的服务员在顾客要买单或是添加酒水时让他们等很久，这些服务本应该都是自发的，我喜欢那些能够预见并且迅速满足顾客需求的服务生。

┆重要观点总结┆

1. 为顾客提供超出预期的方便快捷的服务能够树立顾客的忠诚度。在此过程中，首先要注意节省顾客的时间。

2. 有些公司（比如隔夜空中送货业务）和顾客定下一个送达时间，而它们明知道可以先于那个时间送达。承诺上午 10 点送达的快递实际上 9:45 就到了，这样就超出了顾客的预期。

3. 便捷服务方面的创新来源于各个行业,如比萨饼店、汽车换油中心以及手机商店。许多公司正在探索之前从未设想过的便捷服务。

4. 过长的等待会使顾客厌烦。缓解这一问题可以通过减少实际等待时间(通过适当的员工编制等),在等待时分散顾客的注意力让他们过得轻松愉快,或者是使用诸如饭店里的呼叫器一类的设备将等待虚拟化。使用排队管理系统有助于提高运营效率,并且保证服务过程的公平性。

5. 简化产品,提供配套服务能带给顾客 A+ 便利。那些过于复杂的产品也许适合一部分人使用,但是对其他人来说就十分不便甚至令人厌烦。配套服务(比如杂货店旁边的干洗店或银行)能够提升便利。

6. 网上购物受欢迎的原因是顾客能够在网上方便快捷地购物,同时能够货比三家。

7. 公司委派"神秘顾客"(进行时间记录)或是调查小组去探访其他公司的经营情况,这样就能够对自己公司服务的便利程度和时间安排情况有更清楚的认识。

8. A+ 便利并不总是意味着越快越好。对于有些情况,比如说私人护肤咨询或是在高级餐厅用餐,可能需要故意放慢服务速度。但即使是在这些时间比较长的服务过程中,服务员也应快速回应顾客的需求,比如续添饮料等。

9. 电话客服中心要平衡好效率和人性化需求之间的关系。有些客户比较喜欢聊天,而这就提供了与客户沟通的绝佳机会。

关键概念

| 配套服务 | 一站式 | 冗余 | 虚拟等候 |
| 方便使用 | 排队管理系统 | 重复作业 | |

事实回顾

1. 现在顾客越来越关心时间,本章举出了提供高效服务的例子。如何证明人们比以前更关注时间了?人们的期待值又是如何随着现代的商业模式而改变的?

2. 哪些公司以及行业在提供快捷方便服务方面做得越来越好了呢?举例描述 5 个这样的企业,最好是那些在最近几年经过革新的企业。

3. A+ 便利和 A+ 信息这两个概念有什么重叠之处?它们的价值是什么?

4. 快捷服务有哪些缺点?描述一下,在什么情况下,服务速度对顾客不再那么重要了。在"慢速服务"的情况下,是否也有一些方面要做到及时?试列举。

5. 用自己的话解释在服务速度和便利度方面超出顾客预期的策略。
6. "虚拟等待"是指什么？描述一下在你熟悉的行业中这个概念的几种实际应用。

实战

1. 假设你想开一家家电维修公司。你可能提供什么样的便捷服务来超出顾客的预期呢？展开头脑风暴，列出尽可能多的想法。
2. 在所有你接触过的公司中，你认为哪家公司在提供 A+ 方便/快捷方面做得最好，哪家做得最不好？表现不好的公司应该如何提高？
3. 找出一家你熟悉的目前没有使用虚拟等待技术的公司，解释一下这种情况的原因。
4. 写一份报告，阐述一下网上购物的兴起是如何影响顾客对高效便捷服务的需求的。销售同类商品的实体店怎样才能与它竞争？

思考案例

甜甜圈店里的"服务"

一天早上，哈利自己一个人感到很饿，他随便走进一家甜甜圈店，却发现里面没有服务生。那是个灰蒙蒙的早晨，天下着雨，他感到很疲倦。停产场里的车都横七竖八地停放着，因为停车线很久以前就已经模糊不清了。停车场脏兮兮的，垃圾桶满得都要溢出来了。

里面站满了没有排队的人，大都穿着厚厚的大衣，等着要买甜甜圈。这里的服务毫无规则系统可言。那些胆大的人直接挤上前去点餐，而那些羞怯的（或者说是懂礼貌的）只是默默等待着服务生的注意。哈利等了大约 7 分钟。两名员工不停地在收单，钻进里屋，再次出现，然后收钱。这个过程中，哈利一直在盯着前面那个没清理过的、满是咖啡渍的柜台，那就是供吃东西的地方。好像最近一段时间都没人清理，而且现在似乎更不会有人去管它了。顾客得知他们买不同价钱的甜甜圈就没有买一赠一的优惠时发起了牢骚，服务员面无表情地解释着。

哈利注意到，有一个中年妇女（她是经理吗）坐在后门外的一个木板箱上，一边抽烟一边读着小报，她似乎对店里的混乱局面视而不见。

终于排到哈利了，在他面前为他服务的是一个 17 岁的小姑娘。哈利从她脸上的表情看到了服务经济中不太好的东西。哈利问她觉得现在的工作怎么样。

> 她直直地盯着他说道:"简直糟透了!"
>
> **问题**
>
> 1.假如你是这家甜甜圈店的店主,你会怎么做?具体哪些方面你会做出改变?
>
> 2.针对于拖沓服务的问题,你会具体采取什么措施来改善现状?
>
> 3.拖沓服务在多大程度上会引发员工的厌烦和不满情绪?试着解释。

> **案例思考**
>
> ## 等候就诊
>
> 作为一个年轻的雄心勃勃的内科医生,丽贝卡·斯塔西一直在想办法提高工作效率。她最近独立开设了一家内科私人诊所。几个月之后,她的乐于助人和细心周到开始广为人知,因为她似乎比其他人更愿意花时间在病人身上。
>
> 但是,她的好名声也有坏处。随着患者数量的增加,她听到患者开始抱怨起过长的等待时间。一个比较直爽的老年患者直接告诉斯塔西她已经受够了这种漫长的等待。"你把我安排在上午9点,我提前几分钟到了,但还是我在等候室里等了20多分钟。然后你的护士把我带到一个检查室,我又在那儿坐了半小时。我出于礼貌准时到达诊所,我希望医生您也能同样珍惜我的时间。"
>
> 斯塔西医生道了歉,并且说她会努力保证准时,尽管很难断定每位患者问诊需要花多长时间。当她问及工作人员是否听到了更多的抱怨时,他们的回答是肯定的。"而且出现了新的问题。"她的办公室护士说,"患者来得越来越晚,他们甚至都不为此感到歉疚。他们都认为,既然知道医生会迟到,自己会等很久,那么为什么还非要准时到达诊所呢?"当然,迟到的患者给每个人都带来了麻烦,问题出现了恶化。
>
> **问题**
>
> 1.如果由你管理斯塔西医生的办公室,你会采取什么措施为患者及时地提供A+服务呢?具体谈谈。
>
> 2.如何能更有效地改变患者的预期?
>
> 3.斯塔西医生能够运用本章提到的其他方法解决该问题吗?如何做?

不断实践以构筑顾客服务战略

让我们再回到那个你选择的案例。你可以选择你现在的公司,具体某个你想去的组织,或者是在第1章提到的两个假设组织中的一个:独立汽车销售与服务公司(IAS)或是网络营养品经销公司(NND)。当你构建一个顾客服务战略时考虑以下问题。

战略规划问题

1. 本章讲述了三个处理顾客等待时间的策略:(1)控制实际时间;(2)改变顾客的感受;(3)让等待"看不见"。假设你是你所选择的公司或组织的经理,写一份建议报告,谈谈如何应用以上三项策略打造A+方便快捷,写出你的具体建议。
2. 针对于服务便利性问题,你具体会怎样安排一次会议来收集想法?在头脑风暴之前,你想收集到哪些信息?如何获取这些信息?
3. 所有在本章谈到的有关便捷服务与时间安排的方法中,哪几个会为你的公司带来最大的直接利益呢?你会如何落实这些方法?

□ 注释

1. Jane Bennett Clarke, "Washed, Cooked and Priced to Go," *Kiplinger's Personal Finance*, January 2000, p. 135.
2. Hadley Malcolm, "Entrepreneurs Keep on Truckin'," *USA Today*, June 27, 2012, p. 3B.
3. Ibid.
4. "GPS Shoe Lets Families Keep Track of Elderly," *The Tampa Tribune*, February 6, 2012, p. 3.
5. Duncan Dickson, Robert C. Ford, and Bruce Laval, "Managing Real and Virtual Waits in Hospital and Service Organizations," *Cornell Hotel and Restaurant Administration Quarterly*, February 2005, pp. 52–68.
6. Dickson, *et al.*, p. 52.
7. Hilary Stout, "The Ad Budget: Zero. The Buzz: Deafening," *Wall Street Journal European Edition*, December 30, 1999, p. 4.

第 5 篇

有效领导、追求卓越

本书围绕 LIFE 一词展开。我们探讨"琐事"的重要性——注重细节以便提供更好的服务。我们同样探索一些"深刻见解",针对潜在的顾客需求和日新月异的服务环境做出必要的调整。"反馈"(feed back)的概念代表了缩写词中的字母 F,我们讨论其在提供管理及改良想法上的实用性。"期望"(expectation)代表 LIFE 中的字母 E,我们用数章的篇幅详细论述了提高顾客期望的诸多方法,以便能够巩固企业与顾客关系,培养顾客忠诚度。

在本篇最后一部分,我们将研究怎样利用 LIFE 原则为顾客提供卓越服务。即使你不是一个组织中的正式领导人,管理框架下,你也可以拥有很多为顾客提供卓越服务的方法。通过你的例子,你能影响你的同事甚至你的领导。通过运用 LIFE 原则,你能在职场收获更大成功。

在第 13 章,我们强调尝试改变时可能遇到的挑战——当我们试图让他人用新方法通力合作,以期更好地服务顾客时。而且,在总结章中,我们讨论让他人参与进来的显著挑战——完全地参与——通过活动创造并完善一种动态的战略,以便提供特别的顾客服务。

第 13 章

影响员工为顾客提供一流服务

导师、监管者、管理者或领导者的角色

学习目标

1. 认识到经常变革的必要性,意识到这样的变革是困难的。
2. 明确阐述你所在企业顾客服务的清晰构想。
3. 组织步骤、人力和资源以实现构想。
4. 领导和激励员工。
5. 创造并保持一个有效的工作文化。
6. 认识到顾客服务的工作可能压力很大,我们付出金钱是为了实施"心理劳动"。
7. 辨别、使用6种影响力,以带来变革和服务提高。
8. 持续产出优秀的想法。
9. 让员工参与到重要的活动和决策中来。
10. 将奖励机制与适当的行动关联起来。

布兰妮升入管理层

布兰妮·霍华德在公司已任职两年,是一名优秀的员工。她在当地一所大学主修历史专业,一毕业就进入 CostStavers①工作。 布兰妮拥有优秀的人际交往能力和强烈的工作道德——事实上,她很杰出。承担管理职责对她来说是个明智的决定。CostStavers 的地区经理需要一个人在即将开设在罗斯蒙特的新公司担任领导。

---

① 此案例中的公司为虚构公司。

当布兰妮被邀接受这个新职位时,她很惊讶。当晚她对父亲说:"我只有23岁,他们就想把这重的责任交给我?""我不知道自己是否能胜任。"她父亲,作为一个有经验的经理,告诉她:"管理不是谁都能胜任的,小布。我曾见过公司将他们最好的员工想当然地调到管理职位,结果这个'升职'其实很糟。我知道你能做到,但记住这和你做过的工作有很大不同。"

她当上经理的前几周,布兰妮读了几本管理的书籍。最使她惊讶的是,她意识到一些高效服务的员工成功的原因:他们的个性、敏感性,或者一些其他他们不能"领导"别人效仿的技能。"听起来真像我,"她对自己说,"我很擅长与客户打交道,但我从没注意到我成功的原因,我想我只是听从自己的直觉。我怀疑是否能让别人效仿我。"书中称这为**隐性知识**(tacit knowledge)——人们自身拥有的知识,但无法解释或分享。

经过与父亲的深入交流,布兰妮认识到管理的重要元素在于通过别人的努力完成工作。她意识到自己需要改变诸如什么工作是重要的观点。她需要使别人多产从而让自己的努力翻倍。尽管她有突出的服务技能,但不能再独自行动。她必须关注不同的重要的技能去领导和激励她下属的行为。

"这就是为什么经理赚得比较多。"她父亲挖苦地说。

"是啊,确实比我从前的工作更难一点。"布兰妮喃喃自语。

本章从宏观的角度谈论管理他人。我们即将讨论的观点适用于管理者和经理,但对于想要影响同事和副手做好工作的人来说,也同样有用。优质的客户服务需要与他人的合作,就如同组织努力完成目标一样。让我们来看看布兰妮关注的一些基本管理功能以及处于非管理层的人们能用来影响优质服务的一些技能。

☐ 提出愿景:管理者首先应该做什么

许多专家指出,制定顾客导向策略的第一步是明确一个宗旨。宗旨应当简洁、明了,体现公司的独特性。管理者应该通过问顾客和潜在顾客一些重要问题来收集想法。例如,"当你和我们合作时,最想得到的5样东西是什么?"注意他们到底说了什么。

同样,管理者应当问员工:"如果你是我们的顾客,你想要从像我们这样的公司得到的5样东西是什么?""你认为我们的顾客需要什么?"请记录下他们的回答。如果你的部门或公司没有得到有效的答案，考虑在员工会议中提出这些问题。

当你从顾客和员工身上收集到不同的观点后，管理者可能会注意到一些词汇反复出现，也许顾客和员工会提到快捷的服务、清洁、友好或是个性化关注。这些都是确立顾客服务宗旨的支撑性要素。

为公司起草宗旨时，管理者应当记住完成以下事项：

- 让顾客和员工参与并贡献意见。顾客能告诉你他们期待从像你们这样的公司能获得什么，员工的期待能确保他们会接受甚至严格遵守宗旨的意图。
- 撰写几份宗旨的初稿。避免太快呈现终稿，将终稿用 10 个字或更少字来表达。
- 如果有可能，尝试将宗旨写成缩写词，每个词的首字母能组成一个新单词。

公司的宗旨应当体现它的独特性——独特的**服务定位**（service proposition）。这个定位应当能回答以下问题："公司能提供给顾客什么独特的服务？"当公司确立了这个问题，公司里的每个人都应该用差不多的词来描述这个独特性。一个验证它的简单方法是让员工描述公司的宗旨，特别是刚来公司 10 天或者更短的员工。如果宗旨展示得当且容易记忆，它会成为员工心中最重要的事。这就是成功宗旨的标志。

自我反省

你所在组织的愿景是什么

如果你目前在一家组织工作，尝试访问至少 5 位管理人员和员工（如果能找到，越多越好），让他们用最多 15 个字来完成这个句子：

- 这家公司的愿景最好能被描述为 _____
- （如果你尚未工作，用这个方法描述学校。让学生、教师和管理人员用 15 个字描述学校的愿景。）然后回答下列问题：

1. 大家共识的程度如何？
2. 是否高级的经理／管理人员有更高共识？
3. 如果你是公司的高级领导，你会做什么？

注意：通常来说，对公司**愿景描述**（vision statement）的共识度很少超过 40%，甚至高层管理者中也是如此。

重复这个词组有什么好处？答案是：这是个重要的开始。重复一些词开始看起来是毫无意义的，但大多数组织甚至连这种水平都远远做不到。让人们关注一个普通的宗旨，这种努力是值得的。然而，一个宗旨没必要一成不变。随着组织改变方向，随着市场或者经济条件发生变化，宗旨可能也随之修改。如同广告者用一句口号只用几年，一些组织可能只想在有限的一段时间内使用这个宗旨。需要特别注意的是：通过让员工参与阐明一个宗旨，他们会感到更有归属感。自从最早的人际关系的研究，这条真理就被时间反复验证：参与度会提高入股量。除此之外，一线员工最了解顾客，对于如何更好地服务，他们能提出绝佳的点子。永远不要忽视这群"专家"的观点，一线员工通常拥有最棒的想法，好好利用这些想法。

> 管理者最重要也是首要的工作就是确定追求卓越服务的组织愿景，并将推销给员工。

一个清晰的关于顾客忠诚度的愿景应当成为每个管理者信仰的核心。越来越多的公司意识到[1]顾客忠诚度相当于未来和竞争对手竞争取胜的"晴雨表"。道理很简单：你拥有的顾客越忠诚，竞争对手就越难抢夺你的生意。有效管理者的首要任务就是阐明重要性和愿景。这个愿景必须描绘出这家公司对顾客意味着什么。避免说"致力于成为世上最棒的软件生产商"，除非你能根据顾客的需要重新阐述，也许"生产和分销最优质的软件以满足我们顾客的需求"会更好。

☐ 制定顾客忠诚策略

制定忠诚策略包括的内容很多。例如，预想必须要做的工作；怎样维持并提高组织绩效；解决组织面临的问题，提升员工竞争力。在规划过程中，管理者需要设立每周、每月、每年在各个领域需要完成的目标。规划好一个清晰的愿景后，管理者需要考虑下列问题：

- 为实现目标必须采取哪些具体行动？公司怎样激励员工付出努力？
- 这些活动怎样执行？需要什么工具和技术？
- 这项工作执行者（包括个体、部门或团队）是谁？这些活动什么时间开始？
- 公司实现这些目标需要哪些资源？

> 制定战略是关键的领导力，管理者必须考虑到方方面面。

这些计划需要来自顾客和员工的大量意见，管理者需要按这些意见采取行动。管理者需要拥有一个开放的思想，认识到他们没有问题的所有答案，许多答案需要从别人身上得到。非管理人员需要毫无保留地提出他们的想法，用真挚的热情参与到公司的成功中来。

> 很多管理者不得不承认，服务失误源于他们缺乏说到做到的领导力。

许多组织采取的措施对提供优质服务不利。它们也许没意识到已经让支持它们的顾客远离，但事实就是这样。

自我反省

问一些潜在的令人担忧的问题

判断管理者和员工对顾客至上的愿景的接受度有多高，可以从回答类似下面的问题开始。对其中一个或多个问题持肯定判断不可怕，但如果一个管理者多数回答都是肯定的，公司很可能面临一场提高客户服务质量的持久战。公司需要言出必行，只有好的想法是不够的。

根据你的公司、组织或部门的做法，回答"是"或"不是"：

1. 和顾客打交道的一线员工工资很低。
2. 很少通过公司的呼叫中心、网站或前台来检验工作人员是否友好。
3. 为客服人员提供很少或不提供与顾客服务有关的基本行为培训。
4. 对于给予顾客额外关注的员工没有特殊的奖励机制。
5. 对提供不好顾客服务的员工施加惩罚，对优质服务视为理所当然。
6. 相比保留老顾客，更关注赢得新顾客。
7. 对非客服人员服务顾客的努力不提供奖励或认可。
8. 启动为期几周或几个月的特殊顾客服务项目，但很快将其抛之脑后。
9. 很少花费时间倾听顾客意见并帮助他们解决问题。
10. 很少根据顾客的反馈衡量服务质量。
11. 从不收集员工关于提高服务质量的想法。
12. 做不到让各级员工执行正在进行的服务的改进措施。
13. 做不到给予员工代表客户行使的权力，反而让他们严格遵守公司的规定，毫无变通。

> 14. 为各级员工创造机会，在提高客户服务方面，支持并影响同事的行为。
>
> 如果管理者对若干问题的回答都是"是"，意味着他们在丧失为顾客提供良好服务的机会。尽管这并不代表服务政策很差，但这肯定说明服务存在着一些潜在的问题。提出尖锐问题的过程是有价值的管理过程。
>
> 授权对于一些管理者来说很困难。员工往往会错误使用它——他们会犯错误，或许会付出成本代价，但提供顾客充足服务因而犯错是提供优质服务的黄金机会。管理者必须学习摒弃一成不变的规定，允许员工发挥首创精神，给顾客提供出色的服务。

确定组织程序、人力和资源以实现愿景

组织的管理功能包括安排工作的优先顺序，分配职责权限。确定了每个人或工作小组的目标和活动后，管理者必须做到如下几点：

- 让员工拥有确切的职责。
- 授权以支持员工履行其职责。
- 努力减少系统带来的潜在问题（人员、训练、工作分配等）。记住，系统包括产品运输和顾客服务的方方面面。经常性的管理和改进系统是领导责任的一项重要职责。

管理者分配工作后，他必须同时授权保证其实施。在最优秀的服务公司中，各个级别的员工都拥有相当大的权力来创造性地服务顾客，解决他们的问题。

许多以顾客高忠诚度闻名的公司往往给予员工超乎寻常的宽泛权力。例如，一家服务型酒店告诉自己的员工，只要成本不超过2000美元，他们可以不经过管理层的同意，自己决定为顾客做出调整。这是一个实质性权力。反观一些太过平常的公司，任何有关服务的花费都需要管理者的同意。相信员工会合理运用自己的判断力，你将不会失望。

领导并激励员工

管理能力中的激励、指挥和协调往往被概括为"领导"。管理者通过使公司实现目标来领导。为了实现这个目标，他会做以下几件事：

> 在安排任务的同时，也要授予员工完成任务相应的权力。

- 指明员工必须遵从的方向。
- 生成刺激下属付诸行动的能量（动机）。
- 提供必要的资源（工具、技术、培训和预算等）。

现代管理学强调这些功能中的**激励**（motivation）作用。一位组织的领导者需要确定总体激励的基调。激励可以被简单定义为"为行动提供动力。"领导者通过树立榜样提供动力，或人们为什么要用特定方式行动的原因，鼓励得当的行为，合理利用奖惩机制。（注意奖励不局限于物质奖励，积极的认可和感谢也是有力的奖励。）

新视野

雇用情商高的员工

员工能够学会公司的生产线或者服务，但他们与人良好沟通的能力是与生俱来并恒久不变的。换句话说，有些技能公司可以教授，但另一些则不能。

在 20 世纪 90 年代中期，"**情感智慧**"（emotional intelligence）这个术语用于描述我们通常叫做人际交往能力的特质。情商（EQ）[①]的重要组成列举如下：

- 自我意识（对个人动机和行动的理解）；
- 自我管理（控制冲动的能力）；
- 自我激励（朝既定目标刺激行动的能力）；
- 移情（站在他人角度考虑问题的能力）；
- 社交能力（不同场合使用不同交际行动要领的能力）。

很明显，拥有上述特质对顾客服务有利，但这些可以被传授吗？许多人认为答案很可能是否定的。基本的特性如"热情"和"友善"不是后天培养的。如果这是真的，公司与其徒劳地尝试训练某人学会感同身受，不如当初就雇用合适的员工——拥有高情商的人吗？

但仅仅雇用有高情商的员工是不够的，公司还必须信任他们的员工，让他们适时地运用情商技能，满足客户的需要。

问题

1. 你是否同意这个说法，性格特质如这些定义的情商不能被后天培养？
2. 管理者需要采取什么步骤，确保他们雇用的员工情商很高？
3. 管理者如何展示对员工的信任，允许他们服务顾客时使用他们的高情商？

① EQ 为"情商"英文单词首字母的缩写，与 IQ（智商）相对应。

□ 顾客服务工作压力重重

"情绪劳动"（emotional labor）这个术语学者用于描述包含管理情绪的劳动，以使它们和组织上或职业上的成文规定相一致，无论它们是否与内心想法相矛盾。[1] 在顾客服务的语境下，它的意思是长时间投射乐观、积极的情绪是个艰苦的工作，正如客服工作中规定的那样。

社会学家阿里·霍克希尔德（Arlie Hochschild）第一次将"情绪劳动"定义为"一种对员工公开的面部和肢体表达的情绪管理"。[2] 这个"表达"包括语言和非语言表达。包含情绪劳动的工作具有以下特征：

- 需要经常性的面对面或口对口的公众交流。
- 需要员工创造另一个人的心理状态（例如，使他们高兴、舒适、放松、放心）。
- 允许员工对自己的心理活动有一定程度的控制。

很明显，以上特征是客服工作的典型功能。我们建立联系，尝试在顾客心中营造积极的心理影响，几乎总是拥有如何将我们的情绪投射给他人的评判标准。

提供优质的顾客服务可能会压力重重，要求苛刻，特别是当我们的个人心理状态和顾客不同步的时候。每个人都会有心情不好的时候或是情绪低落的时候。更糟的是，我们会发现和自己打交道的人情绪低落，有时甚至不可理喻。我们可能会发现自己遭受到工作量大、时间紧的压力。我们可能因重复性的无聊工作或苛刻的老板感到紧张。

但需要重申的是，所有的工作都有制造紧张感的特点。事实上，我们对日常活动的掌控力越差，压力就越大。研究表明，低掌控职位，如接待员、收银员等压力很大。不只是机场地勤人员或警察会感到压力，我们每个人都会面对它。

可能导致压力的工作环境

下列环境经常导致员工的压力。如果你是一名经理或主管，你应该注意到这些并寻找方法降低他们的不良心理影响。如果你是一名处于管理层之外的员工，你应该向管理层给予反馈，就像顾客向公司提供反馈一样。如果你因为这些环境正在经历负面的压力，那就向你的上司交流你的顾虑。不要抱怨，而是解释现在工作环境如何对公司的发展不利。

如果你无法得到公司的适度支持，提供优质服务就会相当困难。良好的工作环境对公司、个人和顾客的无疑是三赢局面。打开沟通的桥梁,探索改善工作环境的想法,减轻心理劳动的负担。

持续行动。压力产生于高强度的工作、休息的缺乏、长时间的工作和倒班工作;它还产生于繁忙而单调、缺乏实在意义的工作,不需要什么技能以及缺乏控制感的工作。没有休息,没人能持续提供优质的顾客服务。例如,拉斯维加斯的赌桌发牌员每20分钟就休息一次。为了保持头脑敏锐,对顾客需求的快速反应能力,客服人员需要饱满的精神状态。有效的管理者能注意到他们身上的心理压力。

管理风格。对于那些不能做到让员工参与决策的管理者,公司中不行之有效的沟通,或者宾至如归政策的忽视,员工会感到压力增加。例如,处于客户服务岗位的员工应该被鼓励参与提出改善顾客体验的想法。这些参与度能鼓励他们对工作的敬业度。

人际关系。糟糕的社会环境,缺乏来自同事和上司的支持或帮助,这会对客服员工产生负面的压力。相互不信任,经常争吵,玩笑过头或是惹人烦,不尊重彼此,都会导致不健康的人际关系。良好的工作环境——员工的高敬业度——是指人们能成为朋友的工作环境。组织领导者能通过提供安全方法让员工团结一心,来促进良好的关系,例如,通过运动、社交活动或工作轮流制度,让人们认识并与他人工作。

> 组织文化对员工行为有重要的影响作用,管理者需要为此付出艰辛的努力。

不明确的工作角色。矛盾的或不明确的工作期望、太多的责任或太多"帽子要戴"都会让人产生压力。服务人员应当拥有清晰的指导,如何解决他们可能遇到多数问题——以及赋予他们在新情况出现时随机应变的权利。[3] 尽管公司需要适量的规定或标准程序,但必须同时允许一些个人评判标准的存在。一些成功的公司允许员工广泛的个人主见。

职业生涯的考虑。在经济衰退时,不稳定的工作会导致压力——人们担心降薪或裁员,甚至拥有铁饭碗的人,成长、提高、晋升的机会缺失也能导致压力。员工永远不想感到他们的工作是死路一条或者他们面临不可控制的力量。同样,与经常而剧烈的变化相关的不确定性(在今日的工作中很常见)同样会令人产生过度的压力。

糟糕的工作环境。压力可能产生于不愉快或危险的外部条件,例如,拥挤嘈杂、空气污染,或来自人体工程学问题,如设备的不当摆放。工作场所需要基本的安全。员工不应该暴露于危险或重复性的动作问题，比如过多键盘操作带来的腕管综合征。符合人体工程学的设备和一个总体来说令人愉快的工作氛围能降低这些问题的不利影响。

缺乏良好工作环境的公司会遭受"疲劳公司综合征"。一个疲劳的公司体现在过时的外表和感受：过度地谨慎和犹豫是否要改变，经常回顾过去，在技术上落后，倾向于扼杀新想法。这些都是糟糕的工作场所的特征，这样的环境很容易让员工产生压力。

新视野

诺德斯特龙公司让一切变得简单

在众多规定和允许员工的个人自主评判之间努力寻找一个恰当的平衡，对于公司来说一直是个挑战。许多年来，著名的零售商诺德斯特龙公司的新员工通常会收到一本《诺德斯特龙员工手册》。其实它根本不是一本书，它只是一张5×8英寸的灰色卡片，上面写着75个字母：[4] 欢迎来到诺德斯特龙。

我们很高兴你能来到我们的公司。我们的首要目标是提供出色的客户服务。设立个人和专业的高目标。我们对于你的能力怀有极大的信心，你能完成这些目标。

诺德斯特龙规则：第一条规则——任何情况都要运用良好的判断力。没有其他的规则了。

请随时询问你的部门经理、门店经理或分公司总经理任何问题。

然而，随着诺德斯特龙的发展，新的就业方向使得公司不仅提供这张卡片，还附带一整本其他更多的具体规则和法律规章。

总言之，工作压力是现代工作生活的现实写照。当人们感到许多压力因素的时候，顾客服务的质量会打折扣。情绪劳动需要对压力的掌控。相对于情商分数低的员工来说，拥有高情商的员工倾向于更好地掌控情绪劳动。也就是说，组织的领导者能够采取许多行动来消除负面的压力；注意到它的影响是一个良好的开端。

□ 创造并保持高效的组织文化

一个公司的文化体现在它对设想、价值、英雄、习惯和惯例的共同理念。

当一家公司的**组织文化**（organizational culture）清晰而明了时，它对于员工的行为来说是一种无声的指导。

组织文化是公司的自我认同或共享心态，它让顾客在心中进行对一家公司的识别。例如，试想当你想到知名品牌，如谷歌、哈雷－戴维森、本杰里、福来鸡、苹果、脸谱网、美捷步，你会想到什么。诸如此类的组织反映出的共享心态，得到了顾客的喜爱。

文化来源于员工讲述的故事，来源于人们穿衣和行为的方式，来源于让员工感到归属感的小仪式，还来源于他们对待顾客的方法。内部顾客（员工）感到文化随着日常小事加深，如生日会、周五下午的爆米花茶点，或者咖啡小聚会。同样，员工谈论和赞赏的事情、重复的故事，会成为公司文化的一部分，也加深了它的文化。如果你的员工喜欢讲述哈里在一个风雨交加的周五晚上一路开车到客户家的疯狂经历，他们就在强化公司文化的价值；如果你的员工谈论贝斯让失望的顾客最终成为她最好的朋友的经历，他们就在强化公司文化的价值。一个广为传播的故事是关于诺德斯特龙经理的，他接受了顾客因质量不满意而提出的轮胎退货，即使诺德斯特龙从不出售轮胎！这个经理多年前做出的十分奇怪的决定却为顾客设定了共同愿景：诺德斯特龙永远会接受客户不满意商品的退货。这成为了诺德斯特龙愿景的核心：它表明顾客可以信任诺德斯特龙。

通过不懈寻找值得庆祝的事情或者能得到奖励的行动，管理能够影响文化。一些以销售为导向的公司使用很愚蠢的销售"行动要领"——穿着荒诞的衣服，实践"成功销售"让服务代表产生对销售的热情。在一个成功的倡议活动结束后，他们用食物、娱乐和奖品来进行庆祝。这些事物让一家公司的文化保持活力。简单地说，它们能让一家公司变成开心工作的地方。

相比较下，我记得曾经在午餐时去一家快餐店。我排着队，轮到我点餐时，我微笑着向他问好。他完全忽略了我的微笑和问好，相反，他冷冰冰地问："在这用餐还是打包？"我点了餐，环视周围。餐厅里的年轻人几乎没有微笑的。紧接着我就看出了其中的原委：他们年长的经理脸上也没有任何微笑的迹象。经理闷闷不乐地工作着，没时间做那些无聊的事。餐厅的整个氛围都被欢乐的缺失所破坏了。

一个组织的文化对员工行为有重要的影响，而且管理者对文化的塑造会做更多的工作。

> **新视野**
>
> ### 管理者如何强化服务文化
>
> "文化"来源于一家组织的共同认可的价值。这些文化在一些事物中得到学习和加强,如共同的语言(如"优质服务""不同的想法")、物质标志(制服、办公室布局、家具)、惯例(星期五下午的爆米花茶点、庆祝)和故事(重复的、关于支持文化的行为的描述)等。
>
> 管理者虽无法"创造"一种文化,但他们能影响它。像坚定不移地聚焦企业愿景以及经常提及英雄人物(对做出杰出贡献员工的认可)的行为强化了文化。习惯和惯例,如开放的政策、聚会、野餐、星期五便装日、员工自行布置自己的工作区域、周末的社交活动等都能保持一个积极的文化氛围。
>
> 当一种文化是围绕以顾客为中心的价值建立时,公司势必能创造客户的忠诚度。随着员工将这种共有的价值逐渐内化——吸收为自己的价值——管理者会发现管理的必要性大大降低。员工的行为自然会支持组织的愿景。

☐ 持续收获 A + 服务理念

建立顾客忠诚度是一项团队活动。一个人无法预想出顾客的所有需要,也无法想出每一个可能超乎客户期待的点子。各个级别的员工都应当感到自己是团队的一分子,他们的付出能得到认可。要想拥有绝佳的想法,新的点子必须层出不穷。各个级别的员工都能并且会想出很棒的点子。管理者应当定期召集他们的员工讨论创造性的方案,针对满足客户的需要,用超乎想象的服务使他们惊喜。收获创造性想法的两个方法是运用头脑风暴和采用名义小组法。

利用头脑风暴获取 A + 服务理念

头脑风暴(brainstorming)这个词已经成为任何一种创造性思维的代名词,但最初这个词是指一种运用明确的准则来产生并发展创意的具体方法。这个方法需要一种交流氛围,任何想法的自由表达都能得到重视和鼓励,无论它们看起来多么不寻常或者

> 管理者可以利用头脑风暴和名义小组的方法来获取 A + 服务理念。

荒诞。这种氛围应该是自由构建的、友善的、允许幽默的。对以下四点基本准则的坚定执行使得头脑风暴成为一种产生有创意想法的有力工具。

- **不要批评任何想法**。不评论，不抱怨，不做否定的手势。让大家畅所欲言，并将想法记录下就好。做到这一点比听上去要难。
- **任何想法都不是疯狂的**。听上去荒诞或离经叛道的想法可能含有一点可行的部分。这也能解放有创意的想法。
- **想法的数量很重要**。努力得到尽可能多的想法，此时不要考虑是否合理，越多越好。
- **抓住机会搭便车**。基于他人的想法扩充并完善。做到这点需要人们重复别人的想法，再添加一些或指明另一方向。

头脑风暴的准则说起来容易，遵守起来难，特别是第二条。除非十分小心，否则非语言的暗示可能被理解为对想法的评价，继而打击那些另外的"疯狂想法"。当使用头脑风暴时，参与者应当首先张贴这几条准则，作为一个经常性的提醒。

会议主持人建立的不同头脑风暴环境能够促进或者妨碍头脑风暴的效果。鼓励幽默、无等级之分、非正式的环境通常是最好的。

头脑风暴后，一组人应当将产出的信息用系统化的方法加以整理，看看何种想法能被运用。下面是一个有用的处理过程。

采用名义小组法分类并整理想法

运用头脑风暴产生可能的想法之后，就要开始考虑处理这些想法——推陈出新——使用一种技能，即采用**名义小组法**（nominal group process，NGP）。

> 就像头脑风暴法产生创意一样，采用名义小组法也提供了一种产生创意的系统方法。

当面对潜在的情绪或矛盾的想法时（如非常有创造力的建议），采用名义小组法是一种十分有效的处理想法的技能。与其让小组成员立即口头阐述他们的观点（一种可能让他们局限于其中的方式），不如让参与者私下写下他们的想法。针对小组试图达成的目标，根据一个清晰的描述或重申，小组成员花费10～20分钟，写下对于可能的解决措施的行之有效的想法。这些想法可能来源于头脑风暴或者其他渠道。

> **新视野**
>
> ## 社区信用联盟创建"金牌会员"项目
>
> 社区信用联盟（CCU）[①]是美国第三大信用联盟，在客户服务方面拥有良好的声誉。他们定期访问"会员"，得到了优秀的评分，包括网络推荐的高分。
>
> 董事会感谢管理团队的出色工作，但同样认识到成员的忠诚需要长期的关注。在董事会的讨论中，几次提到了关于创造一些形式的认可或对于特殊顾客的特殊优待的想法。经营团队一致认为一个"金牌会员"项目是有效的。其中一名董事会成员是一位市场方面的教授，推荐了一系列产生创意的会议，为了这样一个项目收集想法。
>
> 一个包含着 12 名中层经理的小组被召集起来，其中有 3 名高管，他们拿到了一份议程，主要包括两个主要问题：
>
> - 我们如何更好地确定谁能成为"金牌会员"？
> - 这些人会欣赏什么样的激励措施？
>
> 第一个问题比起另一种业态来说会显得有些困难。例如，一个零售业者能直截了当地指出从公司购买了最多东西的人。然而，一个信用联盟是其成员的经纪公司。由此，它的主要目标不是单纯的盈利多少，而是它能服务于"被服务者"的水平高低。进一步来说，经常开空头支票并导致迟交罚金的会员能给社区信用联盟带来大量收益。设立金牌会员项目的初衷不是为了鼓励这样的行为。
>
> 第二个问题同样产生了许多想法，通过在一个愉快的环境中使用头脑风暴，从而鼓励了创造力。
>
> 社区信用联盟邀请独立的顾问来召开会议。这样做能降低员工因为和老板工作而导致的不适感或创造力的压抑感的可能性。
>
> 根据每个讨论的议题，顾问会指导参与者列出他们最好的想法，然后参与者在顾问提供的纸上将他们的想法排序。笔记会交给市场部的副经理，他将拿到所有的笔记汇编。
>
> 这次会议最初的结果能够作为一个针对于客户忠诚度的新项目的基石。21 个针对"谁更有资格"的标准被列了出来，包括有多少存款、贷款余额、历史贷款情况、对分公司的拜访的频率，直到"他们长相是否好看"。前三个评判标准为"任期"（他们成为顾客的时间长短），使用支票或借记卡的频率，以及 NPS 的热情（他们是否将社区信用联盟推荐给了朋友）。

关于社区信用联盟应当给这些主要人员什么样的激励措施，产生了33个想法，包括"私人银行"服务、首席信用卡、加入顾问团队的邀请、与董事会见面（参与）、年度奖励宴会、特殊渠道通知他们社区信用联盟的活动，还有我最喜欢的运动——骑马。

问题

1. 在本章讨论过的社区信用联盟的应用原则的效果如何？怎样能做到更好？
2. 批判性看待这个程序。你的公司能运用同样的程序吗？这样做的好处和坏处分别是什么？

① Although a true story, the organization's name has been changed: Credit unions were created in the 1930s at a time when banks rarely loaned to lower-income consumers. As cooperatives, CUs receive tax advantages that for-profit banks do not in exchange for accepting the mandate of providing financial services to people of all income levels.

当小组重新聚到一起时，每一个参与者描述他们纸上的一个想法，每个想法都会当着大家的面写在一个题板上。在这个阶段，想法只是被记录下来，尚不能讨论。这一环节会一直持续到没有新的想法出现为止。然后小组成员开始解释或充实一个想法，如果有必要的话。紧接着是不记名投票对各种想法进行排序。有以下过程的步骤：

1. 通过书面的形式说出可供执行的想法（或者将头脑风暴产生的想法列出来）。
2. 通过轮流发言的方式记录（通常在一个大题板或白板上）下来——从 A 处得到一个想法，然后轮到 B，直到所有人都提出了他们的第一个想法。然后重复这个过程。
3. 讨论每个想法是否可行，如有必要做出解释。
4. 通过投票将想法排序（可能需要数轮投票才能确定小组最终接受的方案或者应该采取的优先措施）。

运用团队或小组来产生优质想法是一个公司能用到的最有力的方法。注重提高客户忠诚度的管理者应当采取这个方法。

☐ 影响他人做出改变

提高客户服务需要愿意做出改变和完善。作为一名管理者，你经常被要求做出行为上的改变。如果你不是一名管理者或其他正式的领导者,你也能改变自身的行为并影响他人,如果你懂得影响力改变的过程的话。

首先,我们知道人们抗拒改变,除非他们意识到改变能带给他们多少好处(这就是各种形式的劝告中所蕴含的"我有什么好处"原理)。我们还会因为一些原因而抗拒改变,如对未知的恐惧、安逸于现在的习惯、担心做出新行为的能力等。

区分行为、结果或态度

为了克服对改变的抗拒,你必须先明确你想要实现什么新行为(或想让他人实现的)。用诸如"提供更好的服务"这样宽泛的用词描述了一个理想的结果,但没有明确描述出行为。"更好的服务"是仁者见仁智者见智的。为了影响改变,你需要明确具体的行为,以构成"更好的服务"。行为对于结果或态度来说,是可见的、可测量的行为。影响改变的第一步(也是重要的一步)是明确你能客观测量的行为。

> 顾客服务关键行为就是这些具体行为,他们将最终影响顾客忠诚度。

我们能客观观察和测量的行为包括以下几种:

- 向顾客问好。
- 眼神交流。
- 提供帮助。
- 在 10 秒钟之内应答电话。
- 在如何使用产品/服务方面给予顾客指导。
- 主动回答客户的问题。
- 穿公司制服。
- 在固定的时间内回复顾客的邮件。
- 提供一份手写的评估。
- 向顾客提供你的手机号码,请他们有任何问题时都给你打电话。
- 解释保修。

这只是清单的一部分,你的公司也可以关注其他方面。为了提高组织的服务,你需要明确具体行为并进行团队合作,**"重要"行为**("vital"behaviors)——那些可能对顾客具有最重大影响力的行动。当然,这是一个持续的行为,需要对反馈的周密分析。

运用影响者模型

当我们试图让员工去做某事时,他们脑中会产生两个问题:(1)我为什么要去做?("对我有什么好处?")(2)我能做到吗?这些揭示了动机和能力。你通过回答这两个问题来影响他人做出改变。

在行为学家和商业顾问科里·帕特森(Kerry Patterson)和他同事撰写的最畅销的书《影响力》一书中,这个模型阐明了成功的影响是如何从理解六种影响力中生发出来的,当共同使用时,能极大提高成功改变行为的可能性。这个模型总结如图 13-1 所示。

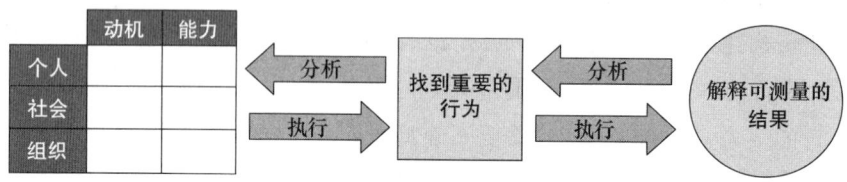

图 13-1　行为改变的影响者模型

作者的研究揭示出,相比于只运用一两种影响力,运用六种影响力的话,成功改变的几率将会大大提升。让我们分别来简单看看(见图 13-2)。

资源 1:个人动机。运用个人动机作为影响者的关键在于将不可能变为可能。问题是,许多新的、理想的行为是无聊的、吓人的、恐怖的或不适的。通过尝试重要的行为并认识到它和他们的价值观的契合程度来帮助人们战胜这种焦虑。例如,一位员工可能讨厌向顾客拨打售后访问电话,尽管管理层知道这是个重要的负面行为,而且可能会影响顾客服务水平。

	动机	能力
个人	1.让不可能变为可能	2.大量投入于技能培养
社会	3.平衡来自同事之间的压力	4.找到许多特长
组织	5.设计奖励制度并要求责任制	6.改变环境

图 13-2　六种影响力

你怎么帮助这位员工?也许通过带领他复习程序,一起打电话,帮助他认识到售后访问电话是如何体现个人价值的,比如享受和顾客的私人关系。

资源 2:个人能力。投入技能的培养。高尔夫球手阿诺德·帕尔默曾经说过:"有趣的是,我练习得越多,我越幸运。"当我们刻意地练习来提高个人行动要领时,我们实际就是在把个人能力当做影响者。举个例子,如果说向顾客解释维修是一个理想的重要行为,员工需要知道担保的全部知识,并且知道怎样将它解释给顾客。人们能够通过与其他员工练习角色扮演来培养这种技能,或者通过评判或从其他成功的员工身上学习。这就成为了一种影响力,能够带来持久的变化,改善客户服务。

资源 3 和 4:社会动机和能力。控制同辈压力并找到许多优点来影响大家。长期的坏习惯几乎总是来源于那些鼓励容忍错误行为或压抑阻止正确行为的人。关键是通过找到大量优点来运用社会压力的力量。

列出那些有激励作用的力量。在意见领袖、正式领袖和同事中找到潜在的激励者。向员工提供机会,让他们通力合作,彼此学习,互相支持。

资源 5 和 6:组织动机和能力。组织影响力包括设计有效的奖励机制,建立责任制以及改变环境。这些影响力是物,不是人。什么样的事物能支持改变?其中有奖励和激励。关键是保证激励能够支持理想的行为。

管理者通常在组织动机上行动过快——他们认为有形的奖励自然会促进理想的行为。例如,他们可能认为现金奖励总会提高业绩。但研究表明,这种想法并非总是正确的,在某些情况下,"胡萝卜"和"大棒"会因为许多原因失去它们的激励作用。影响者中的方法推荐,只有用过个人和社会资源之后,才应该用奖励。比外在奖励更重要的是人们在个人和社会动机的影响下,做出正确的行为。

当你使用奖励时,确保奖励与重要行为是相关的。做正确的事就应当受到奖励,不考虑结果如何。例如,奖励那些迅速回复客户电子邮件的人,即使你没看到这种行为能

> 对富有创造性的行为给予有形奖励并不是领导者的第一选择。个人和社会性支持可能更为有效。

直接提高利润。必然地,奖励正确而重要的行为最终会产生正确的结果。

组织能力包括等级和正式指导,但它也指对空间和设备的利用。如果重要的行为是与客户举行私人会议,组织能力可能包括为这些会议提供场地。如果重要的行为是跟进并提供手写笔记,组织支持是提供材料、时间和场地。如果你想让员工花费更多时间做某事,向他们提供方法,减少做另一件事的时间。例如,看看是否能减少或消除文书工作。改变环境,让坏行为的产生更难,实施好行为更容易。

☐ 控制过程

被称为**"控制"**（controlling），管理功能包括将实际结果与预期或计划的结果进行比较，指出计划有何改变。一般来说，计划的任何改变会带来行动的调整，审查奖励机制，重新设计活动以缩短差距，或者修正目标让其变得更加现实。

有效控制的关键是测评，具体来说，你想实现什么以及你正在实现什么。例如，快速连接呼叫中心是你服务努力的关键目标，那就要测评顾客的等待时间；如果网页的简单实用很重要，就要调查顾客访问你网站时的体验；如果有吸引力的产品展示很重要，那就经常检查它们的陈列情况；如果餐厅和卫生间的整洁很重要，提前并经常清理它们。

> 如果不实施，那些来自顾客或他人的好的想法也没多大价值。

当然，如果你根本就不想实施那些重要的理念，那么顾客意见反馈的作用就会微乎其微。我们经常看到管理者让员工说他们准备做某事，结果当员工忙于其他任务时，实际行动就停止了。管理顾问大卫·乌尔里克（David Ulrich）说："反馈的重要性不在于数据，而在于后续行动。"他解释说，一般来讲，只有10%的人会真正基于反馈而做出改变（包括来自管理者的修正）。但是，如果反馈有后续行动来加

> 反馈的重要性不是体现在数据上，而是要基于反馈做出改变。

强效果的话，比例会上升至40%~60%，更多的人会做出改变。仅凭一个管理者的电话，询问改变怎么样了，就会让员工改进自身行为的可能性急剧增加。[6]

为了使控制有效，管理者应该关注"可测量问题"的改变。例如，如果你想要激励一线员工询问顾客是否会试用一种新产品，那么你要精确地计算员工这样做的次数。如果你想计算员工外表与顾客忠诚度之间的关系，就首先要知道员工在多大程度上符合一致公认的外在形象标准。计算具体的行为，而不是理想的结果或态度。"提供优质服务"并不是一个模糊的结果，其含义非常清楚，即为不同的顾客提供不同的服务。"询问顾客是否还需要别的服务"是一个行为——你可以观察它。关注重要的行为——那些能够被观察并与众不同的具体行为。

帮助员工设立建设性的目标

管理者关注的问题通常会快速得到解决。**设立目标**（goal setting）是集中精

力的一个强有力工具,特别是当目标提升可以测评的时候。管理者需要充分参与设立可测评目标的过程。他们得为自己的部门、门店、公司或工作小组设立目标,他们同样应当帮助个别员工设立其个人目标。在表现评估的过程中,管理者应该询问员工有关个人目标的问题,并提出建议,使员工个人目标与小组的目标相适应。

设立目标有助于建立优先性,还有助于决定策略步骤的次序和时间安排。管理者不能一次解决所有问题,所以他们应当关注那些能给予最多影响的结果——最有利于效益的结果。他们应当首先先做一些容易做的事,只要那些事对公司的成功至关重要。用最简单的挑战完成好的结果能够激励团队在以后的日子解决更困难的问题。

管理者通常需要对有待改进的事进行预算。许多改变,特别是那些为了解决系统或价值倒退而设计的,需要金钱和其他资源的付出。你可能需要雇用更多的人,提供更多的培训,改变营业场所的地点或布局,添置额外的技术等。所有的这些都需要考虑,这些改变怎样能更好地帮助员工满足组织的服务目标。如果开支和付出不能帮助员工和顾客,那么它们就不能被实施。

□ 向员工授权

管理者不能也不应该仅凭一己之力经营整个公司。也就是说,员工授权是优秀公司运营的关键。**授权**(empowerment)是指赋予员工权力和自由,在面对顾客时采取自主行为。这样做能实现多赢。首先,顾客能得到好处,因为员工能绕过传统的程序,提供他们所希望和所需要的;其次,员工能得到好处,因为他在帮助顾客的过程中,保证了创造力,收获了满足感;最后,公司也得到了好处,因为员工和顾客都更好地得到了满足。

授权给员工有利于顾客的维护。

拥有权力的员工对于管理者来说可能是可怕的事。许多管理者对于授权犹豫不决,他们担心员工可能会犯错或者缺乏商业头脑,因此会"对门店造成损失"。但是,员工很少这样,而且授权的好处远远超过员工偶尔犯错的给企业带来的潜在风险。

授权的同时要对员工进行培训,教授员工其决策可能带来的问题。例如,没能贯彻顾客的要求可能导致什么潜在的损失。员工应当明白该行为可能影响顾客的忠诚度、公司的利润以及最终员工的工作保障。

☐ 将奖励机制与恰当行为紧密联系起来

许多被描述为绝佳的工作地点的公司，其中一个特点就是轻松、有趣，是富有创造力的工作场所，不过分关注礼仪或者没有层级观念。高科技人员滑着滑板上班，穿着便服，大家和和睦睦，彻底改变了我们过去所认为的那种沉闷、无聊的工作氛围。被评选为最理想就业组织的公司通常拥有这样的轻松的文化，但并不是所有的公司都这样有趣。许多公司仍然保持一种更为正式的氛围，但依然能向员工提供高满足感，特别是当奖励机制很有创意并且报酬丰富的时候。

然而我们必须注意，正如影响者模型告诉我们的，奖励是一种组织支持，而不是决定人们行为的第一要素。首先，应当寻求个人和社会形式对变革的支持。你希望员工采取的行为与他们的个人理念或价值相一致吗？他人是否鼓励这种理想的行为？如果以上两点同时以具备，我们才可以做组织支持（即奖励机制），这才是合适的步骤。不要认为提供一个具体的奖励就能自然而言地得到你想要激励的那种行为。

简要来说，这过分低估了奖励的作用。事实上，在一些公司中，常见问题是人们因为错误的行为而得到奖励，甚至因为正确的行为而受到惩罚！例如，过去的薪酬制度是根据员工工作时长来付钱，这无疑是奖励人们磨洋工。耗费的时间越长，挣的钱就越多。相反，有些人尝试一些创新或者不寻常的事物（在当今快速变化的工作场所中，通常被认为是一个理想的行为），当想法失败的时候，肯定会延误工期，并由此而受到惩罚，这无疑排除了他们再次尝试创新的可能性。如果公司想要发展，那么对于那些富有创新性的想法，即使失败了，也应当得到奖励。管理者应当非常小心，保证员工因为正确的行为而得到奖励，而不因为大胆创新而受到惩罚。

> 员工应当因为正确的行为而受到奖励。请注意，不要让奖励系统扼杀了员工的创新行为。

美国西部的一家小医院创建了一个很好的患者忠诚度项目，他们把将其称为"超越"！作为他们实施计划的一部分，在一栋专门用来实施 A ＋战略的大楼内，训练医院中的每一个医护人员，让每个部门都参与到头脑风暴中，对那些有富有创意的医护人员，予以奖励。医院对医护人员提出期望的行为，医护人员有了这些行为便会赢得奖励积分。我们所说的期望行为包括：

- 收到患者或访客的积极评分卡。
- 从医院的任何一位主管那里收到一张"好小伙"或"好姑娘"的认可卡。
- 提供一条对提升企业服务质量有帮助的建议。
- 参与团队的头脑风暴来想出一个新的好创意。
- 阅读医院每月的时事通迅并完成一个小测验。
- 在工作之余参加选修的后续培训课程。

每个部门得分最高的医护人员能够被邀请参加一个特殊的"超越自我"午餐会，有游戏和奖品。在年底的时候，每个部门的月度之星能够被邀请参加一个豪华的"超越自我"晚宴，有许多超级大奖，如电视、山地车、游轮票和现金奖励。总的来说，这家医院的做法是对的，带来的结果是长期持续的优质服务和非常积极的医护人员。

奖励过程并不神秘。管理者需要决定什么样的行为值得强化，然后设计一个机制，奖励这些行为。重要的是，让员工参与到奖励制度的制订过程是有意义的。员工会乐于告诉你他们认为自己的什么行为应该得到奖励，他们也会告诉你他们最喜欢什么奖励。你只要去问问他们。

□ 最终思考

即使你不是公司的正式管理者或主管，你也能够影响客户感知服务的质量。你的行为能够在同事中蔓延。只要有了那些有助于提供优质服务的良好行为，你便可以有效地影响别人。

如果你处于管理者或高管的地位，你的影响力通常更大。你有机会动用资源，有更大的灵活性，做更多的事情，包括对下属进行激励，为你的员工提供工具支持等。

讽刺的是，在许多销售公司中，能够展现世界级水平的表现并建立最强大客户网络的销售人员，通常得到的"奖励"是调离他们最擅长的岗位。优秀的销售代表经常升职到经理或公司的市场经理等岗位，不管他们是否具有这些岗位的才能。同样，出色的客户服务代表成为了管理者，然后是部门经理，因为这是挣更多的钱、得到更多特权的唯一方式。对一家呼叫中心的研究表明，它有 11 级管理层——一个发展中的机制，经常给人们升职，以作为奖励他们出色表现的方式。讽刺的是，擅长于顾客打交道的销售代表，被调离职位、再也不能和顾客对话的几率几乎是 10 倍。此时我们要重申上文的一个要点：不是所有员工都应该被晋升到管理职位。事实上，管理需要的特殊技能并不是所有人都具备的。考虑一些有创意的方式，让优秀的员工不必成为经理，也仍然能得到"晋升"。提供激励机会，让所有员工真正参与进来。理想中的优秀销售代表或服务人员应当比他的经理挣得还多。

也就是说，优秀的管理者在任何公司提高顾客忠诚度方面的成功应当扮演重要的角色。诚然，管理者的时间应当首先并着重分配给客户服务程序的指导。贯彻使用本章提到的各种行为的经理，将对他们的公司产生积极的变革——能够很好地做到创造并保持超乎寻常的顾客忠诚度。

重要观点总结

- 管理是指在与他人共同努力或借助他人努力下完成工作的过程。
- 对顾客忠诚度重要性的清晰认知应当是每个管理者管理理念的核心，他必须明确构建出组织的愿景。
- 一个高效的管理者必须拥有预见性的服务战略，怎样做才得以真正提高组织绩效，解决所面临的顾客服务问题，以及提升员工服务竞争力。
- 让员工改变并提高他们的服务能力具有挑战性。影响者模型诠释了如何运用六种影响资源，通过员工努力，成功地为顾客提供优质服务。
- 管理者必须通过组建团队，包括怎样分配责任、给予员工支持和授权来实现他们的责任，并减少系统产生的潜在问题（人员、培训、工作分配等）。
- 管理者通过确保组织实现其设定的目标来完成领导过程。为了实现这一点，他必须指出员工遵循的方向，通过激励让员工充满活力，并且提供必要的资源。
- 管理者须主动创造条件，让员工感受到自己在公司拥有权力。管理者在塑造组织文化的过程中扮演了一个重要的角色。文化是由全体员工共享的组织愿景与价值观所塑造的。
- 当员工的工作需要处理顾客和他人的心理时，他们就参与到了"情绪劳动"中来。人们在工作场所表现出的那些看似恰当的情绪可能并不是发自内心，它与员工的真实感情可能不同。领导者要注意员工产生这些投射情绪的潜在压力。
- 组织文化通过语言、故事、物质标志和习惯来得到学习和强化。
- 管理者需要获取有创意的、绝佳的想法，方法包括通过使用头脑风暴和采用名义小组法。
- 管理功能被称为"控制"包括将实际结果与预期或计划的结果进行比较，它表明了计划的完成情况。
- 管理者需要测评具体的行为（行动），而不是模糊的结果或态度，指明什么样的行为对于成功"至关重要"，能够帮助关注得到最佳结果的行为。
- 管理者需要充分融入为团队设立可测评的目标的过程中，他们还应当帮助员工为个人设立目标。
- 我们需要明确的最重要的原则是：成功的员工授权是实现A＋服务的关键。当员工积极主动为顾客着想时，就会实现多赢。
- 优秀的管理者会创造员工喜欢工作的环境，让工作充满乐趣。他们还必须确保员工的正确行为能得到奖励。

关键概念

头脑风暴	控制	情感智慧	情绪劳动
授权	设立目标（团队和个人）	收获绝佳的想法	激励
采用名义小组法	服务定位	影响力	隐性知识
愿景描述	重要行为		

事实回顾

1. 区分管理工作和非管理工作的关键因素是什么？
2. 管理者如何设立一个良好的策略，以提高顾客的忠诚度？有效的步骤应当包括哪些？
3. 解释关键行为的概念。如何区分行为和后果或态度？
4. 解释运用影响力模型来具体改变客户服务的步骤。
5. 组织文化有多重要？什么样的事情创造并保持文化？
6. 用自己的语言描述头脑风暴。必须运用到工作中的关键元素是什么？
7. 采用名义小组法在处理新想法的时候是如何体现其作用的？
8. 员工的授权为何重要？为什么一些管理者抵制员工授权？所有员工是否应当被赋予相同的权力？解释原因。

实战

1. 访问三名同学、朋友或同事,描述与他们共事过的最好和最坏的管理者曾做过的事情。这些描述是如何印证本章观点的?这些管理者是如何履行自己职责的?

2. 阅读最新一期的《财富》杂志的年度"美国100家最适宜工作的公司"(详见www.Fortune.com)。选择一家你感兴趣的公司,将它与本章叙述的管理的关键挑战进行对比。例如,文章中提到了公司文化、向员工提供的培训以及机会用以将他们的才能最大化时,是怎样诠释的。

3. 选择一家你熟悉的公司或组织(你现在工作或曾经工作过),想想它的愿景陈述应当是什么。如果它已经有了一个公开发表的愿景/使命陈述,看和你的说法有何不同?公司是怎样实现这个任务的?表现了什么样的矛盾?陈述你的理由。

4. 选择一家你熟悉的公司或组织(你现在工作或曾经工作过),组成一个小组,头脑风暴一些可行的绝佳想法,提高顾客忠诚度。应用本章叙述的头脑风暴法,享受该过程。写一篇小组想法的简要报告,评论哪个想法是公司可能有机会进行尝试的。如果你没有参加工作或者缺乏对公司的熟悉度,将你的班级当做组织。头脑风暴关于你的组织能够超越你期望的方法。发挥你的想象力,享受该过程。记住:只有一小部分头脑风暴中产生的想法能被组织所采纳。

思考案例

我是不是经理

以下的建议求助出现在了公司的内部博客上。该博客的建立是为了员工(内部顾客)能够自由表达顾虑和想法。

我现在管理着三个不同的团队,然而我没有被任命为经理,只是人们认为我在管理着他们。问题是,我的上司给了我所有这些工作的责任;然而,我对我管理的任何人却无法授权,他们全都向我的上司诉苦。然而我倾向于"全都亲力亲为"。我已经对上司说过了我的想法,"有职责但是没有职权",他不明白我的意思。他说把问题交给他,他会找别人来做。我感到不受尊重、过度工作,而且我的自尊也在迅速降低。我能使用的最有效的方法是什么?

问题

1. 假如你知道谁写的博客,而且你是他上司的经理,你将采取哪些措施来解决这个问题?

2. 这名员工的上司违背了哪项管理最基本的原则?

> **案例思考**
>
> ### 我们不能继续这样的会议
>
> 弗里达摇着头从会议室走出来，她对特里说："如果我非要再参加一次这样的会议，我会一枪毙了自己。太浪费时间了！"
>
> "发生了什么，弗里达？"特里问道。
>
> "好吧，我来告诉你发生了什么。什么都没发生！这些该死的会议都是这样。乔吉特说她想要新鲜有创意的想法，要超越顾客的期望。她说'有创意'，然后当任何人想出一个稍稍'出格的'想法，她就会立刻反驳，辩驳为什么那不可行，或者她会说'我们以前尝试过'，然后就会否定这个想法。然后我们都会坐在那里，面面相觑，直到乔吉特说出她最新的烂主意。"
>
> "说什么'让我们有创意起来'都是骗人的。房间里的每个人都有好主意，但她似乎不能放弃权力，或者打开足够的心胸来接受新事物。所以，我们的会议会花费数小时评判她认为我们应当做什么，而不是产生新想法。这个女人要把我逼疯了。"
>
> **问题**
>
> 1. 你会给予乔吉特什么样的建议，以提高会议效率？
> 2. 弗里达的回答常见吗？描述你有过的相似的会议经历。
> 3. 弗里达和其他员工能做什么来改善这种局面？他们在向乔吉特推荐这些变革时怎样做到有说服力？

不断实践以构筑顾客服务战略

让我们再回到那个你选择的案例。你可以选择你现在的公司，具体某个你想去的组织，或者是在第1章提到的两个假设组织中的一个：独立汽车销售与服务公司（IAS）或是网络营养品经销公司（NND）。当你构建一个顾客服务战略时考虑以下问题。

战略规划问题

1. 重温社区信用联盟使用过的讨论程序，建立一个"金牌会员"项目。列出你的公司创建这样一个项目的好处和坏处。如果好处多于坏处，你的公司能做什么，向它的重要顾客提供特殊的好处？勾勒出创建这样的"首要顾客"项目的过程。

请特别注意:
- 谁会参与到项目的发展之中?
- 什么样的顾客有资格得到特殊的好处,并且描述这些好处大致是什么样的。

2. 你的公司如何更好地授权各个层级的员工,以使其参与到客户忠诚度的努力中来?你怎样做才能在过程中创造一种归属感?请阐述具体细节。

3. 我们在本章中讨论过"重要的行为"。列举 3~5 个具体的行为,你认为对出色服务至关重要的行为(确保这些是真正的行为,而不是结果或目标。它们应当明确、可见并可测评的)。

4. 根据在第 3 点中列出的重要行为,你怎么运用影响力,让人们这些行为?用下面的表格展示你的最佳观点:

试图影响的主体:让(谁)去做(什么)

影响力	动机:这么做值得吗	能力:我能做到吗
个人	(让不可能变为可能)	(超越你的极限;掌握细节)
社会	(协调同行压力)	(找到许多特长)
组织	(设计奖励;要求责任制)	(改变环境)

□ 注释

1. As sited in Wikipedia, *en.wikipedia.org/wiki/Emotional_labor*. Downloaded March 27, 2009.
2. Arlie R. Hochschild, The Managed Heart: Commercialization of Human Feeling (Berkeley, CA: University of California Press, 1983).
3. A widely used measure of employment engagement called the Q12 was developed by the Gallup polling organization. It found that a positive response to the statement, "I have a best friend at work" relates very strongly to high worker engagement. Friends are important.
4. *Lessons of the Nordstrom Way*, eCustomerServiceWorld.com.
5. See Kerry Patterson, Joseph Grenny, David Maxfield, Ron McMillan, and Al Switzler, *Influencer: The Power to Change Anything* (New York: McGraw-Hill, 2008).
6. David Ulrich, consultant and professor at the University of Michigan, in a lecture delivered upon receiving an award from the Dyer Institute for Leading Organizational Change, Marriott School of Management, Brigham Young University, March 10, 2006. See also *www.daveulrich.com*.

附录

如何参与或组织 A+ 创意策划会
运用高效的群体过程来提升顾客满意度和忠诚度

在这个附录中,我们将重点关注 12 个特殊的行动要领,这些行动要领将确保你有效地组织或参与创意策划会。当你持续致力于改进服务时,这些会议所提供的完美创意,将成为企业为顾客提供优质服务的无尽宝藏。

☐ 行动要领 1:会议目的明确

会议一般大体上分为两种形式:信息通报型和问题解决型。不要混淆它们。群体过程适当的使用就是就某个具体的问题或决定群策群力。A+创意的生成需要良好的群体技巧,就某个问题群策群力,所以在会议过程中不要在通报信息上浪费时间。

在开会前说明会议主题,这样才能让人们在开会中保证头脑清醒。告诉与会者旨在从超出顾客期待的三个方面征求 A+创意:价值、信息、便利性和速度。

☐ 行动要领 2:邀请合适的人员

应邀出席会议的人员应满足以下几点要求:

1. 具有一些专业知识。不应轻视组织职位较低人员所提出的观点。与顾客接触的一线员工的建议可能更有价值,但是其他人的观点可能正好对一线人员的观点形成互补。

2. 对讨论结果享有既得利益。这样与会者才会表现出渴望参与到提升顾客忠诚度的讨论中去。

3. 在讨论过程中有一些行动要领同时能很好地表达他们的责任。不要让思想狭隘和固执的人在来主导会议,对群体施加决定性影响。

4.共享组织价值观。如果与会者和公司的目标或观点持反对或敌对意见，让他们来参与到公司的决策中来是没有意义的。

此外，确保邀请合适的人数参与讨论。与会人数足以代表各种不同的意见，但同时也能保证会议正常进行。A＋会议的人数一般是4～12人，5～7人最佳。

☐ 行动要领3：提前做好准备

与会者应了解会议议题，什么样的信息或想法他们应该带到会议中去。如果这个会议的主要讨论点是提供A＋想法来提升顾客的便捷性的话，提前通知与会者，让他们想象竞争者的策略、别的公司使用的方法，或许会用到一些数据，如其他公司的销售结果。如果关注点是在A＋信息，应鼓励与会者仔细找寻各公司向消费者提供信息的方式。让与会者在会议开始之前就有一个正确的思考高度。

☐ 行动要领4：准时开会，安排合理

与会者一个重点关注的地方在于会议总是不能准时开始和结束。不要有"延迟几分钟，等所有人到齐我们再开始"的想法，否则你会发现每次你都在被迫这样做。准时开始，与会者才会准时到达，否则就会延迟。如果你给一个会议制定了一个90分钟的时间，最好准时结束会议或者提前结束。如果你真的想要给与会者惊喜，那就提早结束。议程一结束，就立刻散会。

会议过程中安排休息以提振精神。鼓励人们在会议室四处走动，画画写写，或随处就座。尽可能地让与会者感到满意和舒适。

☐ 行动要领5：树立积极的风气

如果你是主持人，你要感谢那些与会者。让他们知道之所以被选中参会，是因为他们能贡献出有价值的意见和观点。以身作则来营造一种良好的心理氛围。让与会者知道这个讨论是很随意的，鼓励创新思想。

同时合理布置会议室，保证每位与会者：

1.可以看到对方（不要弄得像听报告一样）。

2.提供桌子和书写材料。

3. 使用白板、新闻纸活动挂图或幻灯片去捕捉想法。

4. 鼓励与会者在会议室随意走动,以缓解紧张感或是去除疲乏感。

5. 如果会议长达几个小时,应提供点心。

☐ 行动要领 6:注意"隐藏的议程"

尽管我们在所讨论的问题上达成一致,但与会者仍有一些没有说出口的目的,被称为"隐藏的议程",例如:

- 得到一些"曝光"(如给别人留下好印象)。
- 展示"身份的舞台",炫耀权力或展示能力。
- 借机和他人交际(只要不太离谱)。
- 分散决策责任,这样人们才不会因决策达不成而由一个人承担所有责任。
- 远离不愿意做的事情,借开会之机开溜。

如果达成一个人的"隐藏的议程"没有影响到群体决策的有效性,可以不用担心。如果"隐藏的议程"最终的动机会阻碍群体工作完成,那就需私下和这些与会者沟通,让他们把群体的需要放在首位。

☐ 行动要领 7:回应与会者的付出

永远不要将与会者的辛勤付出视为理所应当。如果视为理所应当,那么大家以后就不会再深度参与,并会影响到其他人。事实上,人们很怕被别人认为错误、没有想象力或者是幼稚。如果发表完意见后会场一片寂静,他们很可能会认为自己错了,这对那些积极的发言者是一种惩罚,也令他们感到尴尬。

通过承认他们的贡献,我们能收获到更多的东西。一句简单的"好想法"或者是"你说到点子上了",可能对调动大家的积极性有很大帮助。即使那个想法最终没有被你采纳,你也应该用"好的"或者简单的一句"谢谢"以一种中立的态度回应他们在会议中的付出。

☐ 行动要领 8:监控审查的压力

信息审查的压力较为复杂。最常见的压力包括:

- "一言堂"；
- 群体思维。

形成"一言堂"的原因可能来自某个个体的人格、组织能力或者是地位。这些人很有魅力（人人都认为他们正确），他们或是专横的或是顽固的。避免"一言堂"的唯一方法是让其他人参与到讨论中。

人们通常认为群体思维可以自由表达所有人的意志。确实，这种凝聚力可以带领群体走得更远。但如果某个群体过于和谐，那这个群体一定是出问题了，判断的方法如下：

1. 过分强调群体合作，过度注重和谐。
2. "共同成见"，即认为竞争对手和反对者没有能力做好任何事情。
3. 群体成员自我审查，为了避免冲突，即使有看法也保留。
4. 理所当然地相互安慰，减少怀疑，使群体计划达成一致。
5. 自封"心灵守卫"，"保护"群体不受与信仰不同的信息的干扰，确保群体一致性。
6. 直接向那些表达不满的人施压。
7. 一副自我正义的腔调，让群体所有成员相信自己的所作所为是道德和高尚的，从而漠视反对他们行为的人。

上述现象无疑扼杀了人们的创新思想、有效决策或想法的产生。

☐ 行动要领 9：不要让冲突演变成破坏性因素

总的来说，会议中没有冲突是不正常的，但不能过度。一说到冲突，我们通常会联想到挥舞拳头或大喊大叫。实际上，冲突只是一种很简单的不和谐状态，无所谓好与坏。与会者的反应是造成冲突的原因。

对冲突的典型反应有如下几种：

1. 不发表反对意见或保留不同意见来试图避免冲突。在这里，我们尽量克制自己不去找麻烦，同时不去反对或报复别人（集体审议者对于冲突就是这种反应）。这样做的好处是可以最大限度地避免冲突，但缺点是可能会扼杀一些有价值的观点。

2. 陷入一种非赢即输的境地，从而导致与会者把问题摆到桌面上，引起了公开冲突。

3. 对冲突要进行管理，但这并不意味着要消除冲突。冲突就像用砂纸打磨木头，尽管有摩擦，但它会使木头更加光洁。我们应该能够找到一种方法，既允许冲突存在，又不让冲突破坏整个组织的决策进程。做到这一点需要良好的沟通技巧，要鼓励大家各抒己见，不要抑制或回避与会者的想法。

上述第三点非常重要，迄今为止，也被事实证明无比重要。有些情况下，幽默感会帮助我们化解冲突，笑声也是缓解紧张气氛最有效、最有建设性的力量。

☐ 行动要领 10：避免过于中心化的领导

能够有效驾驭会议的管理者会使小组从传统领导向小组核心领导或是自我管理型团队的方向转变。引导和指示小组活动的领导过程应该在小组内轮流进行，而不是由一个人把持。让每个成员都扮演主持人的角色，有利于避免会议被操纵或者产生冲突。结果就是我们所说的"小组核心领导"，我们将这种领导与传统领导比较如下：

传统领导	小组核心领导
1. 领导者指导、控制和监督成员，引领他们做出适当的决策。这基本上成了领导者的小组，领导者权威高度集中。	1. 小组或是会议都是属于成员的，这里当然包括领导者。所有的成员在领导者的帮助下，贡献出有价值的观点或想法。
2. 领导者关注任务能不能完成，能否给他们的团队想要的，每一项方针都要准确到位。	2. 小组对达成一个大家共同参与的、所有人努力的结果负有责任。领导者在其中起到帮助和为他人服务的作用。
3. 领导者设定限制和规则，使讨论不超出特定范围。领导者会严格控制每个议题所花费的时间，以免发言者离题而一无所获。	3. 小组的每个成员都为任务的完成、工作的模式、任务的分配和对时间使用的规划负责。
4. 领导者认为，情绪是客观逻辑思维干扰因素，应该被劝阻或制止。	4. 感觉、情绪和冲突在成员和领导者之间的谈论中被认为是合理的争论因素。
5. 领导者认为，对某个成员的破坏性行为，处理方法是将其叫到一边好言相劝。这是领导者应做的工作。	5. 领导者认为，小组内的任何问题，所有小组成员应该共同面对和解决。
6. 在领导者眼里达到既定目标高于其他一切，所以个人的需要都是不重要的。	6. 在领导者的帮助和鼓励下，小组成员逐渐意识到他们到底需要什么，也清晰地知道，所有小组成员的需要都应当得到满足，所以才有必要构建小组。

☐ 行动要领 11：用头脑风暴来产生创意

记住，"头脑风暴"并不是一个简单地创造观点的方法，它是一种特殊技能，利用明确的规则来创造对组织有益的观点和想法。这种方法要求群体中的所有人都能够自由表达自己的想法，每个观点都应当受到鼓励，也许有些想法听起来很荒诞。这种方法实施好的话，能产生 A+ 创意。实施头脑风暴的基本原则包括：

1. 所有想法都应当受到尊重，不擅自评论，更不应责备，对听到的所有观点，全部记录下来。
2. 想法多荒诞都没有关系。
3. 创意产生的数量很重要。不管观点是否正确，应当统统纳入囊中。
4. 关联很重要。参与者应该善于分享同时深化别人提出的观点。

主持人对会议氛围的调节能促进或阻碍头脑风暴的使用，鼓励幽默或是随意的氛围能使头脑风暴更好地进行。

☐ 行动要领 12：分配具体的后续任务

确保小组的每个人都收到他们的"任务下达令"，如果一个优秀的 A+创意没有得到实施，那它就没有价值。决策者通常就是指导想法实施的最佳人选。

后续任务包括：告知相关人员新的行动计划，训练人们如何实施任务，特别是与主要人员进行沟通，使他们明确具体的行动内容和完成时间。如果会议只是泛泛地讨论，而没有具体的结果，这种会议是毫无价值的。

☐ 最终思考

如果组织的好，好的想法会不断地在会议上出现。如果你按照附录中的行动要领去做，一个旨在生成非凡创意的会议一定是非常成功的。现在，让我们一起去尝试一下，看看我们能创造出什么好想法。

彼得·德鲁克全集

序号	书名	序号	书名
1	工业人的未来 The Future of Industrial Man	21 ☆	迈向经济新纪元 Toward the Next Economics and Other Essays
2	公司的概念 Concept of the Corporation	22 ☆	时代变局中的管理者 The Changing World of the Executive
3	新社会 The New Society: The Anatomy of Industrial Order	23	最后的完美世界 The Last of All Possible Worlds
4	管理的实践 The Practice of Management	24	行善的诱惑 The Temptation to Do Good
5	已经发生的未来 Landmarks of Tomorrow: A Report on the New "Post-Modern" World	25	创新与企业家精神 Innovation and Entrepreneurship
6	为成果而管理 Managing for Results	26	管理前沿 The Frontiers of Management
7	卓有成效的管理者 The Effective Executive	27	管理新现实 The New Realities
8 ☆	不连续的时代 The Age of Discontinuity	28	非营利组织的管理 Managing the Non-Profit Organization
9 ☆	面向未来的管理者 Preparing Tomorrow's Business Leaders Today	29	管理未来 Managing for the Future
10 ☆	技术与管理 Technology, Management and Society	30 ☆	生态愿景 The Ecological Vision
11 ☆	人与商业 Men, Ideas, and Politics	31 ☆	知识社会 Post-Capitalist Society
12	管理：使命、责任、实践（实践篇）	32	巨变时代的管理 Managing in a Time of Great Change
13	管理：使命、责任、实践（使命篇）	33	德鲁克看中国与日本：德鲁克对话"日本商业圣手"中内功 Drucker on Asia
14	管理：使命、责任、实践（责任篇） Management: Tasks, Responsibilities, Practices	34	德鲁克论管理 Peter Drucker on the Profession of Management
15	养老金革命 The Pension Fund Revolution	35	21世纪的管理挑战 Management Challenges for the 21st Century
16	人与绩效：德鲁克论管理精华 People and Performance	36	德鲁克管理思想精要 The Essential Drucker
17 ☆	认识管理 An Introductory View of Management	37	下一个社会的管理 Managing in the Next Society
18	德鲁克经典管理案例解析（纪念版）Management Cases(Revised Edition)	38	功能社会：德鲁克自选集 A Functioning Society
19	旁观者：管理大师德鲁克回忆录 Adventures of a Bystander	39 ☆	德鲁克演讲实录 The Drucker Lectures
20	动荡时代的管理 Managing in Turbulent Times	40	管理(原书修订版) Management (Revised Edition)
注：序号有标记的书是新增引进翻译出版的作品		41	卓有成效管理者的实践（纪念版）The Effective Executive in Action

推荐阅读

底层逻辑：看清这个世界的底牌

作者：刘润 著 ISBN：978-7-111-69102-0

为你准备一整套思维框架，助你启动"开挂人生"

底层逻辑2：理解商业世界的本质

作者：刘润 著 ISBN：978-7-111-71299-2

带你升维思考，看透商业的本质

进化的力量

作者：刘润 著 ISBN：978-7-111-69870-8

提炼个人和企业发展的8个新机遇，帮助你疯狂进化！

进化的力量2：寻找不确定性中的确定性

作者：刘润 著 ISBN：978-7-111-72623-4

抵御寒气，把确定性传递给每一个人